中国旅游院校五星联盟教材编写出版项目

中国骨干旅游高职院校教材编写出版项目

酒店市场营销

（第二版）

刘晓琳　孙赫　编著

中国旅游出版社

出版说明

把中国旅游业建设成国民经济的战略性支柱产业和人民群众更加满意的现代服务业，实现由世界旅游大国向世界旅游强国的跨越，是中国旅游界的光荣使命和艰巨任务。要达成这一宏伟目标，关键靠人才。人才的培养，关键看教育。教育质量的高低，关键在师资与教材。

经过20多年的发展，我国高等旅游职业教育已逐步形成了比较成熟的基础课程教学体系、专业模块课程体系以及学生行业实习制度，形成了紧密跟踪旅游行业动态发展和培养满足饭店、旅行社、旅游景区、旅游交通、会展、购物、娱乐等行业需求的人才的开放式办学理念，逐渐摸索出了一套有中国特色的应用型旅游人才培养模式。在肯定成绩的同时，旅游教育界也清醒地看到，目前的旅游高等职业教育教材建设和出版还存在着严重的不足，体现在教材反映出的专业教学理念滞后，学科体系不健全，内容更新慢，理论与旅游业实际发展部分脱节等，阻碍了旅游高等职业教育的健康发展。因此，必须对教材体系和教学内容进行改革，以适应飞速发展的中国旅游业对人才的需求。

上海旅游高等专科学校、浙江旅游职业学院、桂林旅游高等专科学校、南京旅游职业学院、山东旅游职业学院等中国最早从事旅游职业教育的骨干旅游职业院校，在学科课程设置、专业教材开发、实训实习教学、旅游产学研一体化研究、旅游专业人才标准化体系建设等方面走在全国前列，成为全国旅游教育的排头兵、旅游教学科研改革的试验田、旅游职业教育创新发展的先行者。他们不仅是全国旅游职业教育的旗帜，也是国家旅游局非常关注的旅游教育人才培养示范单位，培养出众多高素质的应用型、复合型、技能型的旅游专业人才，为旅游业发展做出了贡献。中国旅游出版社作为旅游教材与教辅、旅游学术与理论研究、旅游资讯等行业图书的专业出版机构，充分认识到高质量的应用型、复合型、技能型人才对现阶段我国旅游行业发展的重要意义，认识到推广中国骨干旅游高等职业院校的基础课程、专业课程、实习制度对行业人才培养的重要性，由此发起并组织了“中国旅游院校五星联盟”教材编写出版项目暨中国骨干旅游高等职业院校教材编写出版项目，将五校的基础课程和专业课程的教材成系统精选出版。该项目得到了“五星联盟”院校的积极响应，得到了国家旅游局人事司、教育部高职高专旅游专业教学指导委员会、中国旅游协会旅游教育分会的大力支持。经过各方两年多的精心准备与辛勤编写，在国家“十二五”开局之年，这套教材终于推出面世了。

“中国旅游院校五星联盟”教材编写出版项目暨中国骨干旅游高等职业院校教材编写出版项目所含教材分为六个专业模块：**“旅游管理专业模块”**（《旅游概论》、《旅游经济学》、《旅游管理基础》、《旅游市场营销实务》、《旅游服务业应用心理学》、《中国旅游资源概论》、《旅游电子商务》、《旅游职业英语》、《旅游职业道德》、《旅游礼宾礼仪》）；**“酒店服务与管理专业模块”**（《酒店概论》、《酒店前厅部服务与管理》、《酒店客房部服务与管理》、《酒店餐饮部服务与管理》、《酒店财务管理》、《酒店英语》、《酒店市场营销》、《调酒与酒吧服务与管理》）；**“旅行社服务与管理专业模块”**（《旅行社经营管理》、《旅游政策与法规》、《导游业务》、《导游文化基础知识》、《旅行社门市业务》）；**“景区服务与管理专业模块”**（《景区规划原理与实务》、《景区服务与管理》、《旅游资源的调查与评价》）；**“会展服务与管理专业模块”**（《会展概论》、《会展策划与管理》、《会展设计与布置》、《实用会展英语》）；**“烹饪工艺与营养专业模块”**（《厨政管理》、《烹饪营养与食品安全》、《面点工艺学》、《烹饪原料学》），共计34本。本套教材实行模块主编审稿制，每一个专业模块均聘请了一至三位该学科领域的资深专家作为特邀主编，负责对本模块内每一位主编提交的编写大纲及书稿进行审阅，以确保本套教材的科学性、体系性和专业性。“五星联盟”的资深专家及五校相关课程的骨干教师参与了本套教材的编写工作。他们融合多年的教学经验和行业实践的体会，吸收了最新的教学与科研成果，选择了最适合旅游职业教育教学的方式进行编写，从而使本套教材具有了鲜明的特点。

（1）定位于旅游高等职业教育教材的“精品”风格，着眼于应用型、复合型、技能型人才的培养，强调互动式教学，强调旅游职业氛围以及与行业动态发展的零距离接触。

（2）强调三个维度能力的综合，即专业能力（掌握知识、掌握技能）、方法能力（学会学习、学会工作）、社会能力（学会共处、学会做人）。

（3）注重应用性，强调行动理念。职业院校学生的直观形象思维强于抽象逻辑思维，更擅长感性认识和行动把握。因此，本套教材根据各门课程的特点，突出对行业中的实际问题和热点问题的分析研讨，并以案例、资料表述和图表的形式予以展现，同时将学生应该掌握的知识点（理论）融入具体的案例阐释中，使学生能较好地将理论和职业要求、实际操作融合在一起。

（4）与相关的行业资格考试、职业考核相对应。目前，国家对于饭店、导游从业人员的资格考试制度已日渐完善，而会展、旅游规划等的从业资格考核也在很多旅游发达地区逐渐展开。有鉴于此，本教材在编写过程中尽可能参照最新的各项考试大纲，把考点融入教材当中，让学生通过实践操作而不是理论的死记硬背来掌握知识，帮助他们顺利通过相关的考试。

“中国旅游院校五星联盟”教材编写出版项目暨中国骨干旅游高等职业院校教材编写出版项目是一个持续的出版工程，是以中国骨干旅游高职院校和中国旅游出版社为平台的可持续发展事业。我们对参与这一出版工程的所有特邀专家、学者及每一位主编、参编者和旅游企业界人士为本套教材编写贡献出的教育教学和行业从业的才华、智慧、经验以及辛勤劳动表示崇高的敬意和衷心的感谢。我们期望这套精品教材能在中国旅游高等职业教育教学中发挥它应有的作用，做出它应有的贡献，这也是众多参与此项编写出版工作的同人的共同希望。同时，我们更期盼旅游高等职业教育界和旅游行业的专家、学者、教师、企业界人士和学生在使用本套教材时，能对其中的不足之处提出宝贵意见和建议，我们将认真对待并吸纳合理意见和建议，不断对这套教材进行修改和完善，使之能够始终保持行业领先水平。这将是我们不懈的追求。

中国旅游出版社

2011年3月

再版前言

2018年8月，教育部印发《关于狠抓新时代全国高等学校本科教育工作会议精神落实的通知》，要求全面整顿本科教育教学秩序，严格过程管理。通知要求，各高校要认真查找课堂建设和管理中存在的突出问题和薄弱环节，严管、严抓教学秩序，制定整改措施，明确时间节点，落实责任到人，把从严管理的规矩立起来、把课堂教学建设强起来、把课堂教学质量提起来。

要淘汰“水课”、打造“金课”。水课通常指没有学术要求的课，或被学生认为实用性不强的课。要全面梳理各门课的教学内容，合理提升学业挑战度、增加课程难度、拓展课程深度，切实提高课程教学质量。新方案要从2018级学生开始实施，持续抓四年、全程管到位。

“建设中国‘金课’，没有旁观者，都是建设者。”教育部高等教育司司长吴岩表示，课程是人才培养的核心要素，是教育的微观问题，解决的却是战略大问题。课程是“立德树人成效”这一人才培养根本标准的具体化、操作化和目标化，也是当前中国大学带有普遍意义的短板、瓶颈和关键所在。

究竟什么样的课是“金课”？“两性一度”，这是吴岩所提出的“金课”标准，即高阶性、创新性、挑战度。与课程配套的教材建设，也是打造金课的必备条件之一。

《酒店市场营销》自2012年10月出版以来，受到了广泛的好评，无论是理论架构，还是内容分析，都符合高职酒店管理专业教学的要求。随着酒店业的快速发展，酒店营销的教育教学发生了深刻的变化。本书正是在这样的背景下进行修订的。本书主要进行了以下几方面的修订：

一是更新了部分教学内容。近几年随着营销理论的发展和互联网的深入普及，尤其是无线互联网的发展，酒店业的运营管理产生了巨大的变化。本书逐渐淘汰了一些过时的教学内容，更新了教学理念，增加了SWOT分析、电子邮件调查法、线上营销、OTA、OYO等最新的酒店营销内容。

二是完善了实训教学环节。本书在原有的基础上各章节增加了“综合实训练习”的内容，根据每章的教学内容为教师和学生提供了三个左右的实训练习，使教师和学生能够根据相关的理论教学进行深入的理解和实际的案例分析，能够较好地提高学生的营销实战能力，使营销学习过程更具挑战性和实战性。

三是丰富了每章节的案例分析内容。本书结合最近五年酒店业的发展形势，将原有的酒店案例进行重新修订，适时地选用了一些较为科学、理性和更新的案例，从而使学生能够接触到最新的酒店发展信息和最前沿的管理动态。通过问题的设定和讨论，综合提升学生的素质和能力，满足了“金课”的高阶性要求。

四是更正了第一版教材中的个别错误。第一版教材在使用过程中，承蒙各位专业教师和同学们的厚爱，提出了很多宝贵意见。本次修订一并将其中的一些小问题和小缺陷进行了整改。在此对各位师生表示由衷的感谢！

最后，再次对使用本教材的酒店同人和奋斗在旅游教学一线的教师和同学们致敬！同时衷心感谢中国旅游出版社以及山东旅游职业学院的领导和同事们。旅游职业教育事业的发展，我们一同努力！

刘晓琳 于泉城济南

2020年5月

前　言

根据世界旅游组织的报告，到2020年中国将成为世界第一大旅游目的地国，并成为世界第四大客源国。伴随着我国改革开放的进一步深入，这些都给我国酒店业带来了极大的发展机遇。当今酒店业的竞争日益激烈，这种竞争不仅表现为酒店产品的竞争、价格的竞争、销售的竞争，更突出地体现为酒店企业文化的竞争、品牌的竞争。相对于国际知名的酒店品牌，我国酒店业无论从数量还是知名度方面，都相差甚远。酒店专业人才的培养是提升酒店综合实力的当务之急。

本书作为高职高专酒店管理专业的教材，适应现代酒店业对人才的需求，突出对学生的市场观念、竞争意识、实践能力的培养，提高学生运用市场营销的基本原理、基本知识和基本方法去发现问题、分析问题和解决问题的能力。以强化应用能力的培养为教学重点，结合国内外旅游市场环境，大量引用最新案例，重点强调营销技能的操作训练，以达到学以致用的目的。本书结构完整、文笔简练、案例突出，内容深入浅出，特色鲜明，既适合旅游类专业在校学生学习使用，同时对旅游从业人员在职培训也能起到积极的辅导作用。

全书共分十章，分别介绍了酒店市场营销理念、酒店市场营销环境与调研、酒店市场营销定位、酒店产品策略、酒店价格策略、酒店销售渠道策略、酒店促销策略等主要内容，同时增加了酒店客户关系管理、酒店营销实用沟通技巧、酒店营销部的运营与管理等与酒店营销工作紧密相关的知识。为便于学生主动学习，本书每章都配有两个与本章内容密切关联的案例，并有问题分析，同时每节都设有相关链接和课堂思考环节，为教师教学提供便利。本书由山东旅游职业学院刘晓琳教授负责全书框架设计、拟定大纲、审定书稿，参加编写的有山东旅游职业学院曲春蕾、谢璐、孙赫、孙鹏老师，济南舜耕山庄集团副总经理、舜耕商务会所总经理牛志毅先生对本书提出了修改意见。山东旅游职业学院是中国旅游院校五星联盟院校之一，酒店管理专业是学院建校以来开设最早、师资力量最强的国家级品牌专业。本书的作者都是从事旅游与酒店管理专业多年教学工作的一线教师。他们既有深厚的理论基础，又有一定的实践经验，参与了省内外多家知名酒店的经营管理，拥有丰富的教学经验。本书是编者们多年来教学成果的积累，是对酒店市场营销工作的精心梳理和营销实战教学的提炼总结。

本书在编写过程中参阅并借鉴了国内外相关的学术著作和研究成果，在此表示诚挚的谢意。同时对山东旅游职业学院领导与同仁的大力支持和帮助表示诚挚的感谢！

由于编写时间仓促，编写水平和能力有限，本书尚存遗漏、偏颇等不足之处，恳请广大读者批评指正，以便进一步修订完善。

编　者

2012年9月

目　录
CONTENTS

第一章 导论

酒店市场营销学是伴随着酒店业的繁荣发展而广受重视的一门新兴学科，是酒店经营管理工作的重要内容。在市场竞争激烈的今天，每家酒店都将营销工作放在了首要位置。通过本章的学习，使学习者初步了解酒店市场营销的相关知识，掌握市场营销观念的演进，结合酒店营销工作的开展，对酒店市场营销的新理念有全面的认知，并适当关注生活中的热点营销现象。

酒店市场营销是以酒店营销活动的开展与运行为主要研究内容。本章重点阐述了市场营销的含义、酒店市场营销的概念及内涵，同时介绍了市场营销观念的演进过程，展示了现代酒店市场营销的特点及其新兴理念。

学习目标

知识目标

1. 理解市场与市场营销的含义和营销观念的演进。
2. 掌握酒店市场营销的概念、特征以及现代酒店营销新观念。

能力目标

1. 构建科学的现代市场营销观念。
2. 熟悉各种营销观念对酒店营销活动的指导意义。
3. 初步运用市场营销的观念分析酒店运营中的实际问题。

案 例

泰国东方酒店的客户经营之道

泰国曼谷的东方酒店堪称亚洲饭店之最，几乎天天客满，不提前一个月预订是很难有入住机会的，而且客人大都来自西方发达国家。泰国在亚洲算不上发达国家，但为什么会有如此诱人的饭店呢？大家往往会以为泰国是一个旅游国家，而且又有世界上独有的人妖表演，是不是他们在这方面下了功夫。错了，他们靠的是真功夫，是非同寻常的客户服务，也就是现在经常提到的客户关系管理。

他们的客户服务到底好到什么程度呢？我们不妨通过一个实例来看一下。

一位于姓朋友因公务经常出差到泰国，并下榻在东方酒店，第一次入住时良好的酒店环境和服务就给他留下了深刻的印象，当他第二次入住时几个细节更使他对酒店的好感迅速升级。

那天早上，在他走出房门准备去餐厅的时候，楼层服务生恭敬地问道："于先生是要用早餐吗？"于先生很奇怪，反问："你怎么知道我姓于？"服务生说："我们饭店规定，晚上要背熟所有客人的姓名。"这令于先生大吃一惊，因为他频繁往返于世界各地，入住过无数高级酒店，但这种情况他还是第一次碰到。

于先生高兴地乘电梯下到餐厅所在的楼层。他刚刚走出电梯门，餐厅的服务生就说："于先生，里面请。"于先生更加疑惑，因为服务生并没有看到他的房卡，就问："你知道我姓于？"服务生答："上面的电话刚刚打过来，说您已经下楼了。"如此高的效率让于先生再次大吃一惊。

于先生刚走进餐厅，服务小姐便微笑着问："于先生还要老位子吗？"于先生的惊讶再次升级，心想："尽管我不是第一次在这里吃饭，但最近的一次也有一年多了，难道这里的服务小姐记忆力那么好？"看到于先生惊讶的目光，服务小姐主动解释说："我刚刚查过电脑记录，您在去年的6月8日在靠近第二个窗口的位子上用过早餐。"于先生听后兴奋地说："老位子！老位子！"小姐接着问："老菜单？一个三明治、一杯咖啡、一个鸡蛋？"现在于先生已经不再惊讶了，"老菜单，就要老菜单！"于先生已经兴奋到了极点。

上餐时餐厅赠送了于先生一碟小菜。由于这种小菜于先生是第一次看到，就问："这是什么？"服务生后退两步说："这是我们特有的某某小菜。"服务生为什么要先后退两步呢？他是怕自己说话时口水不小心落在客人的食品上。这种细致的服务不要说在一般的酒店，就是在美国最好的饭店里于先生都没有见过。这次早餐给于先生留下了终生难忘的印象。

后来，由于业务调整的原因，于先生有三年的时间没有再到泰国去。在于先生生日的时候突然收到了一封东方酒店寄来的生日贺卡，里面还附了一封信，内容是："亲爱的于先生，您已经有三年没有来过我们这里了。我们全体人员都非常想念您，希望能再次见到您。今天是您的生日，祝您生日愉快。"于先生当时激动得热泪盈眶，发誓如果再去泰国，绝对不会到任何其他的饭店，一定要住在东方酒店，而且要说服所有的朋友也像他一样选择东方酒店。于先生看了一下信封，上面贴着一枚 6 元的邮票。6 元钱就这样买到了一颗心，这就是客户关系管理的魔力。

东方酒店非常重视培养忠实的客户，并且建立了一套完善的客户关系管理体系，使客户入住后可以得到无微不至的人性化服务。迄今为止，世界各国的约 20 万人曾经入住过那里，用他们的话说，只要每年有十分之一的老顾客光顾，饭店就会永远客满。这就是东方酒店成功的秘诀。

——资料来源：刘晓明．旅游市场营销［M］．上海：上海交通大学出版社，2011.

案例分析

东方酒店为什么永远客满？对我们有何启发？

第一节　市场营销概述

一、市场营销的概念

在市场经济条件下，任何一个企业都离不开和市场的交流。一方面，企业从市场上获得相关的需求信息，另一方面也把企业的相关产品信息传递到市场上。企业只有始终同市场保持良好的互动关系，才能获得生存的权利和持续的发展。市场是企业经营活动的起点和终点，同时也是检验企业经营活动成败的标尺。所以，市场营销成了企业日常管理和经营的一项重要任务。

（一）认识市场

市场（Market）是生产力发展到一定阶段的产物，是社会分工进一步深化的结果。在我国古代，北方有“集市”，或称为“赶集”，南方则有“赶场”或“赶圩”

的说法，这就是早期的市场。后来，伴随着经济活动的日渐繁荣，发展成为交易会、百货商店、超级市场、连锁超市等多种形式，市场的内涵日益丰富。所以，从经济学的角度看，市场是商品交换的场所，反映了买卖双方的供求经济关系。

而从市场营销的角度看，在买卖双方进行的交换中，卖方构成行业或企业，买方则构成市场。美国著名的市场营销学家菲利普·科特勒将市场定义为“可能与卖者交易的现实的和潜在的买者构成的集合”。也就是说，市场是在一定时间、地点、条件下，具有购买力、购买欲望和购买权利的群体。市场规模的大小，取决于具有共同需要、有购买力或其他被人认可的资源，并且愿意用这些资源换取其需要的东西的人数。

现代市场营销学的研究重点是，在买方市场条件下，企业如何在竞争激烈和不断变化的经营环境中开展经营活动以求得生存、盈利和发展。所以，市场营销学是站在企业的立场，即站在卖方角度来研究买方行为，研究如何满足买方需求以求实现商品交换，从而实现企业的经营目标。

（二）市场营销的含义

市场营销源自英文 Marketing 一词，其思想产生于 20 世纪初期的美国。其最初的内容是指“推销术”和“广告术”，与本书所讨论的市场营销有一定的差别。真正的市场营销思想开始于第二次世界大战结束后的 20 世纪 50 年代，并在最近几十年中获得了突飞猛进的发展，在世界各国得到了广泛的应用。而关于市场营销的研究也伴随着市场的不断成熟而逐渐展开。

美国市场营销协会（American Marketing Association，AMA），1960 年对市场营销下的定义是：市场营销是引导产品或劳务从生产者流向消费者过程中的一切企业活动。这一定义基本将“营销”等同于“销售”，对现代企业营销活动的全过程并没有给出确切和全面的表述。

1985 年，美国市场营销协会再次对市场营销下了新的定义：市场营销是对思想、产品及劳务进行设计、定价、促销及分销的计划和实施的过程，从而产生满足个人和组织目标的交换。这一定义较之以前更为全面和完善。

菲利普·科特勒在营销思想的发展过程中是里程碑式的人物，他在《营销管理》中给出的定义是：营销是个人和团体通过为他人创造产品和价值并进行交换以满足其需要和欲望的社会过程和管理过程。为了更好地解释这个定义，他同时又提出了需要、欲求、需求、产品、交换、交易以及市场这一组核心概念。

课堂思考

从市场与市场营销的概念中，你得到了怎样的启示？

二、市场营销观念的演进历程

市场营销观念是企业决策者在组织和谋划企业的整体实践活动中所依据的指导思想，也可以称为指导营销管理的哲学思想。一种市场营销观念的形成是一定社会经济发展的产物，是企业决策者在市场宏观背景下，在企业实现生存和发展的过程中逐渐形成的。这种观念在形成的同时也会对企业的经营和管理产生直接的影响。一般来讲，可以将市场营销观念的演进划分为以下五个阶段：

（一）生产观念

生产观念是指导市场卖方行为的最古老的哲学观念之一。这一观念认为，消费者最中意的产品是那些容易得到的和支付得起的，所以管理人员就应该关注生产和分销的效率。这种观念通常产生于商品供不应求的市场环境下，消费者没有选择的权利。而企业则是以产定销，专注于集中一切力量扩大生产、降低成本，生产出尽可能多的产品来获得更多的利润。这种生产导向型的企业提出的口号是“我们会生产什么就卖什么”，并不关心市场的真正需求。

生产观念是卖方市场的产物，所反映的是在市场供求关系极不利于消费者的状况下企业对消费者的漠视。伴随着市场供求形势的变迁，市场的主导权逐步向需求方过渡，市场竞争的现象开始不断出现，生产观念开始成为企业发展的障碍，这时企业需要树立新的市场营销观念。

（二）产品观念

产品观念认为，消费者更喜欢现有的产品和产品形式，管理人员的工作是更好地翻版这些产品。这种观念仍然是产生于供过于求的市场环境中，也是属于内视型的营销观念。这种以产品为导向的企业会把重点放在开发优良产品并加以改进的生产环节上，通过“以质取胜”来实现企业的经营目标。

产品观念的奉行使许多企业将自己的注意力集中在现有的产品上，集中企业主要的技术、资源进行产品的开发和大规模的生产。生产部门成了整个企业的核心，而商品销售、广告推广等都被认为是无足轻重的。他们看不到消费者需求的不断发展变化，容易患上“营销近视症”，即因为过分钟爱自己的产品而忽略了顾客的需要，看不到新的市场需求。

相关链接　搜索

营销近视症

营销近视症 (Marketing Myopia) 是著名的市场营销专家、美国哈佛大学管理学院西奥多·莱维特 (Theodore Levitt) 教授在 1960 年提出的一个理论。营销近视症就是不适当地把主要精力放在产品或技术上，而不是放在市场需要（消费需要）上，其结果导致企业丧失市场，失去竞争力。这是因为产品只不过是满足市场消费需要的一种媒介，一旦有更能充分满足消费需要的新产品出现，现有的产品就会被淘汰。同时消费者的需求是多种多样的并且不断变化，并不是所有的消费者都偏好于某一种产品或价高质优的产品。莱维特断言：市场的饱和并不会导致企业的萎缩；造成企业萎缩的真正原因是营销者目光短浅，不能根据消费者的需求变化而及时改变营销策略。

营销近视症的具体表现是：自认为只要生产出最好的产品，不怕顾客不上门；只注重技术的开发，而忽略消费需求的变化；只注重内部经营管理水平，不注重外部市场环境和竞争等。

（三）销售观念

销售观念认为，除非一个组织做出大量的销售和促销的努力，否则消费者是不会购买足够多的该组织的产品的。销售导向的目标是尽可能地获得每一笔生意，并不关心销售之后顾客的满意程度，也不担心销售这一行为产生的成本费用。

在销售观念的盛行时期，由于科技的进步和大规模生产技术的推广，商品产量迅速增加，社会生产已经由供不应求变成了商品过剩，市场供求关系发生了逆转，买方市场逐渐形成。在销售观念的指导下，企业认为“我卖什么，顾客就买什么”，并开始致力于产品的推广和广告促销，以说服消费者大量购买该企业的产品。企业通过提高市场占有率，以期获得丰厚的利润。这一时期，企业的组织形式也由过去以生产为中心转向以销售为中心的组织构架，扩大了销售部门的职权，增加了市场调研、广告宣传等部门的设置。

但是，销售观念并不能建立长久的顾客关系，因为它的指导思想是企业甩掉手中所拥有的所有货品，而不是创造市场所需要的货品。例如，一家餐馆面临着就餐率日渐降低的困境，它的经营者不是先分析导致生意清淡的原因，而是更多地忙于促销和广告，通过增加广告的力度和提供更多的折扣把产品推销给顾客。这种做法最终将会导致餐馆因为产品无法满足适合需要而被迫退出市场。

（四）市场营销观念

市场营销观念的形成是企业经营理念的一次“革新”，它的出现对上述三种观念提出了挑战和质疑。这一思想的核心原则在20世纪50年代基本形成，并逐渐成为世界范围内企业经营的主导理念。市场营销观念认为，组织目标的实现，不仅离不开对目标顾客需要和欲求的识别，而且更依赖于通过提供比竞争者更有效地满足顾客实际需求及潜在需求的产品和服务来实现企业的社会价值。

1. 市场营销观念的形成

自20世纪50年代以来，西方发达国家的市场已经完全转变为买方市场，卖主之间的竞争日趋激烈，科学技术和生产力的发展使消费者的需求向多样化方向发展，并且变化频繁，他们不再满足于企业所提供给他们的既定产品，而是要求企业不断地翻新花样以满足自己五花八门的需求和欲望。市场营销观念就是在这种新的市场形势下应运而生。市场营销观念的形成，第一次转换了企业和顾客的位置，消费者真正成为市场规则的主导者。企业提出了“顾客需要什么，我们就生产什么”、“顾客就是上帝”等口号。

2. 市场营销观念和销售观念的区别

市场营销观念经常会混同于销售观念，其实二者有着本质的区别。销售观念注重的是卖方的需求，以现有的产品为出发点，主要采用促销和广告的方式，促进现有产品的销售，进而通过提高销售量达到企业的利润目标。而市场营销观念则是从买方的需要出发，根据顾客的需求和欲望，研究如何设计、生产产品，制订产品计划，向消费者传递产品的信息，制定买方认可的价格，提供方便的购买渠道等一整套的营销策略达到企业最终的获利。市场营销观念是一种以消费者为导向的观念，认为企业该生产什么的决定权不在企业手中而是在顾客手中，企业应该生产消费者所需要的商品才能使消费者的利益达到最大化，进而使企业获得合理的利润。表1–1更直观地显示了二者的区别。

表1–1　销售观念与市场营销观念的区别

观　念	起　点	焦　点	途　径	结　　果
销售观念	工厂	现有产品	销售促销	通过增加销量获得利润
市场营销观念	市场	顾客需要	整体营销	通过使顾客满意而获利

3. 市场营销观念指导下企业营销活动的特征

（1）顾客需求是企业营销活动的出发点。长期以来，企业活动的重点和出发点一直放在企业内部的生产环节上，企业往往按照自身的生产条件来组织生产，当产品生产出来之后再采取一些促销手段，在产品生产之前从不考虑市场需求状况。而以顾客为核心的市场营销理念则把顾客需求作为企业活动的出发点，成立专门的市场调研部门，安排专业的市场分析研究人员，花费较大的人力、物力、财力来了解顾客的需求特点和变动趋势，再根据市场需求组织生产，使顾客需求由过去的被动地位转化为主动地位，并成为影响企业经营的主导因素。

（2）发现目标市场和顾客的潜在需求，然后集中企业的一切资源占领目标市场是企业成功的关键。既然企业将顾客需求视为其经营活动的出发点，那么企业首先要发现顾客的潜在需求，重视对顾客潜在需求的挖掘，然后根据市场机会确定目标市场。一旦目标市场明确，企业就集中一切可控资源抢占目标市场。这样就改变了企业过去片面注重销售手段，使营销活动顾此失彼的被动局面。

（3）营销理念和活动贯穿于企业经营管理的全过程。要满足顾客需要并实现企业的营销目标，就必须综合运用各种营销手段，使企业的营销管理活动成为一个有机的整体，并贯穿于企业经营活动的全过程，只有这样才能发挥营销的整体效果。

（4）追求企业的长远利益和长久发展。过去，企业仅仅追求当前利益，甚至是为了产品的销售额而不惜牺牲企业真正的长远利益，使企业缺乏发展后劲。随着以顾客为中心的营销理念的确立，企业开始注重自身的长远利益。营销人员意识到企业追求利润的手段应该建立在满足顾客需求的基础上。消费需求满足的程度越大，说明企业在顾客心目中的地位越高，企业盈利的可能性就越大。

市场营销观念虽然抓住了“顾客”这个市场核心，实现了企业指导思想的根本变革，但仍存在不足。例如，片面注重顾客需求和供求两方面利益而忽视了社会利益的存在。一些企业在贯彻营销观念的过程中甚至伤害了其他公众的社会福利。营销观念又期待着新的革命。

（五）社会营销观念

20 世纪 70 年代以来，随着社会形势的新发展和人们消费的日趋多样化，大量的生产消耗造成了全球性的资源短缺、环境污染、通货膨胀等负面效应。美国的一些营销学家对以顾客为核心的营销理念产生了怀疑，发现单纯满足消费者需要和获得利润的企业，可能忽略了消费者的利益和社会长远利益的矛盾。于是市场学家们又提出了社会营销观念。

社会营销观念认为，企业提供的产品和服务不仅要满足消费者的市场需求或短期欲望，而且要符合消费者的长远利益和社会的长远发展，改善社会福利。为此，要求企业的经营者在制定营销策略时要注意三方面利益，即消费者利益、企业利益和社会利益。综合运用各种营销手段，引导消费者合理消费，实现企业利益和社会利益的统一。

课堂思考

如何看待每种营销观念在各个不同发展阶段的积极意义与不足之处？

第二节　酒店市场营销概述

一、酒店市场营销的内涵

作为现代酒店的经营，市场营销的核心作用已日益凸显。市场营销的作用在于沟通酒店和客源市场间的供求关系，以求饭店获得最佳效益，因而酒店的市场营销工作是饭店经营管理的核心任务。酒店营销活动是酒店经营者为造就宾客满意，并在宾客满意的基础上实现酒店经营目标而展开的一系列有计划、有组织的活动。酒店营销的核心是围绕满足客人的合理要求，最终的目的是为酒店营利。酒店营销不是单纯的经营销售，它所具有的功能是：负责了解、调研宾客的合理需求和消费欲望，确定酒店的目标市场，并且设计、组合、创造适当的酒店产品，以满足其目标市场的需要。

二、现代酒店市场营销的特点

酒店产品是有形的设施设备与无形的服务的结合，这就决定了酒店产品与一般物质性的商品相比具有自己的特性，如无形性、不可储存性、需求的波动性、不一致性及质量的难控制性等。基于酒店产品的这些特征，酒店营销活动具有以下特点：

酒店产品的无形性强化了酒店营销的必要性。酒店营销人员必须通过不断地与客人进行交流，为他们提供可靠、有效的产品信息，通过酒店广告、宣传手册等资料来展示酒店产品，使酒店无形的产品有形化，尽量使酒店设施、服务水平、产品品质以及可以带给客人的相关利益等充分地传达给公众，并使它们与众不同且真实可信。

酒店产品的不可储存性增加了酒店营销的艰巨性。对于酒店而言，其产品的不可储存性至少有两层含义。一层含义是，客房、康乐设施、会议室、宴会厅等，一天不出租，一天就不能创造价值。它们作为饭店产品的组成部分不能像有形商品一样储存起来，日后再卖。另一层含义是由酒店服务的直接性决定的。酒店向客人提供的服务也是无法储存和搬运的，只有当客人光顾或住进酒店时才能进行；当客人结账离店时，酒店的服务也随之终止。这种产品特性就对营销人员的工作提出了更大的挑战，它要求营销人员尽量将酒店当天未出租的客房、餐位等设施销售出去。如果营销人员不能将其推销出去，那么产品当天的价值将永远无法收回。

酒店产品需求的波动性更增加了酒店营销的难度。与此同时，酒店产品不仅无法储存，而且其需求量还存在着极为明显的波动性。在每年的不同季节、每月的不同日期，甚至每天的不同时间都会存在需求量的波动。这种不可储存性和波动性结合在一起，给酒店经营带来了更大的压力。营销人员必须通过创造性的定价、促销和有计划的营销活动来加强酒店产品的销售。同时，还要及时掌握顾客方的动态信息，以保证预订信息的准确率。例如在淡季，酒店可以采用降低价格、强调酒店可以带给客人的特殊附加利益等方式来提高酒店产品的使用率。

酒店产品的不一致性及质量的难控制性等特点也对酒店营销提出了更高的要求。酒店产品是以服务性产品为主的，而服务是由服务人员来提供的，他们的素质、知识、技能、态度、文化背景各不相同，营销人员为了能使客人对酒店服务产生良好的看法和态度，必须定期与酒店最高管理者沟通汇报，重视对酒店服务人员的培训与激励。此外，还必须通过各种渠道了解客人对酒店服务的满意程度，以便减少由于服务质量不稳定而产生的各种负面情况，进而为营销工作的开展奠定良好基础。

三、现代酒店营销管理的新理念

观念决定行为，什么样的营销观念就会产生什么样的营销行为。现代酒店如果缺乏正确的营销观念为指导，就很难在竞争激烈的市场中取得胜利。现代酒店营销工作必须把握营销理念的四个要点。

正确选择目标市场。酒店所有的经营活动都是围绕着消费者而展开的。也就是说，为了确保经营活动的有效开展，酒店首先要对市场进行充分调研。在调研的基础上再去选择适合自己的目标市场，了解这些市场中现有顾客和潜在顾客的相关需求，进而设计出有针对性的产品满足目标市场的需求，最终实现自己的经营利益。

对于酒店的经营者而言，必须选择正确的目标市场，同时给予酒店明确的市场定位，只有这样才能更好地为每一个目标市场的客源量身定做适当的营销方案，提供有针对性的服务，提高顾客的满意度。

不断了解顾客需求，以顾客满意为己任。随着时代的进步与经济的发展，现代酒店所面对的客源群体的具体需求也会不断变化。对于酒店而言，必须不断地了解最新的顾客需求趋势，并以此为依据提升和完善自己的产品，才能获得持续性的发展。顾客的需求是多样化和繁杂的，顾客大多不会将他的需求明确地告诉酒店，但对于酒店而言，获取这样的信息又显得尤其重要。所以，酒店要采用多种途径了解顾客对于产品与服务的意见、需求、建议，获取顾客在消费结束后的各种反馈信息，为改进和提升酒店的服务提供依据。顾客满意是酒店赖以生存的基础，酒店管理者要善于了解顾客的满意度状况，同时要将本酒店的顾客满意度与竞争对手及行业现状进行比较。只有保持较高的顾客满意度，酒店才能获得满意的收益，才能保持长期发展的后劲。

加强协调，创造良好的营销氛围。酒店产品是一个环环相扣的整体，顾客从入住到离店要接受来自各个部门的共同服务。在对客服务中，每个部门都非常重要，这就需要各个部门的有效配合与协调沟通，以此来保证整体的服务效果。酒店的营销部门作为联系酒店与顾客的纽带，要做好与各部门的沟通协调工作，务必将顾客的需求信息准确地反馈给各相关部门，同时酒店各部门都要树立全员营销的思想，营造良好的营销氛围。

获取满意的盈利率。在保证顾客满意的前提下，酒店也要使自己的营销目标得以实现。如果是单纯地关注顾客满意度而忽视了酒店的运营成本，这就违背了酒店经营的商业性质；相反，如果只是关注利润的增长而忽视顾客满意度，这也是目光短浅的行为。

所以，酒店营销人员不仅要通过各种方法提升顾客满意度，同时也要关注酒店盈利状况，追求实现利益的最大化。只有酒店保有良好的盈利率，才能为顾客提供更好的服务，才能使经济效益与社会效益相辅相成，共同促进酒店的长期持续发展。

复习与思考

一、名词解释

市场　市场营销　酒店市场营销　产品观念　市场营销观念

二、填空题

1. 市场是在一定时间、地点、条件下，具有________、________和________的群体。

2. ________观念容易导致营销近视症。

3. 认为“我卖什么，顾客就买什么”的营销观念是________________。

4. 认为“顾客需要什么，我就生产什么”的营销观念是________________。

5. 酒店营销的核心是________________，最终目的是________________。

三、选择题（每题至少有 1 个正确答案）

1. 市场营销的思想产生于 20 世纪初期的（　）。

A. 美国　B. 英国　C. 法国　D. 中国

2. 下列哪种营销理念是卖方市场条件下的产物（　）。

A. 生产观念　B. 产品观念　C. 销售观念　D. 市场营销观念

3. 销售观念和营销观念的区别主要体现在（　）。

A. 出发点　B. 关注焦点　C. 实现途径　D. 最终结果

4. 酒店产品的特征包括（　）。

A. 无形性　B. 不可储存性　C. 不可转移性　D. 生产与消费的同一性

5. 酒店营销理念的首要要求是（　）。

A. 明确目标市场　B. 了解顾客需求

C. 营造良好的营销环境　D. 获取满意的利润

四、简答题

1. 市场营销理念经过了哪些发展阶段？每一阶段具有什么特征？

2. 酒店市场营销具有什么特点？

3. 酒店市场营销管理有哪些新理念？

五、案例分析

香格里拉的营销之道

香格里拉的含义是“世外桃源”、“人间仙境”。香格里拉饭店与度假村由郭鹤年创办，是国际著名的大型旅游企业连锁集团。它的经营策略很好地体现了酒店市场营销的内容。

香格里拉饭店与度假村从1971年新加坡豪华香格里拉饭店的开业起步，很快便以其标准化的管理及个性化的服务赢得了国际社会的认同，在亚洲的主要城市得以迅速发展。其总部设在香港，是亚洲最大的豪华旅游企业集团，并被许多权威机构评为世界最好的旅游企业集团之一，它所拥有的豪华旅游企业和度假村已成为最受人们欢迎的休闲度假场所。香格里拉始终如一地把游客满意当成企业经营思想的核心，并围绕它将其经营哲学浓缩于一句话——“由体贴入微的员工提供的亚洲式接待（Asian Hospitality from Caring People）”，香格里拉饭店推出了“殷勤好客亚洲行（Hospitalityin Asia）”的行动计划。

1. 香格里拉的8项经营指导原则

- 我们将在所有关系中表现真诚与体贴。
- 我们将在每次与宾客接触中尽可能为其提供更多的服务。
- 我们将保持服务的一致性，客人只需打一个电话就可解决所有问题。
- 我们确保我们的服务过程能使宾客感到友好，员工感到轻松。
- 我们希望每一位高层管理人员都尽可能地多与宾客接触。
- 我们确保决策点就在与宾客接触的现场。
- 我们将为我们的员工创造一个能使他们的个人、事业目标均得以实现的环境。
- 客人的满意是我们事业的动力。

2. 品牌延伸——国贸饭店品牌的成功推出

除了经营豪华五星级饭店之外，国贸饭店是香格里拉集团为那些对价格比较敏感的中档旅游市场提供的新品牌，产品特点是房间较小，酒吧间及餐厅较小，但辅助设施相同并且同样提供高标准的服务。另外，香格里拉还在国贸饭店设立了“地平线国际俱乐部”，加入者可以享受诸多特别服务与便利，例如，（1）代办服务；（2）豪华客房内设有私人传真机、办公桌和提供个人留言信件服务；（3）免费服务；（4）每天把新鲜的热带水果和新闻报刊送到客房；（5）在俱乐部休息室，每天提供豪华自助早餐等。

3. 价格竞争——新房价概念

香格里拉饭店宣布了革命性的新房价概念（不打折，增值服务）。香格里拉在所有城市饭店为客人和旅行社提供“贵宾服务计划”，即客人如果支付不打折扣的房价将享受以下优惠服务：免费机场接送，免费市内电话，免费早餐，免费洗衣、熨烫服务，客房升级，下午6点结账离店。目前还没有任何其他饭店能为按门市价付费的客人提供如此昂贵的增值享受。

4. 顾客服务中心与住房承诺

顾客服务与住房承诺方面体现了企业在承诺、信任原则上的坚持。香格里拉饭店的回头客很多。饭店鼓励员工同客人交朋友，员工可自由地同客人进行私人的交流。饭店建立的“顾客服务中心”，与原来不相同的事要查询不同的部门不同，客人只需打一个电话到顾客服务中心，一切问题均可解决，饭店因此也能更好地掌握顾客信息，协调部门工作，及时满足顾客。在对待客人投诉时，绝不说“不”，全体员工达成共识，即“我们不必分清谁对谁错，只需分清什么是对，什么是错”。让客人在心理上感觉他“赢”了，而“我们”在事实上做对了，这是最圆满的结局。每个员工时刻提醒自己多为客人着想，不仅在服务的具体功能上，而且在服务的心理效果上满足客人。香格里拉饭店重视来自世界不同地区、不同国家客人的生活习惯和文化传统的差异，有针对性地提供不同的服务。例如，对日本客人提供“背对背”服务，客房服务员必须等客人离开客房后再打扫整理客房，避免与客人直接碰面。饭店为客人设立个人档案，时时更新、长期保存，作为为客人提供个性化服务的依据。

当客人在香格里拉饭店以保证方式预订客房后，不管香格里拉饭店有什么原因未能给客人安排住宿，香格里拉饭店将免费为客人提供另外一家饭店的住宿和饭店间的往返接送。

——资料来源：http://www.doc88.com.

根据以上案例，回答如下问题：

香格里拉成功营销的经验有哪些?

推荐阅读

1. 怎样做好酒店营销管理；http://www.canyin168.com/glyy/yxch/ppyx/201207/43776.html.

2. 绿色营销战略及在酒店行业的实践；http://www.canyin168.com/glyy/yxch/ppyx/201202/39147.html.

3. 星巴克的月饼营销；http://www.canyin168.com/glyy/yxch/ppyx/201207/43627.html.

4. 企业已进入全面营销时代；http://info.ceo.hc360.com/2012/08/140834209144.shtml.

5. 营销短视症；http://ishare.iask.sina.com.cn/f/33492959.html.

综合实训练习

1. 请分小组来讨论市场的概念。
2. 运用生活中购物的例子来说明营销与推销的区别。
3. 用酒店餐饮或客房服务案例，来说明市场营销观念。

第二章

酒店营销环境分析与调研

酒店管理人员不仅要关注酒店自身的运营管理，而且要对酒店所处的市场环境有一个清醒的认识。通过本章的学习，使学习者了解酒店市场营销环境的重要性和构成要素，学会使用 SWOT 分析法来对酒店营销环境进行综合分析，能够在实践活动中运用基本的营销调研方法。

本章重点阐述了酒店营销环境的概念与类别，并运用 SWOT 分析法对酒店营销环境进行了综合分析。本章对酒店市场调研的概念、方法、步骤进行了详细介绍，并对酒店消费者的购买行为进行了分析，总结出了影响酒店消费者购买行为的相关因素及酒店顾客常见的消费心理类型。

学习目标

知识目标

1. 理解酒店营销的宏观环境与微观环境。
2. 掌握如何开展酒店市场调研工作。
3. 把握酒店消费者的购买行为特征以及行为过程。

能力目标

1. 构建全面而宏观的营销理念。
2. 把握酒店需要面对的来自外界环境的多方面影响。
3. 掌握市场调研的主要内容与方法。
4. 充分了解来自酒店消费群的各种信息，并以此作为开展营销活动的重要依据。

案 例

独具匠心的设计选址

丽思·卡尔顿，一个享誉全球酒店业的顶级品牌，在现代酒店业的发展史上有着举足轻重的地位，称得上现代豪华饭店的开山之祖。一直以来，丽思·卡尔顿以其奢侈、典雅、雍容、华贵的品牌气质卓立于众星级酒店之中，成为一种身份和地位的象征。以至于在英国的《韦氏辞典》中，由“Ritz”衍生出了“Ritzy”，被视为奢华和时尚的代名词。

凯撒·丽思从自己的梦想出发，以近乎苛刻的标准打造着自己理想中的顶级饭店，他为丽思·卡尔顿奠定了奢华服务的基调，确立了完美服务的标准，朝着那个最美好的丽思饭店迈出了坚实的步伐。这一传统在丽思·卡尔顿100多年的发展历程中得到了持续的贯彻与诠释，也确保其保持了百年的纯正奢华血统。

丽思·卡尔顿一直致力于以黄金般的品牌地位和顶级奢华的品牌气质为入住的客人带来世间最美好的尊贵体验。其豪华典雅的设施、时尚浪漫的氛围、无微不至的服务等随处流露的温情细节带给客人难忘、独特的感受，留下难以磨灭的印记。“世间美好，尽在丽思”——用这样一句话来形容丽思·卡尔顿，真是恰到好处。如此美妙的人间天堂，不是凭空而来，而是源自从硬件到软件的极致追求。

凯撒·丽思根据自己多年的从业经验，领悟到奢华饭店的第一要义体现在其幽雅、考究的位置和环境。在他看来，好的选址是豪华饭店成功的关键。从他最初创立巴黎丽思饭店时所做的选址调研等前期工作中可见一斑。事实也证明，丽思饭店可以兴盛百年和它的选址不无关联。时至今日，遍布世界各地的丽思·卡尔顿酒店对于选址均极为讲究，从世外天堂巴厘岛到繁华都市纽约，每一家丽思·卡尔顿酒店都充分地考虑到人气、环境、地缘等多方面的因素。或是处于环境怡人、宛若仙境的度假胜地，满足客人安逸舒适、远离喧嚣的需要；或是位于寸土寸金的城市中央，满足客人公务商务的工作需求。

正如丽思·卡尔顿酒店的现任首席运营官高思盟所说，丽思·卡尔顿酒店是专门为世界前5%的精英人士提供一流服务的豪华酒店，酒店只会在那些拥有足够多的客人群体的地方出现。从这个意义上说，拥有一家丽思·卡尔顿酒店，也从一个侧面印证了一座城市的繁华和昌盛。

在确定了饭店的位置之后，接下的工作就是在饭店的装修设计、硬件设施等方面务求做到独具匠心、尽善尽美，以一流的硬件为一流的服务奠定坚实的基础。正是由于这样的良苦用心，入住饭店的客人总是能发现超出他们想象的惊喜之处，对于自己能想到的一切，饭店都已经给予了悉心的考虑和周到的安排。

我们可以来看一个例子，位于上海的波特曼丽嘉酒店，是中国境内第一家丽思·卡尔顿旗下的连锁酒店。这家酒店的大堂，是由美国的室内装潢大师精心设计的，确保了灯光、色彩、装饰布艺、家具以及艺术品的完美结合。大堂中庭重达3000磅，高3米，由玻璃装饰的月亮门，是由国际知名公司创意完成的。它的设计采用了光线折射的先进工艺，能够呈现出多彩的灯光变幻，在亚洲酒店中尚属首例，这种灯光折射的效果，把人带入一种梦幻般的世界，恍若进入人间仙境。

——资料来源：狄保荣．饭店文化建设［M］．北京：中国旅游出版社，2010.

案例分析

丽思酒店的市场定位活动具有怎样的现实意义？

第一节　酒店市场营销环境分析

酒店营销不是自弹自唱的独角戏，酒店的一切营销活动都是在特定的环境中进行的，因此，酒店营销活动的开展不可避免地要受到来自内外环境的影响。关注并分析酒店企业内外部营销环境的变化趋势以及识别由此带来的机会与风险，是市场营销人员的主要职责之一。由于营销环境存在的客观性与不可控制性，酒店企业只有根据其所处环境的实际情况和发展趋势制定并适时调整相应的营销策略，自觉利用市场机会，防范可能出现的风险与威胁，才能确保其在日益激烈的竞争中立于不败之地。

一、酒店营销环境概述

营销环境是指影响企业生存与发展，并在目标市场上开展营销活动的各种内外因素的总和。这里所说的环境因素，既指那些构成市场营销活动的前提与背景的宏观环境因素，也包括直接影响企业在目标市场上开展营销活动的微观环境因素。宏观环境和微观环境共同构成了企业营销环境系统，这将对企业的营销活动产生直接或间接的影响。

社会中的任何事物，都是运动着的、相互联系的，酒店的营销活动亦是如此，也是在一定的动态环境中进行的，绝不可能脱离环境。酒店营销环境是指一切影响、制约酒店经营活动最普遍的因素。酒店的营销环境内容相当广泛，分为宏观营销环境和微观营销环境。但需要注意的是，由于企业的经营活动各不相同，它们所涉及的营销环境并非千篇一律。不同类型与档次的酒店，在不同时期对市场营销的认识不同，受影响和制约的营销环境也不一样。具体而言，酒店营销环境具有以下特点：

客观性。酒店是在特定的社会经济和外界环境条件下生存和发展，其市场营销活动受到周边客观环境因素的影响。

相关性。市场营销环境是一个综合的系统。在这个系统中，各个影响因素是相互依存、相互作用和相互制约的。例如，酒店在开发新产品时，不仅要受到经济因素的影响和制约，而且会受到社会文化因素的影响和制约。

差异性。酒店市场营销环境的差异性不仅表现在不同的酒店受不同环境的影响，而且同样一种环境因素的变化对不同酒店的影响也不相同。例如，不同的国家、民族、地区之间在人口、经济、社会文化、政治、法律等方面存在广泛的差异。这些差异对酒店营销活动的影响显然是不同的。由于外界环境因素的差异，酒店必须采取不同的营销策略才能应付和适应这种情况。

动态性。营销环境是酒店营销活动的基础和条件，但这并不意味着营销环境是一成不变的。酒店的营销环境作为大的社会环境的一部分，时刻处于变化之中，酒店必须随时关注环境变化，根据变化的情况来调整原有的计划和工作节奏。

可影响性。酒店可以通过对内部环境要素的调整和控制来对外部环境施加一定的影响，最终促使某些环境要素向预期的方向转化。酒店经营成败的关键，在于酒店能否适应不断变化的市场营销环境。强调酒店对所处环境的反应和适应并不意味着酒店对环境是无能为力或束手无策的，而应当从积极主动的角度出发适应环境。或者说运用自己的经营资源去影响和改变营销环境，为酒店创造一个更有利的活动空间，然后使企业的营销活动与环境相互适应。

不可控性。酒店的外部市场营销环境是无法控制的，因此，对酒店而言，环境将会发生怎样的变化及对酒店营销有何影响是难以预料的。实践表明：对酒店营销环境进行分析研究，对于酒店营销会发挥积极的作用。即使是在衰退期，酒店也常常可以捕捉到一些新的市场机会，其中还会有相当一部分酒店通过自己出色的营销活动创造不寻常的业绩。不断变化的市场环境，既能给酒店的市场营销提供机会，也可能带来威胁。同一环境的变化对某些酒店是机会，而对另一些酒店则可能是威胁。酒店营销者的任务就在于了解和把握营销环境的变化趋势，适应环境的变化，提高应变市场的能力，趋利避害地开展市场营销活动。

二、酒店宏观营销环境

宏观营销环境包括政治、经济、文化、自然环境、人口等。酒店等一切经营性组织都处于宏观环境影响之中，这些宏观的营销因素都是不可控因素，酒店及其所处的微观环境都不可避免地在宏观力量的控制之下。这些宏观环境既给酒店提供了发展的机遇和空间，同时也在某种程度上给酒店带来了威胁。

（一）政治法律环境

在任何社会制度下，酒店的市场营销活动都必定要受到政治和法律环境的规范和约束。这种政治和法律环境是由那些规范和约束社会上各种组织和个人行为的法律、政府机构、公众团体所组成的。

在现实生活中，政治因素会明显制约和影响酒店的营销活动。随着我国经济体制和政治体制改革的逐步深入，酒店营销活动将在一个更为开放、民主、法制化的经济管理体制和政治环境中运行。

对于一个国家而言，为了保障整个社会的正常运转，必须制定相应的法律法规，而其中经济立法对酒店营销活动的影响尤为明显。酒店营销活动的开展，必须建立在了解和遵守国家颁布的有关法律、法规和制度的基础上，才能保证酒店经营的合法性，并运用法律武器来保证酒店及消费者的合法权益。

（二）经济环境

经济环境是指影响消费者购买力和支出结构的各种因素。经济发展水平会直接影响酒店的经营和发展。

经济发展水平。酒店的市场营销活动必然要受到一个国家或地区经济发展状况的制约，在经济全球化的现实环境中，国际经济形势的变化已经成为影响酒店营销活动的重要因素。例如，2008年年末席卷全球的金融危机，对我国的酒店业市场就产生了非常深刻的影响。入境旅游客源大幅下降，众多酒店企业开始在危机蔓延期将目标顾客锁定在国内市场，并通过实施一系列促销措施来拉动内需。经济发展水平与酒店的兴衰休戚相关。因此，酒店应认真分析经济形势，把握经济发展状况，准确预测市场动向及趋势，及时制定和调整市场营销策略。

社会购买力。从酒店营销的角度看，经济方面最主要的环境力量是社会购买力。社会购买力指的是一定时期内由社会各方面用于购买产品或劳务的货币支付能力，是构成市场的要素之一。因为市场规模的大小归根结底取决于购买力的大小，因而酒店营销活动必然会受到社会购买力发展变化的影响和制约。酒店应当密切关注由于社会购买力的增减变动所带来的机会与威胁。总的来讲，社会购买力的大小取决于国民经济的发展水平以及由此决定的国民平均收入水平。经济发展快，人均收入高，社会购买力大，酒店的营销机会就随之扩大；反之，经济衰退，市场规模缩小，就会给酒店营销带来威胁，迫使许多酒店不得不缩小其营销规模。

消费者支出模式和消费结构。消费者支出模式会随着消费者收入的变化而变化，并影响一个国家或地区的消费结构。消费结构是指在消费者消费过程中各种消费支出占总支出的比例关系。在西方经济学中常用恩格尔系数来反映这种变化。在一定的条件下，食物开支占消费支出的比重越大，恩格尔系数越高，生活水平越低；反之，食物开支占消费支出的比重越小，恩格尔系数越低，生活水平越高。只有在生活水平较高的情况下，一般消费者才会产生对酒店产品的购买需求。酒店应该注意到在消费结构和支出模式中出现的这些变化，根据消费者的需要向其提供适宜的酒店产品，把握由此带来的市场机会。

相关链接 搜索

恩格尔系数

19世纪中叶，德国统计学家和经济学家恩格尔对比利时不同收入家庭的消费情况进行了调查，研究了收入增加对消费需求支出构成的影响，提出了带有规律性的原理，由此被命名为恩格尔定律。其主要内容是指一个家庭收入越少，用于购买食物的支出在家庭收入中所占的比重就越大。对一个国家而言，一个国家越穷，每个国民的平均支出中用来购买食物的费用所占比例就越大。恩格尔系数则由食物支出金额在总支出金额中所占的比重来决定。

恩格尔系数是衡量一个国家、地区、城市、家庭生活水平高低的重要参数。按照联合国划分贫富程度的标准，恩格尔系数在 60% 以上的国家为饥寒型国家；在 50%~60% 的国家为温饱型国家；在 40%~50% 的国家为小康型国家；在 40% 以下的国家为富裕型国家。

（三）社会文化环境

营销学中所说的社会文化因素一般指在一种社会形态下已经形成的价值、观念、宗教信仰、道德规范、审美观念以及世代相传的风俗习惯等被社会所公认的各种行为规范。社会文化作为人们一种适合本民族、本地区、本阶层的是非观念，强烈影响着消费者的购买行为，使生活在同一社会文化范围内各成员的个性具有相同的方面。它是购买行为的习惯性和相对稳定性的重要特点。酒店的营销人员应分析、研究和了解社会文化环境，以针对不同的文化环境制定不同的营销策略。

价值观念。价值观念是人们对于事物的评价，是一种意识形态，存在于个体之中。价值观念由文化因素决定，一定的文化背景下人们的价值观念往往比较接近。酒店应了解各种客人的价值观，才能知道他们对于事物的评判标准和爱好追求，才能做到投其所好。

风俗习惯。风俗习惯主要指一个国家或民族的生活习惯和民族传统，具体表现在衣、食、住、行、社会交往等方面。不同国家、地区、民族的客人在风俗习惯方面具有很明显的差异，也有不同的民俗禁忌。所以，酒店在进行营销的过程中要考虑到这些风俗偏好的因素，尊重客人的习俗、禁忌。

课堂思考

讨论当地结婚习俗对酒店婚宴市场的影响。

文化素养。文化素养是指人们的语言文字和受教育水平，它集中反映了一个国家和地区的文明程度。语言文字是人们进行沟通交流的重要手段，酒店营销人员绝不能忽视语言的重要性。一方面，它便于与客人直接进行交流；另一方面，营销人员如果掌握了客源国的语言会使客人产生亲切感和受尊重感，从而赢得客人的好感。受教育程度的高低也会影响客人消费的偏好。客人的受教育水平越高，出游的可能性越大，消费时也更加理性。酒店营销人员针对这部分客源要制定相应的营销策略满足其对高品质服务的需求。

宗教信仰。宗教信仰是信奉和崇拜超自然的神灵而产生的一种社会意识形态。世界上有很多宗教，如基督教、伊斯兰教、佛教、印度教等，每种宗教都有其教义、教规和典章制度。宗教信仰的不同，造成了人们喜好、禁忌的巨大差异。酒店营销人员要了解各派宗教的基本特点，尤其是禁忌方面，尊重他人的宗教信仰，避免因在这些问题上处理不当而失去客源。

（四）人口环境

人口环境是指人口的规模、密度、位置、年龄、性别、民族种类和其他有关的情况。人口环境对酒店营销人员而言非常重要，因为它是决定市场需求类型与规模的基本因素。在人口环境因素中，人口的数量与增长速度会影响到某一地区的市场容量。人口的年龄结构则会影响到消费者对酒店产品的具体需求。家庭的类型和规模也会影响到家庭成员的需求和购买习惯。此外，人口的地理分布与迁移也会导致消费需求与购买行为的差异。

（五）自然环境

自然环境是指影响酒店生产和经营的物质因素，包括自然资源环境和物质资源环境。

自然资源环境。对于依赖旅游景点、景区的度假型酒店而言，自然资源是影响酒店兴旺与否的决定性因素。优质而丰富的旅游资源可以吸引更多的客源，增加游客在该旅游景区逗留的时间，客观上给当地的酒店业带来更多的市场机会。

物质资源环境。地球上的物质资源可以分为三类：无限供给的资源、有限但可再生的资源、有限但不可再生的资源。酒店离不开且需要大量的水、电、煤等能源保障日常的正常运转。一旦酒店必需的某类物质资源发生短缺，就会给酒店的经营带来影响。

（六）科学技术环境

科学技术是第一生产力。现代科学技术的飞速发展已经使我们迈入了知识经济的时代，给旅游业带来了广阔的发展空间。科技的进步令酒店业的发展变化日新月异，为酒店营销创造了更先进、更现代化的管理手段。新技术和新设备的应用，增加了酒店的服务项目，使酒店产品的更新换代周期缩短，提高了酒店的服务水准。同时高科技的应用也使酒店充满了现代化的气息，并能向客人提供更为便捷的服务。例如，酒店的在线预订系统、客房控制系统、财务管理系统、办公自动化系统等都是科技的力量所造就的。

三、酒店微观营销环境

现代酒店营销的微观环境是指酒店、供应商、市场中介、竞争对手、顾客、相关公众等相关因素。酒店的经营目标主要体现在盈利的前提下为目标市场顾客提供服务，满足宾客的特定需求。为了实现这个目标，酒店必须把自己与供应商和中间商有效联系起来，以接近目标顾客。这样，供应商—酒店—市场中介—顾客，就形成了酒店的基本营销系统。此外，酒店营销目标的实现还会受到竞争对手和相关公众两个因素的影响。

酒店。酒店置身于市场营销环境之中，其自身的生产经营状况实际上也是构成自身微观营销环境的一个因素。酒店自身的管理能力、营销能力、资金能力、服务能力、组织能力等都会直接影响到其营销活动的开展。此外，酒店能否在市场竞争中抓住时机，还与酒店各部门之间的协调配合有密切的联系。酒店必须不断提升企业的综合实力和市场适应能力，建立健全酒店内部营销系统，努力提高酒店营销决策能力，为相关营销活动的开展创造良好的内部环境。

供应商。酒店的供应商是指为酒店提供日常经营活动所需要的原材料及其他商品的商家、厂家。酒店与供应商之间的关系对酒店而言十分重要，并且对酒店能否盈利具有重大意义。如果酒店购买日常必需品很困难，酒店的日常经营就会受到影响，甚至无法正常运转。如果酒店购买日常必需品的价格高，就势必会增加酒店的成本，而成本的提高一方面会引起酒店产品价格的升高，以至于在竞争中处于不利地位；另一方面，成本的增加，在产品价格不变的前提下会使利润减少。如果酒店购买日常必需品的质量不稳定影响到顾客的感知效果，可能会因小失大，流失客源。作为酒店营销人员，必须清楚地了解原材料市场的供应情况和市场价格的变化，并善于为酒店寻找物美价廉的替代品，以确保酒店利润的最大化。

市场中介。市场中介机构是指能帮助酒店推广、销售和分配产品给最终买主的企业，主要有中间商、实体分配公司、营销服务性机构和金融机构等。

酒店的中间商主要指旅行社、订房网站、航空公司等帮助酒店销售产品的中介机构。它们一般与酒店签有代理协议书，是消费者和酒店的中间纽带，在酒店市场中发挥着非常重要的作用。许多酒店的客源都是由这些中间商来提供的。中间商的市场占有率种类、资质、声誉、对酒店的贡献率等都应该列入酒店营销的考虑范围。

营销服务机构包括市场调查公司、广告公司、传媒机构、营销咨询公司等，它们可以帮助酒店正确地定位和促销产品。

市场中介是酒店整个价值传递系统中的重要组成部分，在使顾客满意的过程中，酒店不仅要使自己的业绩最好，而且要与供应商和市场中介建立有效的伙伴关系，以使整个系统取得最佳业绩。

顾客。顾客是指酒店产品的最终购买者和使用者，顾客的消费行为直接决定了酒店的经营成果。酒店顾客的类型很多，如度假型宾客、商务型宾客、会议型宾客等。不同类型的顾客由于其购买目的不同，住宿或餐饮等方面的需求也不同，使用酒店产品的方式也不同。酒店营销人员首先应该分析顾客的消费心理和消费特点，然后有针对性地开展营销活动，提供给顾客最适合的产品和服务。

竞争对手。竞争是酒店营销环境中的重要因素之一。不同的竞争态势对酒店营销会产生不同的影响。酒店所处的竞争环境涉及多个方面，但对酒店影响最大的是同行业竞争，即各酒店企业间的竞争。很少有一家酒店能为某一客源市场单独提供产品和服务。所以，酒店在建立有效的营销系统来满足市场的同时，总会遇上竞争对手，竞争对手总会影响到酒店的营销系统。酒店必须认清他们，时刻关注他们，并设法战胜他们，保持顾客对酒店的信赖。

相关公众。酒店不仅要同竞争对手争夺目标市场，还要关注一些相关的公众群体对酒店营销活动的影响。酒店的相关公众群体主要包括金融公众、媒介公众、政府公众、内部公众、普通公众等，他们都会从各自的领域和角度对酒店的营销活动产生影响或做出反馈。

不可抗力环境。酒店作为大的社会环境下的一员，对突发的不可抗力环境因素承受能力较弱。例如 2003 年的“非典”疫情给酒店业带来了极大的冲击。

四、酒店营销环境综合分析

当企业对自己所处的内外部环境进行分析后，就明确了自己的优势和劣势，明确了所面临的机遇和风险。因此，酒店的决策者和营销人员应该每年或定期对营销环境进行分析和总结。在认真分析的基础上，充分利用有利的外部因素，发挥一切内部因素的主动作用；在内外因素平衡的基础上，寻找企业的最大机会；在分析的基础上，确定企业经营战备和决策方案，或对原有的营销战略作适当而灵活的调整，以实现预期的经营目标。综合分析酒店营销环境，可采取 SWOT 分析法。S、W、O、T 分别代表 Strengths、Weaknesses、Opportunity 及 Threats 的英文缩写，意即优势、劣势、机会和威胁。优势、劣势分析是内部环境分析的焦点；机会、威胁分析是外部环境分析的重心。进行 SWOT 分析的目的有二：一是挖掘并确定一个或更多的利润机会，使旅游企业本身所具有的优势和长处得以发挥；二是发现并确定可能妨碍企业财务和市场目标实现的外部威胁和内部弱点。通过准确填写 SWOT 分析表，对酒店优劣势及机会和威胁进行全面分析，方能准确把握企业的内外部环境影响企业生存和发展的机制，如图 2-1 所示。

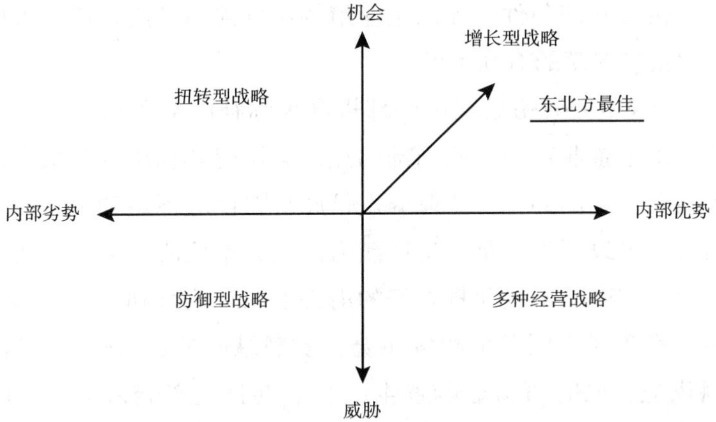

图2-1　SWOT分析图

SWOT 分析通常是在某一时点对企业内外进行扫描，然后进行优势、劣势、威胁和机会的分析，从而形成四种内外匹配的战略，如图 2–2 所示，即：

（1）SO 战略：依靠内部优势，利用外部机会；

（2）ST 战略：利用内部优势，回避外部威胁；

（3）WO 战略：利用外部机会，克服内部弱点；

（4）WT 战略：减少内部弱点，回避外部威胁。

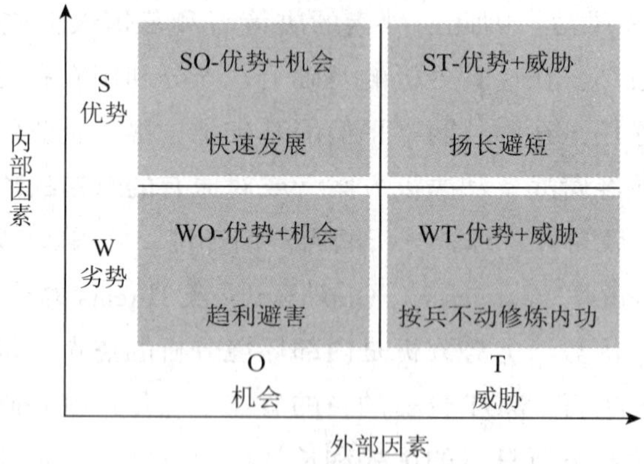

图2–2　SWOT分析矩阵策略

优势—机会（SO）战略是一种发展企业内部优势与利用外部机会的战略，是一种理想的战略模式。当企业具有特定方面的优势，而外部环境又为发挥这种优势提供有利机会时，可以采取该战略。例如良好的产品市场前景、供应商规模扩大和竞争对手有财务危机等外部条件，配以企业市场份额提高等内在优势可成为企业收购竞争对手、扩大生产规模的有利条件。

劣势—机会（WO）战略是利用外部机会来弥补内部弱点，使企业改劣势而获取优势的战略。由于企业存在一些内部弱点，会妨碍其利用外部机会，因此可采取措施先克服这些弱点。例如，若企业弱点是原材料供应不足和生产能力不够，从成本角度看，前者会导致开工不足、生产能力闲置、单位成本上升，而加班加点会导致一些附加费用。在产品市场前景看好的前提下，企业可利用供应商扩大规模、新技术设备降价、竞争对手财务危机等机会，实现纵向整合战略，重构企业价值链，以保证原材料供应，同时可考虑购置生产线来克服生产能力不足及设备老化等缺点。通过克服这些弱点，企业可能进一步利用各种外部机会，降低成本，取得成本优势，最终赢得竞争。

优势—威胁（ST）战略是指企业利用自身优势，回避或减轻外部威胁所造成的影响。如竞争对手利用新技术大幅度降低成本，给企业带来很大的成本压力；同时材料供应紧张，其价格可能上涨；消费者要求大幅度提高产品质量；企业还要支付高额环保成本；等等，这些都会导致企业成本状况进一步恶化，使之在竞争中处于非常不利的地位，但若企业拥有充足的现金、熟练的技术工人和较强的产品开发能力，便可利用这些优势开发新工艺，简化生产工艺过程，提高原材料利用率，从而降低材料消耗和生产成本。另外，开发新技术产品也是企业可选择的战略。新技术、新材料和新工艺的开发与应用是最具潜力的成本降低措施，同时它可提高产品质量，从而回避外部威胁影响。

劣势—威胁（WT）战略是一种旨在减少内部弱点，回避外部环境威胁的防御性技术。当企业存在内忧外患时，往往面临生存危机，降低成本也许成为改变劣势的主要措施。当企业成本状况恶化，原材料供应不足，生产能力不够，无法实现规模效益，且设备老化，使得企业在成本方面难以有大作为，这时将迫使企业采取目标聚集战略或差异化战略，以回避成本方面的劣势，并回避成本原因带来的威胁。

（一）内部优劣势分析

酒店内部优劣势分析可以用不同方式进行，但分析范围必须涵盖市场、财务、操作以及人力资源四大领域，并应力求全面和客观。企业的管理者可能被日常经营中一些细枝末节问题缠身和困扰，以致不能以足够冷静和客观的态度进行分析。在这种情况下，可以由超脱于企业日常操作的管理顾问或观察家来进行分析。在进行内部优劣势分析时，必须明确回答以下四方面的问题。

1. 市场方面的问题

（1）本企业产品销售组合是什么：客房、餐饮、其他？

（2）谁是本企业的顾客？

（3）在本企业的各类业务中，回头客分别占多大的比例？

（4）本企业顾客来源的渠道是什么？

（5）本企业的产品、价格是否具有灵活性？

（6）谁是本企业的高消费顾客群？

（7）本企业是否有实力转移资源进行其他投资，以期抓住更好的市场机会？

（8）本企业是否有实力进行成功的促销和广告宣传活动？

（9）本企业的何种新产品正处于计划酝酿阶段？

（10）本企业的组织机构是否有利于市场营销？适应程度如何？

（11）出于市场营销方面的考虑是否影响产品的价格？

（12）本企业与中间商的关系如何？

2. 财务方面的问题

（1）本企业流动资产状况如何？

（2）本企业资金来源有哪些？

（3）本企业现金流动是否有困难？

（4）本企业的计财体系能否提出准确而有意义的管理报告？

（5）本企业是否明晰产品成本？

（6）本企业投资回报率如何？

（7）本企业的投资是否有不足或短缺现象？

（8）本企业预算制定与控制执行状况如何？

（9）本企业长期财务需求状况如何？

（10）本企业贷款的利息率是多少，年财务成本是多少？

3. 经营操作方面的问题

（1）本企业经营操作的灵活程度如何？

（2）本企业是否还拥有空余的客户或尚未完全发挥作用的产品供给能力？

（3）本企业质量控制体系是否有效？

（4）本企业按照长期合同购进的供应品是什么？

（5）本企业预订系统的功效如何？

4. 人力资源方面的问题

（1）本企业人力资源是否充足？

（2）本企业员工配备是否适应未来企业经营的需要？

（3）本企业管理层结构是否合适？

（4）本企业员工薪金水平与本行业平均水平和本行业其他竞争企业相比有何差异？

（5）本企业员工激励机制是否科学有效？本企业员工培训是否健全？

（6）本企业员工外流状况如何？年员工流动率是多少？

（7）本企业招聘制度与程序的有效性如何？

（8）本企业对顾客直接服务的员工培训是否有效？

（9）本企业评估奖惩制度体系是否合理有效？

回答上述问题的目的在于确定本企业优势和劣势所在。为回答以上问题，进行准确的内部优劣势分析，可采用以下辅助手段：产品生命周期理论、财务分析、比例分析、收支平衡点分析、岗位分析等。

（二）外部机会—威胁分析

进行外部机会—威胁分析的目的，在于确定企业有可能利用的市场良机和可能会影响企业经营的市场威胁。对外部机会—威胁分析同样要建立完整的分析体系。

外部机会—威胁分析可以分为微观环境分析和宏观环境分析两部分。微观经营环境是直接影响企业日常经营操作的环境，主要涉及供应商、银行、投资者、股票持有者、顾客、竞争者、中间商以及广告和公共关系代理商等方面。宏观环境则延伸至固定的群体或组织之外，包括政治、法律、经济、科学技术乃至环境生态等社会各领域。进行外部机会—威胁分析，必须明确回答以下问题：

1. 微观环境方面的问题

（1）本企业市场份额是什么？

（2）本企业市场的趋势如何？

（3）本企业与中间商关系如何？

（4）本企业零售网的市场渗透状况如何？

（5）本企业广告代理商的局限性何在？

（6）本企业市场细分状况如何？

（7）哪部分细分目标市场适合本企业？

（8）本企业的合作者有哪些？

（9）本企业的竞争者有哪些？

（10）本企业竞争者的经营状况如何？

（11）本企业市场渗透薄弱之处何在？

（12）哪些分销渠道对本企业有利？

（13）本企业尚未达到的细分市场有哪些？

（14）本企业期望竞争者采取何种战略？

（15）本企业竞争者现今的经营战略是怎样的？

2. 宏观环境方面的问题

（1）商务旅游和度假旅游的发展趋势如何？

（2）人口增减与产品需求相关变化如何？

（3）分销渠道发展状况如何？

（4）人口数量、年龄、性别、所处家庭生命周期、教育程度、职业等对旅游产品影响如何？

（5）相关法律、制度、政策对旅游企业有何影响？

（6）失业、通货膨胀、汇率变化、利率变化等对旅游企业有何影响？

（7）居民饮食习惯的现状及发展趋势是怎样的？

（8）旅游目的地国与客源国的政治稳定性如何？

（9）本币坚挺情况如何？

为进行准确的外部机会—威胁分析，可以采用市场定位分析、科技预测分析以及对二手资料的分析等辅助手段。

将上述企业优势劣势和机会—威胁的信息分别填入图 2–3 所示的矩阵中，就可以综合概括出企业针对现有的环境资源所作出的相应的战略选择。

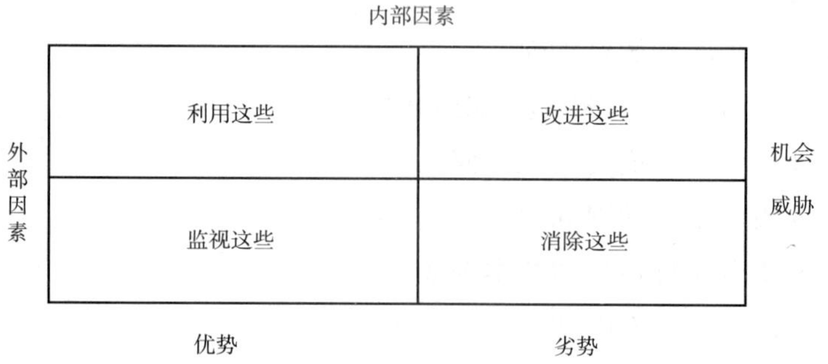

图2–3　企业环境分析战略矩阵

相关链接　搜索

SWOT 分析

SWOT分析法，也称道斯矩阵、态势分析法，20世纪80年代初由美国旧金山大学的管理学教授韦里克提出，经常被用于企业战略制定、竞争对手分析等场合。在现在的战略规划报告里，SWOT分析应该算是一个众所周知的工具。SWOT分析实际上是将对企业内外部条件各方面内容进行综合和概括，进而分析组织的优劣势、面临的机会和威胁的一种方法。通过SWOT分析，可以帮助企业把资源和行动聚集在自己的强项和有最多机会的地方，并让企业的战略变得明朗。

优劣势分析主要是着眼于企业自身的实力及其与竞争对手的比较，而机会和威胁分析将注意力放在外部环境的变化及对企业的可能影响上。在分析时，应把所有的内部因素（优劣势）集中在一起，然后用外部的力量来对这些因素进行评估。SWOT分析法被广泛地使用在各类企业或个人的战略分析和选择上。

第二节　酒店市场调研与预测

市场调研是酒店企业取得良好经济效益的重要保证，是营销决策的重要依据。酒店市场是不断变化的，顾客的需求也是各不相同的。通过专业的市场调研，可以发现新的市场机会和更多的潜在需求，开发新产品以满足这些需求。同时，市场调研还可以发现酒店现有产品的不足，以及酒店经营中存在的缺点，及时加以纠正，使酒店得以在长期的竞争中立于不败之地。

一、酒店市场调研的概念与类型

（一）酒店市场调研的概念

酒店市场调研是指根据酒店的经营目标系统地搜集、整理、分析、酒店的各种内部环境和外部环境信息，为酒店各项营销决策的制定提供可靠依据的活动。市场调研的内容可以广泛地涉及酒店经营活动的各个方面。由于所要服务的经营决策性质内容不同，调研的广度和深度也随之有别，这种变化主要在调研的内容和类型上反映出来。

（二）酒店市场调研的主要类型

根据调研目的和性质的不同，酒店市场调研分为以下四种类型。

探测性调研。探测性调研是酒店对发生的问题缺乏认识，甚至在一无所知的情况下为弄清问题的范围、性质、原因而进行的小规模调研。它是一种非正式的调研，灵活性和直觉性很强，要求调研人员有丰富的经验和极强的洞察力。这种调研方法有两种：一是文献调查，收集一些有关资料进行分析；二是经验抽查，向熟悉情况的人士征询意见。

描述性调研。描述性调研是酒店通过详细的抽查和分析，客观地反映酒店市场情况，清楚地描述酒店市场特征。市场研究的许多内容都是描述性的。因此，在进行这类研究前要对问题有相当程度的认识，最好根据决策的内容将问题分解为若干项针对性较强的假设。

因果性调研。因果性调研的目的是确定酒店各种变动因素间的关系。因果性调研分为定性和定量研究两类。定性研究的任务是识别那些对酒店市场变化有重要影响的关键因素；而定量研究则是测定酒店各种因素相互影响的数量关系。

预测性调研。预测性调研是为了推断和测量酒店市场变化而进行的研究。它涉及的范围广泛，研究方式可以根据决策性质和资料条件灵活多变。它可以通过专家和有经验的人士对事物的发展趋势作出判断，并可以在描述性调研或因果性调研的基础上进行分析和计算，预测未来变化的量值。

二、酒店营销调研的内容

酒店营销调研是酒店经营者进行营销决策的重要依据，酒店调研的内容应该包括与本酒店相关的社会、政治、文化、经济等现象。同时，酒店市场调研还必须贯穿酒店整个营销过程的始终，从发现和判断市场机会，到核实、执行、控制以及信息反馈都属于酒店市场调研的范围。一般而言，可以分为酒店的外部调研和内部调研，两者各有侧重，但都对酒店的营销决策起着支持性的作用。

（一）酒店的外部调研

酒店的外部调研是针对酒店的外部营销环境而进行的调查研究，主要侧重于酒店的市场需求状况、需求变化趋势、竞争状况等。

酒店的市场需求和变化趋势。酒店要得到持续性的发展，必须把握市场需求的状况与变化趋势。所以，酒店市场调研的重要内容就是测定目标市场或潜在市场需求状况和变化趋势，以此来确定或调整自己的营销策略和经营方向。

酒店的市场竞争情况。酒店的市场竞争状况属于不可控因素，需要酒店慎重把握。在针对这一信息的调研与搜集过程中，酒店需要侧重于获取市场占有率状况、竞争对手的市场定位营销策略、产品特点、销售状况等有关的内容，以此来决定酒店的对应策略。

其他不可控因素的影响。一般说来，酒店很少直接对政治、经济、文化、社会等不可控因素进行调研，对这方面信息的搜集主要通过报刊等获取，也有一些专门性的调查公司，可以提供针对这些因素的专项调研服务。

购买动机调研。关于购买动机的调研主要体现在要探寻顾客会选择某一酒店，而不是别的酒店的原因。即要了解顾客对各个酒店所提供的产品和服务的看法。这方面的调研有助于判断酒店的哪些特征对顾客的购买决策产生决定性的影响，以及酒店选择的目标市场是否正确、是否提供了目标市场需要的产品和服务、是否满足了顾客的各方面需求。

（二）酒店的内部调研

对酒店的内部调研是围绕酒店的内部情况而展开的，其目的与酒店外部调研是一样的，即通过获取信息对酒店的经营管理决策提供有力的支持。

酒店的经营战略。关于酒店内部经营战略的重要问题，主要包括酒店的发展趋势、酒店的形象、酒店品牌影响力、国内外市场的需求量、酒店的地域分布特点、酒店的规模、酒店的生产能力、酒店的服务规格、酒店的人员素质等。只有对这些问题进行有效的研究，得到关于酒店内部的第一手材料，才能更好地了解本酒店，为下一步更好地开拓市场奠定基础。

酒店的产品价格。酒店需要调查自己产品的生产成本、利润以及价格弹性等。在此基础上对产品的价格进行相应的调整，通过实践分析价格的变化对销售的影响，同时结合成本、利润预期等相关因素来制定具有特色的营销策略。

酒店员工的协作。酒店产品与服务的提供需要依托于酒店服务人员，酒店要想给顾客提供优质的服务，必须有一批优秀的一线服务人员。酒店的产品具有生产与消费的同一性，即酒店产品的生产过程与顾客的消费过程是同时进行的，是不可以分割的。如果每个顾客都参与到酒店产品的生产过程，顾客的需求就会被一线服务人员所捕捉。所以说，最了解顾客需求的是酒店的一线服务人员，而不是酒店营销人员。酒店应该制定每日宾客信息搜集反馈机制，向自己的一线服务员工了解最新的顾客需求，听取他们对酒店经营方面的建议定期汇总分析。这不仅有利于酒店对市场的进一步了解，而且可以协助酒店管理层与基层员工进行良好的交流与沟通。

三、酒店市场调研的步骤

专项的酒店市场调研是一项十分复杂的工作，要保证这一工作有条不紊地进行，提高调研工作的质量，必须有计划、有组织、有步骤地进行。一般而言，根据市场调研活动中各项工作的自然顺序和逻辑关系，市场调研可以分为如图 2–4 所示的五个阶段。

图2–4　酒店市场调研的阶段划分

确定问题和研究目标。酒店市场调研的起始阶段是识别营销问题和调研目标。随着酒店外部环境的变化，营销经理会面临这样一些问题："我们应该改变现行的营销策略吗？"如果是，那么如何改变？市场调研可以用来评估产品、促销、分销或者定价的选择。另外，也可以用于发现和评估新的市场机会。

酒店市场调研活动的开展是以信息为导向的，它涉及需要了解什么信息以及如何有效和高效地获取信息。如果市场调研人员对问题没有清楚的认识，那么在搜集信息时就极有可能盲目行事，最终搜集大量毫无价值的信息，耗费大量的时间和费用。

制订调研计划。要解决调研目标中的有关问题，需要搜集不同的信息，这就要求制订一个详细的信息搜集计划。在这个计划当中，要明确调研对象、调研项目、调研所使用的获取资料的渠道及方法、可以运用的调研工具等问题，以确保调研活动的有效开展。

搜集信息。酒店市场调研的信息来源可以分为两大类：第一手资料和第二手资料。第一手资料又称为原始资料，是指调查人员通过现场的实地调查所搜集的资料；第二手资料又称为间接资料，是他人为某种目的已经加工整理好的信息。第一手资料针对性强，适用性强，但是获取的成本比较高；第二手资料获取的成本低，时间短，但适用性相对较差。酒店市场调研一般先利用第二手资料确定调查目标和基本方向，然后通过第一手资料的搜集进行详细的分析和研究。酒店可以将两种不同来源的信息充分结合起来，以达到最好的调研效果。

分析信息。酒店通过调研收集到的原始资料和信息往往是杂乱无章、无法使用的，必须经过分析和处理，以保证信息的真实性和系统性。市场调研人员应当使用恰当的统计分析方法，将搜集到的信息进行整理和分析，并进行量化，以得出全面的、合乎逻辑的结论。

提出调研报告。调研报告是在整个调研过程的最后一个阶段提出的，是对市场调研活动中所涉及问题的总结性文件，也是委托者或酒店经营者作为市场营销决策的参考资料。市场调研人员在调查报告中必须明确回答市场调研之初所提出的问题，文字说明、具体数据以及数字表达式均应符合报告阅读者的素质。报告引用的数据均应加强复核，力求准确无误。调研报告没有固定的格式，但一般应包括以下内容：本次调研的主要目的；本次调研所采用的方法；本次调研所发现的问题及结果；提出若干决策性的建议；必要的附件，包括样本的分配、统计图表和其他资料等。

四、酒店市场调研的常用方法

（一）资料调查法

资料调查法又称为方案调查法，它是通过搜集酒店内部和外部各种现成的信息数据和情报资料，从中摘取与调研课题有关的内容，进行分析研究的一种调查方法。这种方法相对简单易行，并能够在较短的时间内达到调查的目的，因为获取现有的信息数据和情报资料可以通过很多信息载体来进行。例如，各企业内部的报表，有关旅游的报纸、杂志、年鉴、专辑、学术研究资料，国际或区域旅游组织和专业旅游市场调查研究机构的年报及其他资料，网络上的信息资料等。获取这些资料的速度快、成本低，只要客观全面地进行科学分析，就可以达到调查的目的。因此，此种方法常被作为酒店市场调研的首选方法。

市场调研人员一般都能找到资料，但能否找到与调研项目密切相关的资料却不一定。所以，在寻找相关资料以前，市场调研人员必须明白资料调研的要求：首先要了解寻找资料的相关信息源，其次收集的资料要有针对性，最后要注意资料的时效性。

课堂思考

使用资料调查法，调研过去两年本地区酒店国外旅游者的住宿率情况。

（二）实地调查法

根据酒店市场调研的目的、要求和调研对象的特点，采用直接接触调研对象的方法取得第一手资料，具有针对性强、适应面广、材料真实的特点。但是实地调查法涉及范围广而且需要大量人工，所以也具有费时、费力、费钱的不足之处。

1. 询问法

询问法，是调查人员以询问为手段，从调查对象的回答中获得信息资料的一种方法。它是酒店市场调研中最常用的方法之一。在实际运用中，按询问的方法不同，可分为面谈调查法、电话调查法、电子邮件调查法等。

（1）面谈调查法。面谈调查法是指访问者通过面对面地询问和观察被访问者而获取市场信息的方法。它是市场调研中最通用和最灵活的一种调查方法。调查者访问前事先设计好问卷或调查提纲，可依顺序提问，也可以围绕调查问题进行自由交谈、个人面谈、小组面谈等。个人面谈即通过调研者与被调研者个人交流获得信息，如入户访谈、街上拦截访谈、经理访谈等。小组访谈通常是一个小组的被调查人员共同出席座谈会，在座谈过程中，相互启发思路，集思广益，调查人员从中获得信息。

（2）电话调查法。电话调查法是指通过电话向被调查者询问有关调查内容和征询市场反应的一种调查方法。这是为解决带有普遍性的急需问题而采用的一种调查方法。电话调查具有经济、快速与节省时间、容易控制等优点。但由于电话调查的时间不能过长，所以往往调查问题不能深入。

（3）电子邮件调查法。电子邮件调查法是通过给被调查者发送电子邮件的形式，将调查问卷发给一些特定的网上用户，由用户填写后，以电子邮件的形式再反馈给调查者的调查方法。电子邮件调查法属于主动调查法，与传统邮件相比，邮件传送的时效性大大提高了，费用却降低了。

（4）在线问卷法。在线问卷法，即请求浏览其网站的每个人参与各种调查。在线问卷法可以委托专业调查公司进行。包括三种方式：一是向若干相关的讨论组邮去简略的问卷；二是在自己的网站上放置简略的问卷；三是向讨论组送去相关信息，并把链接指向放在自己网站上的问卷。

此外，目前国内有一些专业做市场调研的网站，企业可以与这些网站联合进行市场调研。比如问卷星、问智道、汇调研等都是常用的调研平台。

2. 观察法

观察法是指调查者在现场对被调查者的情况直接观察，以取得市场资料信息的方法。一般说来，调查者不与被调查者直接接触，而是借助于摄像设备或仪器，跟踪、记录和考察被调查的活动和现场事实，来获取重要的市场信息。所以，观察法具有客观、直接、自然、全面的特点。

（1）人工观察法。调查者置身于被调查者中间，亲临其间，开展调查，记录市场中发生有关事情的真相及前景，取得更全面的市场资料和信息。在进行这类调查过程中要注意：一般不要让被调查者了解自己的身份，另外要始终保持客观的态度，避免主观意志影响调查结果。

（2）机器观察法。由于种种原因，很多场合并不适于或不需要调查人员亲临现场，这时可采取机器观察的方法，即根据调查的要求、目的，在调查场所设置摄像机、红外线探测器、IC 卡智能机等设备自动采集有关信息。这种方法具有操作简便、节约人工、使用时间长的优点，但也有应用范围小、一次性投资大的缺陷。

3. 实验法

实验法是最正式的一种调研方法。它是通过小规模的市场进行实验，并采用适当方法收集、分析实验数据资料，进而了解市场的方法。实验包括包装实验、新产品实验、价格实验等。例如，在研究包装或广告对产品销量的影响时，在其他因素不变的情况下，某种包装或广告使用前后销售量的变化，就可看作该包装或广告的效果。调研人员经过实验一般要取得可行的市场信息，这些信息对企业营销决策有重要的参考价值。采用这种方法的一个关键是环境因素不变，因此调研人员必须排除或控制没有研究意义的因素，并在这个前提下，挑选出被实验者的各个相互对照的小组，使他们受到不同对待，即引入不同的刺激手段，然后检查、观察反应的差异性是否在统计上有意义。由于随机因素被排除在外并得到控制，因此观察效果可与刺激的强度有关，从而调研人员可以找出真正的因果关系。

（三）抽样调查法

抽样调查法是按照随机原则从总体中选取一部分调查单位进行调查，从中得出有关整体的结论。抽样调查的设计包括三项内容：调查哪些人（抽样对象）；调查多少人（样本大小）；如何抽样（抽样方法）。

（1）调查哪些人。一个适当的抽样对象并不总是很明显的。例如，要想了解家庭购买旅游产品的决策过程，究竟应该调查丈夫、妻子还是孩子？对此，营销人员要认真做出选择。

（2）调查多少人。大样本提供的结果当然比小样本提供的结果更可靠，但大样本的调查成本高，而且往往没有必要。只要抽样方法正确，即使样本不足总体的 1%，也同样能提供可靠的调查结果。

（3）如何抽样。抽样方法主要有两大类：一是随机抽样；二是非随机抽样。随机抽样是指整体中每一个个体都有机会被选作样本。它又可以分为三种：一是简单随机抽样，即整体中所有个体都有均等的机会被选作样本；二是分层随机抽样，即对总体按某种特征（如年龄、性别、职业等）分组，然后从各组中随机抽取一定数量的样本；三是分群随机抽样，即将总体按某种标准（单位、地段等）分成若干个部分，随机抽取其中一个部分作为样本。非随机抽样是指在整体中不是每一个个体都有机会被选作样本。它又可以分为三种：一是任意抽样，即调研人员根据方便的原则，任意选择样本，例如在街头任意找几个行人询问其对某一旅游产品的看法和对象；二是判断抽样，调研人员根据自己或专家的经验来判断有哪些个体可作为样本；三是配额抽样，即首先对总体进行分组，然后由调研人员从各组中任意抽取一定数量的样本。

（四）问卷调查法

人们在日常生活中会碰到各种各样的问卷。例如买一本杂志，后面会附有“读者调查表”，了解你对杂志在栏目编排、文章编辑、内容设置上的看法；买了一把电动剃须刀，厂家除了提供使用说明外，还会附有一张“用户反馈表”，了解你对该产品性能、价格、式样、颜色等的意见。凡此种种都属于问卷的范畴。问卷在企业市场调研中作用重大，任何形式的询问调研的核心都是问卷。

1. 问卷的概念

问卷，又称调查表，是指调查者根据调查目的与要求，设计出由一系列问题、备选答案及说明等组成的向被调查者收集资料的一种工具。问卷广泛应用于统计学、经济学、管理学、社会学、心理学等领域，它是市场调查收集资料的基本工具之一。科学的调研工作需要规范的市场调查，标准化的问卷则不仅有利于准确、迅速地收集市场资料和市场信息，而且便于高速、高效地对这些数据进行处理分析。

2. 问卷的内容

问卷一般由开头、正文和结尾这三个部分组成。

（1）问卷的开头。问卷的开头主要包括问候语、填表说明和问卷编号。第一，问候语是为了引起被调查者的重视，消除他们的疑虑，激发他们的参与意识以争取得到他们的合作。因此，语气应该亲切、诚恳、有礼貌，内容要能交代清楚调查目的、调查者身份、保密原则以及奖励措施等；同时，不能拖沓冗长，避免引起被调查者的反感，影响问候语内容的可靠性和有效性。第二，填表说明的目的在于规范和帮助受访者对问卷的回答。填表说明可以集中放在问卷前面，也可以分散到各个有关问题之前。尤其对自填式问卷，填表说明一定要清楚，而且格式位置要醒目。第三，问卷编号主要用于识别问卷、访问员、被访者地址等，可用于检查访问员的工作，防止舞弊行为，便于校对检查、更正错误等。

（2）问卷的正文。问卷的正文一般包括资料收集、被调查者的基本情况和编码三个部分。第一，收集资料部分是问卷的主体，也是使用问卷的目的所在。其内容主要包括调查所要了解的问题和备选答案。显然，对这部分内容设计方法的探讨，正是问卷设计与研究的重点。第二，调查者的有关背景资料也是问卷正文的重要内容之一。被调查者往往对这部分问题比较敏感，但这些问题与研究目的密切相关，必不可少，例如个人的年龄、性别、文化程度等，家庭的类型、人口数、经济情况等，单位的性质、规模、行业、所在地等。具体内容要依据研究者先期的分析设计而定。第三，这里的编码是指问卷中包含的前编码设计，以及为后编码设计预留的位置。

（3）问卷的结尾。问卷的结尾可以设置开放题，征询被调查者的意见、感受，或是记录调查情况；也可以是感谢语以及其他补充说明。

3. 调查问卷设计的原则

（1）主题明确。根据调查的目的，确定主题，从实际出发拟题，问题目的明确，重点突出，没有可有可无的问题。

（2）结构合理。问题的排列应有一定的逻辑顺序，符合被调查者的思维程序。

（3）通俗易懂。调查问卷应使被调查者一目了然，并愿意合作，如实回答。所以，调查问卷中的语气要亲切，避免使用专业术语，对敏感性问题采取一定的技巧，使调查问卷具有合理性和可答性。

（4）长度适宜。调查问卷的长度要适宜，所提出的问题不要过繁、过多，回答调查问卷的时间不应太长，一般以不超过 30 分钟为宜。

（5）便于统计。调查问卷中的提问一定要方便事后的整理和统计工作。

4. 调查问卷提问的形式

（1）封闭式提问。封闭式提问是在对问题所有可能的回答中，被调查者只能从中选择一个答案，这种提问方式便于统计，但回答的伸缩性较小。例如，您是否在本酒店消费过？

A. 是　　　　　　B. 否

（2）开放式提问。所谓开放式提问是指对所提出的问题回答没有限制，被调查者可以根据自己的情况自由回答。此种提问方式答案不唯一，不易统计，不易分析。例如，

您对本酒店的服务有什么意见或建议？

答：____________________

第三节 消费者购买行为分析

酒店消费者是酒店营销活动的主体，是酒店得以生存和发展的关键因素。要想做好酒店的营销工作必须充分了解和熟悉不同消费层次和消费欲望的消费者，掌握他们的消费需求、消费动机和购买行为、决策过程及变化特点，以期赢得更多的消费者，在竞争中胜出。

一、酒店消费者的概念

酒店消费者是酒店营销活动的主体，是酒店得以生存和发展的关键因素。正是有了众多的、不同的消费需求和消费水平的消费者，才促使酒店不断地创新，不断地调整营销战略。只有这样，酒店的经营管理水平才能够得以不断提高，我国酒店业才能够得以发展。

酒店消费者是指由于观光旅游、商务会议、休闲度假等原因外出而购买使用酒店产品或接受酒店服务的个人或团体。从以上概念可以看出，酒店的消费者分为两类：一类是个人消费者，另一类是团体消费者，即组织机构购买者。前一类是以个人支付为特征的，而后一类则是以组织形式购买酒店产品和服务，这两类消费者都是酒店的重要顾客。

二、影响酒店消费者购买行为的相关因素

酒店消费者的购买行为非常复杂，受到了多种因素的影响。文化因素、社会因素、个人因素、心理因素等，都会影响到酒店消费者的购买行为。

（一）文化因素

消费者在购买酒店产品时，因受到文化影响而表现出不同的生活习惯和行为特征。因此，了解文化因素对酒店消费者购买行为的影响非常重要。

1. 文化

文化是人类欲望和行为最基本的决定因素。低等动物的行为主要受其本能支配，人类行为大部分因后天学习所得而来。学习逐渐内化为自己的行为方式，这就是一个人的文化底蕴或文化内涵，它对人们的行为起着决定性的作用。

有一个很典型的例子，麦当劳在进入新加坡市场时利用了新加坡人“惧怕输（Kiasu）”的性格推出了鸡排酥汉堡（Kiasu Burger）——芝麻面包夹腌鸡肉和生菜。他们还创造了鸡排酥先生（Mr Kiasu）这个产品来告诉消费者：面包上有42粒芝麻，数一数不要上当。消费者由于认同鸡排酥的品质而很喜欢这种新汉堡。

2. 消费者的文化影响

从营销学的角度来审视，每种社会的文化又可以分为若干个不同的亚文化群，主要包括以下四类：

民族亚文化。各个民族在宗教信仰、节日、崇尚爱好、图腾禁忌和生活习惯方面，有其独特之处，并会对消费行为产生深刻影响。

宗教亚文化。不同宗教有不同的文化倾向和戒律，影响人们认识事物的方式、对客观生活的态度、行为准则和价值观，从而影响消费行为。每种宗教都有其主要流行地区和鲜明的特点。

种族亚文化。世界上有不同的种族，每一种族有各自的价值观、生活规范等，对产品的需求和评价也有很大的差异。随着我国改革开放进程的不断加快，各种不同种族的旅游者都来到中国观光、游览、商务洽谈、文化交流，酒店应针对不同的

种族开展有特色的营销活动。

地理亚文化。不同的地区有不同的风俗习惯和爱好，使当地人的消费行为带有明显的地方色彩。酒店必须研究不同的地理亚文化群的状况，以便确定目标市场，制定科学的市场营销决策。

3. 消费者的习俗文化影响

每个人都在社会中成长，受到家庭、环境及社会潜移默化的影响，逐渐培养了自身基本的价值观、风俗习惯和审美观，从而形成了千差万别的消费习俗。

喜庆性的消费习俗。这是指人们为了表达愉快心情、实现美好愿望而引起的各种消费需求方式。例如，逢年过节，人们张灯结彩，走亲访友等。

纪念性的消费习俗。这是指人们为了表达对人或事物的纪念而形成的消费习俗。

信仰性的消费习俗。这是指由于某种信仰而引起的消费性习俗，例如由宗教信仰而产生的禁食习俗等。

地域性的消费习俗。我国历来有“南鲜、北咸、中辣、西酸、东甜”的口味和饮食习惯。

4. 消费者文化水平的影响

消费者的受教育水平和文化程度也会对其购买行为产生重要影响。一般而言，消费者受教育程度越高，对精神生活方面的需求就会越多，把有限的收入用于购买精神生活资料和劳务的支出比也越大。同时，由于受教育程度的提高，消费者对消费资料的物质性了解加深，因而购买或拒绝购买某种消费品更为理性和自觉。不同的教育给予人们不同的社会价值观念、道德标准、欣赏水平和爱好等，这些因素也都会对购买行为产生影响。

课堂思考

讨论文化因素对自身消费行为会产生哪些影响？

（二）社会因素

酒店消费者的购买行为也会受到一些社会因素的影响，其中包括顾客社会阶层、参考群体、家庭、角色与地位等。由于社会因素在很大程度上影响人的反应，所以酒店在制定营销策略时要予以充分的考虑。

社会阶层。社会阶层是指具有相对的同质性和持久性的群体。按等级排列，每一阶层的成员具有类似的价值观、兴趣爱好和行为方式。一个人的社会阶层通常是职业、收入、教育和价值观等多种因素作用的结果。同一社会阶层的人要比来自两个社会阶层的人行为更加相似。因此，社会阶层不仅是影响消费者行为的重要因素，而且可以作为细分消费者市场的重要依据。

参考群体。参考群体是消费者在形成其购买或消费决策时，用于作为参照、比较的个人或群体，他们是能够影响消费者个人态度、意见和价值观的一群人。参考群体分为所属群体与相关群体，所属群体又分为主要群体和次要群体。主要群体与消费者有直接接触，且关系密切，主要指家庭成员等；次要群体虽然与消费者也有直接接触，但是关系相对较为疏远，例如相对陌生的同事、领导等。而相关群体则是指消费者个人不属于这一群体，但是态度、行为受其影响，如影星、歌星、球星身后大批的崇拜者和追随者。相关群体影响消费者行为的程度在不同产品和品牌中并非都是相同的，这也要根据消费者自身的经济基础和文化背景等个人因素来具体而定。

家庭。家庭是社会上最重要的消费者购买组织，家庭成员对消费者的购买行为影响非常大。每个人都会从父母那里得到有关宗教、政治、经济、个人理想、价值观等方面的指导，同时不同的家庭也会对个人的生活习惯、购买偏好等产生影响。酒店营销人员必须关注家庭各成员在对商品和服务的购买过程中所发挥的作用以及相互间的影响。同时，需要明确家庭中的哪位成员在酒店产品的订购中更具有影响力，进而采取有针对性的营销措施。

角色与地位。一个人在一生中会属于很多群体，每个人在各个群体中的位置可以用角色和地位来确定。角色是一个人所期望做的活动内容，是周围人对他的要求，也是他在不同场合中应起的作用。每一种角色又附有一种地位，反映社会对他的评价和尊重程度。人们往往结合角色和地位做出购买选择。许多产品或品牌由此成为一种身份和地位的标志。消费者因社会阶层和地域有所不同，对以何种产品、品牌来显示身份和地位的要求也就不同。

（三）个人因素

购买决策也深受消费者个人特征的影响。个人特征一般包括年龄与家庭生命周期、生活方式、职业、经济状况、个性与自我观念等。

年龄与家庭生命周期。消费者的欲望和行为，因年龄不同而发生变化。例如，3 个月、6 个月和 1 岁的婴儿，对玩具的要求就不一样；不同年龄的消费者对酒店产品的价格、个性化服务的要点、房间的舒适度、食物的口感等都会有不同的要求。而每个人在不同的年龄，其所处的家庭生命周期阶段也不相同。所谓的家庭生命周期是一个以家长为代表的家庭生活的全过程，从青年独立生活开始，到年老后并入子女的家庭或死亡时为止。在不同阶段，同一消费者及家庭的购买力、兴趣和对产品的偏好都会有较大差别。

生活方式。生活方式是一个人生活中表现出来的活动、兴趣和看法的整个模式，直接影响着他对产品或品牌的看法、喜好。营销者往往可以通过生活方式理解消费者不断变化的价值观及其对消费行为的影响。

职业。消费者的职业背景也会影响到他的消费模式。对于酒店而言，需要找到自己的产品和服务所针对的职业群体，并依此进行产品的设计、开发与推广。

经济状况。消费者的经济状况对产品选择的影响很大，而经济状况往往和职业密切相关。经济状况包括用于消费的收入、储蓄与资产、债务、借贷能力以及对消费与储蓄的态度等。酒店需要根据目标市场的消费能力设计产品与价格。

个性与自我观念。每个人都有影响其购买行为的独特个性。个性是指个人特有的心理特征，导致人对所处环境做出相对一致和持续的反应。通过自信、支配、自主、顺从、保守和适应等性格特征表现出来。依据个性因素，可以更好地赋予品牌个性，以期与消费者适应。例如，美国学者发现，购买有活动车篷汽车的买主与无活动车篷汽车的买主之间，存在一些个性差别——前者表现较为主动、激进和喜欢社交。

（四）心理因素

消费者的购买行为还会受到四个心理因素的影响，它们分别是动机、知觉、学习、信念与态度。

1. 动机

在任何时候，人总会有许多的需要。有些需要是生理上的，有些需要则是心理上的。当需要升华到足够的强度和水平时，这种需要就会转化为动机。动机是推动个人进行各种活动的驱动力。动机是行为产生的直接原因，可以促使个人采取某种行动去探求满足需要的方式，还可以规定行为的方向。例如，一位商务游客的基本需要可能包括睡眠、洗浴、适当的娱乐等。这些基本需要，任何一家酒店都能予以满足。但是，他或许会有自尊的需要，这样他就会设法找一家比较体面的酒店。除了这些，他还会有别的需要，例如一张写字台、一盏明亮的台灯、无线上网、电话服务等。酒店未必会具备满足游客需求的所有要素，但是一定要认识到这些产品与满足需要之间的关联。

2. 知觉

消费者被激发起动机后，随时准备行动。然而，如何行动则受到他对相关情况的知觉程度的影响。知觉是指个人选择、组织并解释投入的信息，以便创造一个有意义的个人世界的过程。知觉不但取决于刺激物的特征，而且依赖于刺激物同周围环境的关系以及个人所处的状况。

这里的关键词是"个人"的感觉。例如，一个人可能会认为一位说话很快的推销员的行为过分或欠诚恳，而另一个人却可能认为该推销员工作很熟练。为什么人们会对同样的情况产生不同的知觉？这是因为人们会经历三种知觉过程：选择性注意、选择性曲解和选择性保留。

（1）选择性注意。人们感觉到的刺激，只有少数引起注意、形成知觉，多数会被有选择地忽略。人们只会更多地注意那些与当前需要有关的刺激物，更多地注意他们期待的刺激物，或更多地注意跟刺激物的大小有较大差别的刺激物。

（2）选择性曲解。人们对注意到的事物，往往喜欢按照自己的经历、偏好、当时的情绪、情境等因素做出解释。这种解释可能与企业的想法、意图一致，也可能相差很大。对于选择性曲解，营销人员往往无能为力。

（3）选择性保留。人们容易忘掉大多数信息，却总是能记住与自己态度、信念一致的东西。企业的信息是否能留存于顾客记忆中，对其购买决策影响甚大。

3. 学习

学习是指由于经验而引起的个人行为的改变。人类的多半行为是源于学习。由于市场环境的不断变化，新产品、新品牌、新技术不断涌现，消费者的购买行为必须经过多方搜集有关信息之后才能做出购买决策，这本身就是一个学习的过程。

对于酒店营销人员而言，了解学习概念的价值在于，使他们可以通过把产品与强烈的驱动力联系起来，利用刺激性的诱因并提供正面强化等手段来建立产品的需要。酒店可以通过诉求于竞争者相同的驱动力并提供相似的诱因环境而进入市场，因为购买者更可能将其忠诚从原品牌转向类似的品牌，而不是相异的品牌。酒店也可以针对不同的驱动力设计品牌诉求，并提供强烈的诱因来引导消费者转换品牌。

4. 信念与态度

通过实践和学习，人们获得了自己的信念和态度，它们又反过来影响人们的购买行为。所谓信念，是指一个人对某些事物所持有的描述性思想。生产者应关注人们头脑中对其产品或服务所持有的信念，即本酒店产品和服务的形象。人们根据自己的信念做出行为，如果一些信念是错误的，并妨碍了购买行为，生产者就要运用促销活动、宣传推广等来纠正这些错误的观念。所谓态度，是指一个人对某些事物或观念长期持有的好与坏的认识上的评价、情感上的感受和行为倾向。态度能使人们对相似的事物产生相当一致的行为。一个人的态度呈现为稳定一致的模式，改变一种态度需要在其他态度方面做出重大调整。

相关链接　搜索

代管剩酒拢客心

近年来，香港酒店业兴起了一个新的服务项目——代客保管剩酒。也就是将顾客喝剩下的酒保管起来，陈列在一个精致的玻璃柜内，使所有人都看得见，瓶颈上吊着一张制作精美的卡片，标明主人的身份。这个服务项目有什么作用呢？它虽然是一个小点子，却有着惊人的效果。

顾客买酒时说只能喝 250 克，店员说没关系，买 500 克（一瓶）吧，喝不完我们可以替您保管，您下次随便什么时候来喝都可以。顾客会因这种新颖的服务方式而感动，同时看到别人的酒放在那样显眼的玻璃柜内，想到自己的也放在那儿，顿时获得一种满足感。

当顾客快要离去的时候，店家会赠送一种小礼物，这种小礼物用来证明顾客在店里还保留了一些酒，同时起到了重要的提示作用。顾客看到它，就会想起该去喝酒了。

下次他再喝酒，肯定只选这家酒店，不会跑到别处去了。代客保管剩酒不仅巩固了回头客，而且增加了酒店的光彩。代为保管剩酒后，顾客在该酒店用餐有一种在家中用餐的感觉，这是非常重要的消费心理。

后来，这一点子又发展成为代顾客保管碗碟。因为人们都讲究卫生，害怕传染疾病，不喜欢用别人用过的碗碟、筷子、刀叉等餐具。酒店于是对就餐次数多的顾客赠送一套餐具给他专用，吸引他常来用餐。这些酒店保证了用餐顾客的清洁卫生，对他们服务都很周到，还让他们得到了特别照顾。慢慢地在不知不觉中，他们就成了这家酒店的常客。

——资料来源：http://finance.sina.com.cn/leadership/jygl/20050511/121853113.shtml.

三、酒店消费者的购买决策过程

（一）确认需要

购买过程始于购买者对某个问题或需要的确认。消费者需要的产生是由于内在或外在的刺激所引起的。内在刺激是人体内产生的驱动力，如饥饿、寒冷、饥渴等。人们从以前的经验中学会了如何应付这种驱动力，并受到激励去寻找能满足这种需要的物品，如食物、衣服、饮料等。外部刺激是外界的“触发诱因”。例如某人路过面包房，看到新烤出的面包散发着诱人香味，从而刺激自己的食欲，进而可能会产生购买行为。这些刺激会激发起消费者潜藏的某些需要，但是需要被唤起后却不一定能驱使人们付诸行动，只有当这个需要逐渐强烈并超过一定限度时，人们才会产生特定的购买行为。

对于酒店的营销人员而言，需要在这一阶段做好以下工作：第一，了解与本酒店产品有关的现实或潜在的需要。一种产品如果能同时满足多种需要，就能够吸引更多的购买者。第二，了解消费者的需要强度随着时间的推移以及外界刺激的强弱而波动的情况，以便按照这种规律设计诱因，增强刺激，使被唤起的需要逐步增强，最终驱使人们产生购买行为。

（二）信息搜集

在很多情况下，被唤起的需要并非马上能够得到满足，而是先存入记忆中作为未满足的项目，这种需要称为“积累需要”。随着积累需要由弱变强，就要经过认真的信息搜集阶段。

信息搜集可以分为两个层次：一是适度的搜集状态，指消费者在被唤起的需要驱使下，对能够满足需要的商品资料敏感起来，比平时更加注意该商品的广告，注意别人对该商品的评价以及朋友间关于该商品的谈话等；二是积极的信息搜集状态，这时消费者会积极主动地在各种媒体上寻找该商品的有关资料，打电话向酒店咨询等。

信息搜集的状态主要取决于消费者购买行为的复杂性、需要的强烈程度、最初掌握信息的程度、获取额外信息的难易程度、额外信息的价值以及在信息搜集过程中得到的满足程度。

在这一阶段，酒店营销人员的任务主要包括：第一，了解消费者的信息来源。消费者的信息来源包括以下渠道：个人来源，如家庭、朋友、邻居、熟人等；商业来源，如广告、推销员、经销商、展览会等；公共来源，如大众媒体、消费者评比机构等；经验来源，如产品的购买和消费经历等。第二，了解不同信息来源对酒店消费者的影响程度。一般而言，消费者搜集的产品信息主要来自商业来源，即市场营销人员所能控制的来源；而最有效的信息来源则来自个人。每类信息来源对购买者的购买决策有着不同的影响。商业来源一般会起到告知的作用，而个人来源则起着认定或评价的作用。

（三）比较评价方案

在认知需求和信息搜集的基础上，消费者受满足需要的动机驱使，开始寻找各种解决问题的方案和途径。为使方案具有充分性和可靠性，消费者必须广泛搜集有关信息，包括能够满足需要的商品种类、规格、价格、质量、售后服务等。这些信息可以通过各种渠道获得，在广泛搜集的基础上，对所获信息进行适当的筛选、整理和加工，即可建立起满足需要的多种解决方案。

各种备选方案的利弊优劣不一，需要加以比较评价。评价的标准因消费者价值观不同而有所差异。例如在对酒店进行评价时，有人以价格低廉作为基本标准，有人以舒适度作为基本标准，有人则追求个性化的优质服务。所以，面对同一决策方案，不同的消费者会做出不同的评价。

（四）购买决策

在对各种方案进行充分比较与评价之后，消费者已经产生了初步的购买意图。购买意图如果不受到其他相左意见或信息的干扰，便可作为购买决策确定下来。

但是，消费者的购买意图经常会受到来自他人意见和突发因素的干扰。他人意见会影响购买决策的确定，他人对消费者购买决策的影响程度取决于以下两方面的因素：他人对某项购买决策的否定程度和他人意见对购买者的影响力。他人对该项购买决策的否定程度越强烈，而且他人与购买者的关系越密切，购买者越会因其而改变购买意图。突发因素可以分为与产品相关的突发因素和与产品无关的突发因素。与产品相关的突发因素可能是购买者突然发现了有关产品的不利信息。与产品无关的突发因素包括出现了其他更迫切的购买要求或闲暇时间由于工作关系而突然减少等。所以，产生一定的购买意图并不一定会产生相应的购买行为。

（五）购后行为

消费者在完成购买行为后，一般会体验到三种感觉：满意、不满意和购后疑虑。每种体验背后都会伴有特定的购后行为。而这些体验和行动又会影响到消费者的下次购买行为以及其他相关人群的购买决策。因此，购后行为对于酒店营销人员仍然具有重要意义。

购买后的满意程度是由以下两个因素共同作用的结果：产品实际质量和顾客期望值之间的对比程度。一般而言，如果产品和服务的期望值和实际质量相符，那么消费者就会感到满意；如果产品和服务的期望值高于实际质量，那么消费者就会感到不满意；当客人既体验不到满意，也没有对产品表现出明显不满的时候，顾客在购买后就会出现购后疑虑。

消费者购买后的满意程度会影响到他以后的购买行为。如果在购买后获得了满足，那么在下次购买中就会继续倾向于购买该产品和服务。更为重要的是，获得了满足感的消费者，会倾向于在日常生活中向相关群体中的成员称赞该产品和服务，而这种口碑的宣传往往会发挥更积极的宣传作用。

当购买者不满意时，其反应就会恰恰相反。首先，他会倾向于下次不再购买该产品和服务；其次，他或许会向相关企业、行业协会等提出投诉；最后，更糟糕的是，不满意的购买者会在相关群体中传递该信息，对这些人的购买决策产生极大的消极影响。酒店营销人员应该重视顾客的投诉以及补偿服务，通过补偿服务与顾客进行进一步的沟通，为顾客提供新的满足，最大限度挽回客人。

最后还有一种情况，就是购后疑虑。酒店营销人员可以通过诸如售后回访、电话问候、寄送感谢卡、寄送有关产品的支持性资料等方式来消除购买者的疑虑，从而增大消费者再次购买的可能。

四、常见的顾客消费心理

要想使酒店的顾客和工作人员达到和谐的状态，实现酒店营销的双赢，就要求我们对顾客心理有清晰的了解和全面的把握，从而最大限度地满足顾客的需求。下面列举几种常见的酒店顾客消费心理以便于酒店营销人员更好地开展工作。

（一）体验心理

对于以旅游或度假为目的的旅游者而言，入住酒店的过程更是一个求新、求异、求体验的过程，更多的顾客享受酒店所带来的不同体验。为了吸引更多顾客，酒店在提供基本服务项目的同时，应设计并组织好多项娱乐体验活动并做好配套宣传工作，让更多旅游者在享受休闲度假的同时，也享受一种独特的经历和体验。

（二）求助心理

对于入住酒店的顾客而言，因为出门在外，难免会出现遇到紧急情况需要帮助的时候。在这种时候，如果酒店可以伸出援手，提供超出范围的服务，会给顾客留下更深的印象。例如，酒店一位已经退房的顾客将皮包落在曾入住的房间，要求帮助寻找；客人房间电器出现问题需要维修；顾客突发病情需要治疗；客人对该城市不熟悉，需要引路等。在这类情况下，顾客的心里是着急的，如果酒店能及时提供周到的服务，就能充分显示酒店的服务质量和管理水平，给客人留下深刻的印象，赢得更多的忠诚顾客。

某位游客和父母一起去香港旅游，入住四星级丽都酒店，他们想要去时代广场但不知道路线，于是向前台的服务人员咨询，前台服务人员拿出一份地图，边讲解边用彩笔把路线勾画出来，还指明了车站的位置。该酒店周到的服务帮助他们顺利地完成了旅游的行程，也让他们感受到四星级酒店的优质服务。从该案例可以看出，酒店要在顾客遇到困难时积极主动地提供帮助，这样能让顾客对酒店产生好感，易形成回头客；而且有利于提升酒店的美誉度，从而获得更多顾客。

（三）尊重心理

每个顾客都是在一定的文化环境中成长并在一定的文化中生活，从而形成了不同的价值观、生活方式、消费心理等，这些都应该受到尊重。酒店员工应了解主要国家、主要地区的习惯和民俗，针对不同国家、地区的不同民族提供不同的服务。酒店顾客常见的尊重需要表现在对人格的尊重，对社会文化的尊重，对宗教信仰的尊重等方面。

一对新婚的穆斯林夫妇入住富华酒店之前一直不安，因为一般酒店很少有他们惯用的穆斯林特色的各种祈祷用品、装饰品和清真菜。然而，当服务员带着他们看了专门为其准备的新房和做祈祷用的用品后，他们所有担心都不复存在。当享用酒店为他们特意准备的清真菜时，他们为酒店的真诚与细致的服务所感动，并在留言本上留下这样一句话："在这里住就像在家里一样。如果有机会，我们将在庆祝结婚纪念日时，再次经历这些美好的日子。"对穆斯林夫妇宗教信仰的充分尊重，为酒店赢得了赞扬并树立了良好口碑。

（四）补偿心理

旅游者在日常生活中承受压力，旅游的目的就是排解压力，寻求心理上的补偿，他们渴望被重视、享受被人关爱照顾的感觉。

某位客人在入住酒店期间，由于被客房设施所伤，要求酒店给予赔偿。查明了致伤原因是顾客本身造成之后，酒店并没有置之不理，而是及时做好了安抚工作：向客人表示歉意，并征求客人意见，是否需要进一步治疗；客人入住期间给予热情的服务，尽量满足客人正当的要求；公关部经理和客房部经理还给予了特别关照，定期看望受伤的客人。虽然顾客是在酒店受的伤，但事后由于顾客在生理与心理上都得到了相应的安慰与补偿，减轻甚至消除了客人的不满心理，体现了酒店顾客至上的服务宗旨，防止了事态的进一步恶化。

（五）矛盾心理

矛盾心理每个人都有，酒店顾客也不例外。酒店服务人员不仅要了解客人的真实想法，满足其潜在的需求，而且要考虑周全，照顾客人的面子心理，做到酒店和顾客的利益双赢。

某天中午，杭州大酒店某位离店客人拿了4个衣架，她并不知道该酒店衣架并不属于赠品，被前台服务员发现，但碍于面子，坚持不肯退还酒店，说道："有的酒店洗衣后都奉送衣架，你们凭什么说是私拿？"此时，大堂经理了解到客人的矛盾心理，想出了一个既不伤客人面子又给客人台阶下的办法：首先，他微笑着走向客人，并问道："能帮助您吗？"无形中拉近了与客人的距离，为问题的解决奠定了基础；然后，承认客人的说法是事实："有些酒店洗衣时奉送衣架"，但马上语锋一转："但我们酒店尚未实行"，巧妙地向客人暗示衣架在本酒店是非赠品，维护了酒店的利益；同时，再把客人的理由当成建议来接受，顺应了客人的心："您的衣服一定比较怕皱，所以才用衣架，拿出来也不大好"，表明客人并不是想私拿衣架，而是怕衣架起皱，进一步帮客人找台阶下，随之提出既不让酒店财产蒙受损失又挽回客人面子的对策："不如您支付成本价买下这4个衣架"，并对前台服务人员说"不要再加收其他费用了"，最后双方皆大欢喜。这个案例告诉我们，在冲突中即使是客人的错误也不能当面揭穿，而是应该想办法为客人找台阶下，用委婉的语气引导顾客弥补错误。

（六）特权心理

在客人的潜意识里普遍有一种要享受特权的愿望，这种特权表现在："我是客人，我需要你为我提供服务，我有权享受服务，我有权提出任何要求"等。大部分酒店的顾客都是自费的，而且并不是很富有。他们在酒店消费的心理很大程度上就是花低价格享受高质量服务。所以他们会对所入住的酒店提出一系列要求，一方面是为了确保自己消费换来的服务质量物有所值，一方面是希望能在表达不满后得到相应的补偿，以减少开支。正是这种心理促使他们对服务质量期望很高，稍有不满就会抱怨，甚至向酒店投诉。首先，酒店应该采取一切预防措施避免顾客产生不满情绪，包括对员工的严格培训，对酒店卫生及设施的严格检查。其次，酒店管理者应该经常视察，主动了解顾客对服务的满意程度，及时发现顾客的不满情绪。最后，面对顾客投诉，即使是不合理的、态度蛮横的要求，也要坚持顾客是上帝的原则，控制好自己的情绪。时刻用友好、热情的态度对待顾客，面带微笑，先使客人的这种特权愿望得到满足，平息愤怒。然后理智地寻找解决问题的办法，在不损失酒店整体利润的前提下尽量满足顾客的需求。

虽然酒店顾客的消费心理大致相同，但行为表现却不同。因此，要求酒店员工事先有充分的心理准备，以顾客至上为准则，了解顾客的心理需求。同时具备随机应变的能力，减少酒店利润的损失。这样才能做好酒店服务，实现酒店服务的优质品牌效应。

复习与思考

一、名词解释

宏观营销环境　微观营销环境　酒店市场调研　酒店消费者

二、填空题

1. 影响企业生存与发展，并在目标市场上开展营销活动的各种内外因素的总和被称为________。

2. 酒店营销环境分为________和________。

3. ________是衡量一个国家、地区、城市、家庭生活水平高低的重要参数。

4. 酒店搜集、分析与内外部环境相关的信息，为酒店营销决策提供依据的活动是____________。

5. 酒店营销调研的内容一般可以分为__________和__________。

6. 市场调研中最通用和最灵活的一种调查方法是__________。

三、判断题

1. 酒店营销活动离不开内外部环境的影响。(　　)

2. 影响酒店营销活动的宏观环境属于可控的因素。(　　)

3. 影响酒店营销活动最主要的经济因素是社会购买力。(　)

4. 酒店的外部调研主要侧重于酒店的市场需求状况、需求变化趋势、竞争状况等的调研。(　)

5. 实地调查法可以获得第一手资料，但是比较费时、费力、费钱。(　)

6. 抽样调查的设计包括三项内容：一是调查哪些人；二是调查多少人；三是如何抽样。(　)

四、简答题

1. 酒店的营销环境具有哪些特点？

2. SWOT 分析法的含义是什么？应如何使用这一营销环境的分析方法？

3. 酒店市场调研分为哪些类型？

4. 酒店市场调研的步骤包括哪些？

5. 酒店消费者的购买行为包括哪些阶段？在不同阶段营销人员可以开展哪些有针对性的活动？

五、案例分析

《张润钢：亮点与痛点——2018 年酒店业综述》部分节选：

2018 年重大的“吸睛”事件

1. 平地刮起的 OYO 旋风

最近，酒店圈里的同仁们都在谈论一个名叫 OYO 的“怪物”。自 2013 年成立以来，OYO 就以现象级的速度在成长，现如今它不仅是印度最大的连锁酒店品牌，也是一家知名的国际化公司。

OYO 于 2017 年年底进入中国市场，经过一年的发展，已经在中国落地 260 多个城市，签约超过 3500 家酒店、17.5 万间客房。而且仍以每个季度超过 8000 个房间的速度在发展。

OYO 的扩张模式是将规模小、知名度低、标准和服务混乱的酒店聚集在一起，鼓励他们实施从空调到床单等各种标准化的改造，酒店业主只需对每个房间做有限的投入，OYO 就可以帮助他们实现出租率的大幅提升，有些酒店甚至可以将出租率提高 2 到 2.5 倍。

公司十分重视科技开发，将科技应用于业务流程的各个阶段。打造了分别针对顾客、酒店管理者、内部质量控管员的系列 App，并半强迫性地邀请客人对住宿体验进行评论，如客人没有评论就难以再次订房。

除此之外，OYO 还为成员酒店提供多方位的附加服务，比如通过与银行合作，协助酒店业主取得贷款，为酒店提供土木工程师服务等。

OYO 的异军突起，也引起了各路资本的高度关注，公司先后从红杉资本、软银等获得 4.5 亿美元投资。

2018 年 4 月，OYO 宣布进军英国市场。此后，阿联酋市场也引起了 OYO 的兴趣。在不久前的 2018 年 10 月，OYO 又宣布进军印度尼西亚市场，表示将在印度尼西亚投资 1 亿美元，在 15 个月内将业务扩展至 35 个城市……更有专家指出，若 OYO 能将印度客人送入中国酒店，甚至将中国客人送入印度酒店，前途将无可限量。

当然，OYO 的发展之路并非一片坦途。归纳各界评论，大体集中在以下几方面：首先，OYO 尚未证明其发展模式适用于印度市场，OYO 要实现规模效应还有很长的路要走，盈利更是后话；其次，这种在印度等发展中国家兴起的酒店模式在英国和日本等发达市场又是否存在发展潜力；再次，在资本裹挟下的高速扩张模式前景难以预料，而 OYO 未来注定还要筹集更多的资金；还有，OYO 如今已不仅仅是印度的经济型酒店品牌，它将业务范围拓展到了全球多个地区，旗下的产品类型涵盖了经济型酒店、精品酒店、优质客房以及共享空间等，OYO 还提供婚宴服务和企业解决方案，不同的市场环境和商业模式所要求的运营方式各有不同，但 OYO 至今仍然相信一套运营理念可以同时适用于各个市场；另一个风险则是，得到软银的投资固然可以证明 OYO 的成功，但如果未能获得规定回报，依照软银的强势风格，它有可能阻止公司的 IPO 进程，目前软银拥有 OYO 近 50% 的股权；最后，树大自然招风，最近还有消息说，超过 250 家印度经济型酒店签署了一份反对 OYO 的申请书，表明其业务受到了 OYO 的冲击并遭受了损失。

机遇也好，风险也罢。可以断定的是，OYO 在酒店行业刮起的这股旋风肯定不会短时散去，OYO 现象势必会继续对中国乃至全球酒店业产生不容忽视的影响，仅凭这一点，OYO 已经初战告捷。

2. 锦江坐上了全球酒店集团第二把交椅，万达又开始了新尝试

据《中国旅游报》报道：锦江国际在 2018 年 11 月完成了对拥有 1100 多家酒店的丽笙酒店品牌收购后，以 8200 多家开业酒店、89 万多间客房的体量，从原来排名全球第五一举跃居为全球第二。

锦江国际的全球化布局从 2015 年收购法国卢浮集团 1400 多家酒店起步，2016 年先后将拥有巨量酒店的维也纳酒店集团和铂涛集团纳入旗下，2018 年 11 月又完成对丽笙酒店集团的并购。目前，锦江国际在规模上仅次于万豪国际集团，拥有 30 多个全系列品牌，遍布 120 多个国家，会员人数过亿。

经过系列收购，锦江在中国酒店市场的占有率已达 20.95%，明显领先 11.86% 的首旅集团和 11.70% 的华住集团，龙头老大的位置更加巩固，在全球酒店豪门中也雄踞于“一人之下，万人之上”。就其扩张速度和形成的规模而言可谓成效显赫。

当然，这种超急速扩张后所面临的各种挑战也客观存在。2018 年 12 月 3 日《投资者报》一篇题为“锦江股份市值缩水 161 亿 靠收购能否冲出酒店红海”的文章就引起了不少“围观者”的注意。文章中提到了半年来锦江市值的蒸发；第二大股东弘毅投资基金的多次减持；公司营收增长率和利润增长率的下降以及销售费用、管理费用等分别高启等现象。当然这些现象并不一定都与收购行为有关，但大规模并购后的消化、整合则确实是不容回避的课题。即使像万豪这种市场化、国际化程度都相当高的企业，在收购喜达屋集团后也在经历着一个并不轻松的整合过程。那么，对于国有企业（如锦江）来说，这种挑战一定会更加严峻，甚至会成为发展前行中的“一道坎”和“一座山”。祝福锦江能够一路翻山越岭，最终到达光辉的彼岸。

除了锦江，巨无霸企业在酒店业的另一个动作就是 2018 年 12 月 1 日《21 世纪经济报道》以“崛起的大好时机抑或‘血战红海’”为题目，披露的万达酒店卷土重来。报道中提到万达还在尝试着开发新的品牌，并计划四五年内在全国拥有 700 家酒店。这些年，众多在各个领域里获得成功的“大鳄”们都纷纷进入酒店圈，而且又都试图采用轻重资产并举的方式，但就其成效而言，则远不如在其主营业务领域里那般辉煌。虽然原因各不相同，但重要的一条就是缺乏对酒店运营业务特殊规律的认识和尊重。万达卷土重来，不论势头多猛，却依然要过这个坎。

3. 携程要用丽呈连锁酒店经营，京东则要尝试“无界酒店”

2018 年 10 月 9 日，在西安举办的世界文化旅游大会上，携程正式宣布成立丽呈酒店集团。据携程官方信息介绍，丽呈酒店将根据不同定位细分为三个品牌，分别是超高端酒店的“丽呈华廷酒店”、高端全服务的“丽呈酒店”以及高端特色的“丽呈睿轩酒店”。预计 2018 年年底加入丽呈的酒店超过 50 家，2019 年达到 250 家，2020 年达到 500 家以上。

按照携程自己的说法，丽呈酒店既不是传统意义上的酒店管理公司，也不是自有酒店的集团，它的玩法是偏重大数据运营，给加入品牌的酒店方提供数据化支持，借助用户数据分析，改善经营管理，包括优化酒店硬件设施和服务细节，同时借助自己的会员体系、营销体系，整合资源、提升酒店的客源。品牌技术服务费与品牌使用费将是丽呈的两大营收来源，也包括营销支持和数据支持等所产生的费用。

对于携程的这一举措，业界评价还算正面。归纳起来主要集中在以下几个方面：一是携程有超过 3 亿的注册会员，有互联网预订平台的基因，这成为丽呈的天然优势，而丽呈面向的一二线城市高星酒店和携程本身的中高端商务客群又高度吻合；二是携程尽管不是酒店基因的企业，但却借助强大资金背景以及现成的、几乎覆盖了全旅游产业链的数据来支撑丽呈；三是对于酒店而言，能带来客流量的管理者必定具有足够的吸引力。

携程打造丽呈的思路很明确，就是借助资本和营销优势吸引酒店、占领市场。只是一旦取得了阶段性成果的时候，缺乏酒店基因的软肋就有可能显现出来，并且形成制约。业界注意到在发布品牌当天，携程就宣布丽呈与上海金茂酒店管理有限公司签署战略合作协议，双方将开展酒店管理方面的合作，共建新型酒店生态圈。携程是目前居于中国酒店集团前三甲的首旅如家集团的第二大股东，此次竟然舍近求远地与金茂联姻，个中缘由引人关注。

当然，这并不是携程第一次尝试做酒店。十年前，携程曾以品牌授权和管理培训的方式成立了星程酒店管理有限公司，之后卖掉了。后来又开发了 easy 住，成效亦不算十分明显。希望此次对丽呈的尝试能够获得成功。

2018 年 10 月 25 日，京东旅行在北京召开战略发布会，正式对外公布“无界酒店”战略——未来京东酒店将围绕场景拓展、会员赋能、双向采购、全景营销四大战略，重构酒店行业的人、货、场，成为酒店行业的创新者与赋能者。

据京东人士介绍，他们不再把酒店单纯地看作一个睡觉的地方，而是看作一个“场”，这样酒店就变成了一个场景，改造的目标就是在品质化、新奇化和兴趣化三个维度上提供以用户为核心的场景化体验。

互联网人对酒店的描述总是如此抽象和费解，当然，从另外一个角度看，也可能是传统酒店人需要不断跟上时代。总之无论如何，我们可以持续关注京东对“无界酒店”概念的实践。

4. 非比寻常的两家单体酒店先后开张，引起业界普遍关注

2018 年 12 月 17 日，以“菲住布渴”命名的阿里飞猪未来酒店正式营业。“菲住布渴”不但包含了“飞猪”的谐音，还同“非住不可”一语双关。

酒店最大的特点是智能化服务：人脸成了房卡的代替品、看不到门口帮客人打开车门的服务生，甚至也没有前台，只有白色的灯光、曲线与大屏幕营造的先锋与科技感。整个酒店还配备有智能机器人，可以完成自动取餐、配送等服务，在房间里，配备有“天猫精灵”可以实现语言操控房间设施。

据悉，阿里集团倾力支持该酒店项目，在研发过程中，所有的部门都参与进来，甚至包括优酷、饿了么等看似和酒店业务不沾边的部门。其中，阿里云提供大数据底层服务；淘宝技术团队提供酒店数字化运营平台、AI 智能服务中枢做智能场景研发；人工智能实验室（A.I. Labs）提供最新设计的智慧机器人；钉钉团队支持构建酒店数据运营平台；飞猪作为整体业务领衔方，协调阿里内部各方生态资源，共同设计了全链路的体验流程。

对于这家未来酒店，目前业界褒贬不一。赞誉方说，酒店并没有浮于表面的科幻感，但阿里确实通过大数据、人脸识别、酒店的软硬件结合，重新定义了现代酒店的入住流程，也让整个酒店更有效率，开辟了另外一种精简、独立的服务模式。这一尝试展

示了一种全新的，线上数据与线下服务结合的可能性。对于未来酒店业的科技探索以及和用户的服务磨合，阿里确实已经迈出了很大的一步。反方则认为：未来酒店更多只是个噱头，这种酒店没有灵魂，会和无人商店一样昙花一现。同时对于酒店无人的做法也很不认可，认为欧美人工成本那么高都没去走这个路子，在中国搞这个并不合适。

当然，也有跳出简单地赞与贬的第三种评论认为，阿里醉翁之意不在 to C，他真正要吃的是酒店 B 端的“肥肉”。

今年吸睛的另外一家单体酒店则是被誉为“世界建筑奇迹”的上海佘山世茂洲际酒店（俗称“深坑酒店”）。酒店位于在百米深坑内，号称全球海拔最低的酒店。酒店从立项到开业，历经 12 年。地平线上 2 层，地平线下 16 层，从每一个酒店房间都能看到瀑布、空中花园岩壁、玻璃栈道。每间房都设计了落地窗，深坑奇景尽收眼底。还有全水下套房，可以观赏窗外在畅游的鱼，仿佛置身于海底世界。

建造这样一个上下高度落差达 100 米的深坑酒店是一个极其复杂而浩大的工程，如此“深度”带来了许多建筑技术难题，其中包括消防、防水、抗震等问题。自深坑酒店宣布竣工起，就受到了来自各方关注，据悉，目前酒店携程预订价格约 4000 多元一晚，预订时间已经排到了 2019 年春季。

5. 酒店运营质量整体上仍在低位徘徊，甚至持续下滑

2018 年，以服务质量为核心内容的酒店运营水平总体上乏善可陈，服务质量总体低下，宾客体验总体不佳已经成为常态。宾客对诸如房间用品肮脏、噪声严重都已见怪不怪，至于对客用品质量不佳、遥控器打不开电视等现象则更是不值得一提的小事了，甚至面对卫生间手纸架上没有手纸这种匪夷所思的事件，客人也选择了一笑了之。习以为常、见怪不怪，反正说了也没用，倒不如不给自己找气生。现实使得无奈的客人越来越“包容”和“宽厚”，这在客观上进一步助长了把反常当作正常的风气。

这些年，酒店行业弥漫着越来越重的浮躁风气，一些管理者似乎不大愿意去做那些艰苦的、短期内难以见效的基础工作，总是寄希望于发现一个诀窍、找到一条捷径，靠“风口”在一夜之间改变企业困境和面貌。其实对于一万多家星级酒店以及更多的住宿业的管理者们而言，无论是 OYO 旋风、携程打造丽呈，还是阿里的未来酒店、世茂开发“深坑”……这些亮点即使再耀眼，也没有复制和模仿的可能，可以借鉴的只是他们研究市场、捕捉机遇的精神罢了。

所有酒店人都应该清醒地认识到，今天的中国酒店业，最大的“风口”就是把创新精神与工匠精神紧密地衔接，任何巧干都必须基于实干。

——资料来源：wemedia.ifeng.com/94624472/wemedia.shtml

根据上述案例，回答如下问题：

1. 分小组对 OYO 进行资料查询，并提出 OYO 的运行模式；
2. 请尝试总结资本运营对酒店业市场的影响作用；
3. 请分组讨论现代技术发展对酒店业的影响。

推荐阅读

1.“国八条”之后，星级酒店市场化的双赢 https://www.meadin.com/info/88840.html

2. 肯德基“神秘顾客”访问制度 http://blog.sina.com.cn/s/blog_89ea829a0102uwj4.html

3. 酒店客史档案如何建立与实施 https://xw.qq.com/cmsid/20200403A0GXZ500

4.“光盘行动”特辑｜酒店业纷纷响应，这股节俭之风可以刮得更猛 https://www.meadin.com/218367.html

综合实训练习

1. 用 SWOT 分析法对当地一家餐馆进行营销环境的分析。
2. 设计一份餐饮或客房的顾客意见调查表。
3. 请各小组分别对商务客人、度假客人、政务客人和老年客人进行分析。

第三章 酒店市场营销定位

任何一家酒店都很难满足所有消费者的需求。在这种情况下，如何细分市场、如何确定自己的目标市场、如何进行市场定位就成为酒店开展针对性的市场营销活动，满足目标市场需求的前导性基础工作。通过本章的学习，使读者了解酒店市场细分的必要性，掌握市场细分和市场定位的原则和标准，能够结合酒店实际工作学会对酒店目标市场进行选择、定位。

本章重点阐述了酒店市场细分的概念与意义、特点与原则，详细描述了酒店目标市场的概念以及相应的营销策略，并对酒店市场定位的概念意义、酒店市场定位的内容与步骤以及酒店市场定位的策略进行了详细的介绍。

学习目标

知识目标

1. 理解酒店市场细分的概念和现实意义，掌握酒店市场细分的要求和原则，熟悉酒店市场细分的常用变量。
2. 了解酒店如何进行目标市场选择，掌握常见的目标市场策略。
3. 熟悉酒店市场定位的概念，掌握酒店市场定位的策略。

能力目标

1. 能够把握市场细分、目标市场选择、市场定位这三个环环相扣的工作内容。
2. 能将市场细分、目标市场选择、市场定位的知识运用到实际的营销操作中。

案 例

来自雅高酒店的启示

作为欧洲酒店的领导者和世界性的酒店集团，雅高实施了品牌差异化战略，通过自创品牌和并购其他知名企业，形成了多元化的品牌格局。该集团主要有奢华酒店品牌索菲特（Sofitel），高级酒店品牌铂尔曼（Pullman）、美居（Mercure）、诺富特（Novotel），经济型酒店品牌宜必思（Ibis），廉价型酒店品牌佛缪勒 I（FormuleI）、汽车旅馆 6（Motel 6）等。每个品牌都有自己的目标服务群体和鲜明特点。

1. 细致豪迈、服务超群的索菲特

索菲特是雅高集团的顶级品牌，雅高集团 1980 年将其收入麾下，它为顾客提供卓尔不群的一流服务及豪华设施，主要位于世界上最重要的城市及观光旅游胜地。索菲特已经成为世界豪华酒店的代名词，它展示给人们世界上独一无二的法兰西浪漫情怀。

客人无论抵店还是离店，无论酒店氛围、娱乐设施还是个性化服务，处处都能拥有家一般的感觉。对客服务的一致性、共融性以及与众不同的特色，是每一家索菲特强调的待客之道。

2. 商务酒店住宿潮流的引导者——诺富特商务及休闲酒店

1967 年，第一家诺富特品牌酒店在法国里尔开业，这是雅高的首个自创品牌。当地在此之前已有 50 年没有新的酒店开业。当时诺富特以其舒适的浴室设施、室内电视及电话立即掀起了酒店革命的新浪潮。经过几十年的不懈努力，诺富特已经成为世界知名的商务型酒店品牌，并开始向一个新的发展历程迈进。它的诞生将酒店业带入了新的时代。更长的服务时间以及游泳池的设计也在当时轰动一时，将休闲活动的真正意义和文化与酒店的氛围融合在一起。

诺富特包含了海滨度假酒店、休闲高尔夫球场，所拥有的广阔运动空间以及娱乐设施、精选美食和配套的儿童活动中心，成了情侣、家庭和旅游团选择度假的理想之地。诺富特品牌分布于主要城市以及旅游胜地，为商务散客和商务团体以及度假客人提供国际标准的住宿及服务，使客人充分享受物有所值的体验。

3. 体现居住精华的美居酒店

在雅高集团，美居品牌是世界上最具影响力的酒店品牌之一。它是一个多层面的品牌，代表了地域性特色，其拥有的酒店涵盖了不同的标准：经济实惠、舒适精致和豪华典雅。美居酒店的特色是让酒店体现当地特色。从旅游胜地的豪华度假村到便利经济的美居经济酒店，都为客人展现了美居品牌各个酒店的不同精粹和风格。

4. 经济型价位国际级享受——宜必思品牌

宜必思品牌的主要经营理念是让客人以经济型的价位享受国际标准的酒店住宿。它一般位于主要城市的商务区域和枢纽地带，面向商务往来人士。宜必思品牌即意味着物超所值，深深吸引着来自国际或是区域的商务客人。

宜必思酒店的客房皆依循其品牌标准，其设施完全体贴客人需要，而非旨在增加酒店价格及成本，且能最大限度地满足客人的需要。不但如此，宜必思酒店还提供房间送餐、商务服务、休闲设施以及健身中心等多元化服务。

5. 对国内酒店经营者的启示

当前，国内酒店业市场竞争日渐激烈，作为酒店经营者，您必须经常问自己：我是准备在竞争中提升产品或服务以保护自己的市场，还是准备为新的细分市场开发新的产品？如果选择前者，要注意使产品或服务的提升保持渐进性，从而降低成本，因为现有的顾客往往不想支付得更多。如果选择后者，新的产品或服务必须包含新的目标顾客所期待的东西，进一步讲，是需要有一个不同的品牌——该品牌不会冲击原有品牌，而新的顾客能够接受这种新产品或服务并愿意为此支付更高的价格。

说到底，这其实就是营销上的STP战略，即市场细分（Segmentation）、选择（Targeting）和定位（Positioning）战略。品牌战略归根结底是围绕着细分市场来设计和开发的，清晰的品牌战略来自清晰的STP战略。在产品和服务严重同质化的今天，在大家为同一块市场拼得头破血流的时候，我们是否应该从战略高度来考虑突破和创新呢？但愿雅高酒店的案例能给我们带来一定的启发。

——资料来源：殷晓珍．雅高酒店集团品牌优势探析［J］．合作经济与科技，2009（6）．

案例分析

雅高的成功为酒店的经营者提供了怎样的借鉴？如何认识市场细分、目标市场的选择以及市场定位的现实意义？

第一节　酒店市场细分

市场是由现实的和潜在的购买者组成的。酒店要想获得经营的成功，必须把握住最有价值的客源市场。但是由于购买者人数众多，广泛分布于各个市场地区，有不同的需要、支付能力、购买态度和购买方式，因此，任何酒店都很难满足所有消费者的需求。尽管世界上有许多大型的酒店集团在世界各地都有连锁机构，但是对于绝大多数的酒店而言，无论其规模大小，都不可能同时满足所有酒店市场的各种需求。在这种情况下，如何细分市场、如何确定自己的目标市场、如何进行市场定位就成为酒店开展有针对性的市场营销活动、满足目标市场需求的前导性基础工作。

一、酒店市场细分的概念及意义

酒店所面临的是一个包含很多不同需求的市场。实践证明，酒店要获得持续性的发展，必须通过市场细分这一基础性的环节，选择众多细分市场中的一个或几个作为目标市场，然后制定具有针对性的营销组合策略。

（一）酒店市场细分的概念

所谓酒店市场细分就是将整体的酒店市场划分为若干个具有相同需求的子市场，从而确定酒店目标市场的活动过程。酒店市场细分能够使酒店有效地分配和使用有限的资源，开展各种营销活动，并向市场提供独特的服务产品。

（二）酒店市场细分的意义

酒店市场细分是分析酒店需求的一种手段，它对于酒店的经营和管理具有重要的指导意义。

有利于酒店寻找新的市场机会。由于酒店产品的差异性以及酒店所固有的客观性，酒店在市场中所取得的优势都是相对的。在现实的市场中总存在着未被满足的或者是未被完全满足的消费需求，这些需求的存在成为酒店营销的机会。通过市场细分，酒店可以了解不同消费者群体的需求状况以及未被满足的程度，从而使酒店迅速占领未被满足的市场，扩大市场占有率，取得市场经营的优势。

有利于酒店制定营销策略。酒店通过市场细分，比较直观、系统而准确地了解到目标市场的需求，可以从众多的细分市场中确定酒店的服务方向、产品战略，从而更合理地确定营销组织策略，及时调整酒店的产品、价格、销售渠道以及促销手段，并随着市场的发展予以适时调整。

有利于酒店制定灵活的竞争策略。通过市场细分，酒店了解到市场的消费特征后，能集中力量对一个或几个细分市场进行市场营销活动，突出酒店产品的特色和服务特征。所以有利于酒店制定灵活的竞争策略，以提高酒店的竞争能力。这样，酒店就能够在激烈的市场竞争中处于有利地位。

有利于酒店的市场渗透。通过市场细分，有利于酒店转变经营模式，由原来的粗放型向集约型转变，从而集中使用人力、财力、物力、时间、空间、信息等资源，对酒店确定的某一个或几个细分市场进行营销活动。这样，酒店就更能满足市场消费者的需求。

有利于酒店确定市场覆盖策略。大型的、地理位置优越的、高星级的酒店往往会提供质量更好的产品与服务，最大限度地吸引市场上的消费者；而小型的、地理位置差的、星级低的酒店由于资源有限，往往会集中其全部精力去吸引某一细分市场的消费者，从而避免与那些实力强大的酒店进行直接的竞争。

有利于酒店自身管理的完善。酒店一旦确定自己的目标市场，就会使自己完全处于一种全力生产的境地。一个聪明的酒店营销者会根据对目标市场的调研，总结出一套适合自己的经营策略。与此同时，酒店原来不适应新的目标市场需求的一些内部组织机构、生产设备和服务设施就会被更新或者直接被废除。

二、酒店市场细分的特点

酒店进行市场细分，是为了发现更好的市场机会，制定相应的市场营销策略。由于酒店行业的特殊性，所以酒店的市场细分要注意以下特点：

可识别性。可识别性是指细分出来的各个市场、顾客特征、市场范围、市场规模以及购买力大小等资料，能够通过市场调研、分析及其他的方式获得，以便于衡量该市场。

可衡量性。可衡量性是指细分的市场不仅要求范围比较清晰，而且必须能大致判断市场的大小。要保证细分市场的可衡量性，一方面要保证所确定的细分标准清楚明确，容易辨识；另一方面要保证所确定的细分标准本身是可以衡量的，酒店可以利用这些标准从消费者那里得到确切的信息。

可进入性。可进入性是指细分的市场是酒店利用现有的人力、物力和财力，通过一定的营销活动可以通达的市场。考虑细分市场的可占领性，实际上主要考虑的是酒店营销活动的可行性。显然，对于那些无法进入或者难以进入的市场进行细分是没有意义的。

稳定性。稳定性是指在一定的时间和条件下，酒店市场细分的标志以及其性质能够保持相对不变，使酒店占领市场后，在一定时期内不必改变自己的目标市场。这样，有利于酒店制定比较长期的、稳定的市场经营战略与策略。如果在一个变化过快的市场内，酒店就难以把握市场经营战略与策略，从而增加酒店的经营风险。

效益性。效益性是指酒店能够在细分后的市场上取得良好的经济效益。要做到这一点，要求细分市场要具备一定的规模，能适应酒店发展的要求。其中，至少有一个细分市场使酒店有利可图，而且最好有相当的发展潜力。如果一个细分市场无法使酒店获得预期的利润，这种细分市场就不值得酒店占领。

三、酒店市场细分的原则

在了解了酒店细分市场的特点后，为了保证经过细分后的市场能成为酒店制定有效营销战略的基础，酒店在进行市场细分时，必须遵循以下原则：

要把握市场细分的标准。酒店要选择对顾客需求有较大影响的因素去进行市场细分，把握好市场细分的标准，例如根据酒店的销售途径、顾客的购买方式、地理变量等来划分。毫无意义的细分市场对酒店的经营并无裨益。

要考虑各个细分要素之间的相关性。酒店若要以多个细分要素进行市场细分，就必须要考虑各个因素之间的相关性。例如，追求利益与职业、性别以及家庭生活周期等因素相互之间有一定的重叠性。若酒店同时利用这些因素去划分同一市场，就有可能细分出一些无效或者是意义不大的细分市场。

要求细分市场需求的差异性。酒店细分市场的结果，就是要求各个细分市场之间的需求有明显的区别或者差异，而使同一细分市场的内部具有较高的一致性。如果一个酒店的细分市场内部出现需求的个性大于需求的共性，而各个细分市场之间的共性又大于个性，这样的市场细分就是失败的。

要有适度规模。酒店市场细分的规模要适度。如果酒店把细分市场的标准定得太细，就会使酒店的细分市场过多，这样具体的目标市场就难以确定。但若把市场细分的标准定得太大，也不适宜酒店集中力量针对目标市场进行营销，而且酒店也无法完全占领这样的细分市场，势必为竞争者的介入留下隐患。酒店细分市场的规模必须与酒店自身的资源能力相适应。

四、酒店市场细分变量

酒店市场细分要依据一定的细分变量来进行。一般而言，常见的细分变量有以下四种：

（一）地理变量

按照酒店顾客所处的地理位置、自然环境来进行市场细分。酒店可以根据顾客的国家、地区等地理区位差异将其划分为不同的细分市场，不同地理环境下的顾客对酒店产品和服务往往会有不同的需求和偏好，对酒店采取的营销策略也会有不同的反应。例如，亚洲地区的客人会注重酒店的装饰和设备的齐全，而欧美地区的客人则强调房间的整洁、卫生和舒适宜人；亚洲客人在自费外出旅游时，消费支出更多的是用于购物，不太愿意花费大笔钱下榻高档酒店；欧美客人则恰恰相反，他们通常会选择较高档次的酒店，尤其是连锁酒店，他们在住宿方面的支出远远高于亚洲客人。只有在了解这些顾客的需求差异之后，才能够采取有针对性的营销措施。

地理变量是比较容易识别的，也是酒店在细分市场时应予以重视的，但是出于同一地理位置的顾客在需求方面仍然会存在很大的差异。所以，简单地以某一地理特征区分市场，不一定能真实地反映顾客需求的共性与差异，酒店在细分市场时，还需要结合其他细分变量予以综合考虑。

课堂思考

我国南北方客人在饮食上有哪些差异？酒店在餐饮服务过程中应注意些什么？

（二）人口变量

人口变量是在众多领域广泛应用的分类指标，用它们作为市场细分的标准是非常常见的。建立在这一变量上的细分市场非常清晰、明确。常用的人口变量包括年龄、性别、家庭、社会阶层和文化程度、经济收入与支付能力、职业背景等。

年龄。不同年龄的人，在选择酒店时对酒店设施设备、酒店产品的价格、酒店服务的要求等都会有很大的区别。例如，酒店如果设有针对老年人的客房，房间就应该在卫生间地面防滑、浴盆把手的安装、浴盆高度、走廊及房间的灯光、房间设施的布置等方面有特殊的考虑。相反，年轻人可能更注重相对低廉的房价，如在很多旅游城市出现的青年客栈，就满足了年轻旅游者对简易、低廉、清洁等住宿环境的需求。

性别。性别在酒店业中属于基本被忽视的变量，因为很少有专门为女性或男性而设计的客房。这一方面是基于产品差异化存在一定的困难，另一方面是由于女性市场还未充分发育起来。但是，近些年来，随着女性商务游客的增多，越来越多的酒店开始在客房设计以及特色服务上考虑女性顾客的个性化需求。

相关链接 搜索

女子客房——为单身女性提供特殊服务

在全世界的酒店行业中，希尔顿酒店是最早注意到单身女性顾客的特殊需求的。为此，他们早在1974年就在美国阿肯色州希尔顿酒店里开辟了专门的女子专用楼层，为单身女性提供旅途中的一切便利。

近40年来，希尔顿酒店一直致力于为单身女性客人提供更专业化、更精细的服务，从而赢得了一片相当稳定的大市场。尤其是近些年来，随着单身女性商务游客的增多，能否拥有一个轻松方便、无拘无束的居住环境成为她们关注的重点。

在希尔顿酒店的女子专用客房里，所有的设施设备和装修色调都是从女性的生理特点和旅途需要出发的，不仅配备有特制的穿衣化妆镜、品牌化妆品、各种牌号的洗涤剂和沐浴用品；同时会提供女士睡袍、挂裙架、吹风机、卷发器、针线包以及其他女性专用的卫生用品。客房通常会被装饰成温馨的色调，如粉红、天蓝、米黄等，而床上用品和窗帘等也会与房间的色调相匹配，就连客房的电话也选择了活泼、灵巧的款式，床头柜上备有专供女性阅读的时尚刊物。

考虑到安全的问题，女子客房会单独开辟在某个楼层，并配有大量的便装女安保人员，同时采取了很多专门的安保措施。

家庭。一个国家或地区的家庭数和家庭平均人口的多少，对酒店客源市场的影响很大。一般而言，没有孩子的家庭比有孩子的家庭更能够产生旅游动机，他们出行的费用也会更高；而孩子年龄稍大的家庭比孩子年龄处于婴幼儿阶段的家庭出游概率也会更大。同时，家庭成员对旅游目的地、旅游时间、住宿标准等的选择也会产生一定影响。所以，酒店可以根据不同的家庭对酒店产品和服务的预期与需求来选择自己的细分市场，例如有些酒店推出的新婚蜜月房等产品。

社会阶层和文化程度。人们的社会地位与受教育程度的不同，也会影响到其对酒店产品和服务的需求。一般而言，受过高等教育的人对旅游会有更多的热情，而且会有更多的商务旅行机会。而文化水平相对较低的人则会在消费上趋于保守，对旅游产品的需求相对较低。

经济收入与支付能力。经济收入与支付能力是紧密相连的，经济收入越高，支付能力就越强。高收入群体是酒店高端市场中十分重要的一个细分领域。

职业背景。人们职业的不同会产生不同的需求。例如，商务旅游者在酒店产品的服务与需求上就有别于一般的观光游客。在高端酒店市场上，因工作需要而往返于各地的商务游客是酒店非常关注的细分领域。

（三）消费行为变量

按消费行为变量来进行市场细分，可以选择消费者追求的利益、消费者的购买和使用程度、消费者的平均支付能力和消费水平、对产品的忠诚度等行为因素作为标准。

消费者追求的利益。酒店的营销人员应该意识到，旅游者购买产品的主要目的并不是为了得到产品本身，而是为了获得酒店产品给客人带来的利益。顾客要求酒店提供的利益是多样化的：有的顾客希望得到细致入微的服务，有的顾客希望得到精美可口的菜肴，有的顾客希望酒店有优越的地理位置，有的顾客希望在酒店里能观赏到怡人的风景……总之，客人所追求的利益是多样化的，酒店营销人员可以按照客人所追求的利益将客源群体划分为不同的类型。

消费者的购买和使用程度。从购买和使用程度来看，每个消费者的情况也不相同。营销人员应该根据购买和使用的程度将客人划分为不使用者、潜在使用者、首次使用者和定期使用者。定期使用者又可以分为“轻”使用者、“中”使用者和“重”使用者。例如，一些经常性不定期光顾的商务游客属于“中”使用者，而酒店的长期包房客人（在酒店停留时间在6个月以上的客人）属于“重”使用者。

（四）心理因素

心理因素是对消费者购买行为产生影响的主观因素，消费者的心理因素也能成为市场细分的依据。从心理因素进行细分，主要是依据消费者的生活方式、购买动机等因素。

生活方式。生活方式是在人们所处的社会环境中逐渐形成的，按生活方式细分市场主要是根据人们的生活习惯、消费倾向、对周围事物的看法以及人们所处的生活周期来划分。由于人们生活方式的不同必然会带来需求上的差异，把生活方式相同的购买者作为一个市场群体，有计划地为其提供符合需求的产品和服务，这对更好地满足顾客的需求、扩大酒店的市场占有率非常重要。

购买动机。购买动机也是一个重要的心理细分依据。由于人们的购买需要具有多元化的特点，因此，酒店顾客的动机系统也是非常丰富和复杂的。

第二节　酒店目标市场策略

一、酒店目标市场的概念

目标市场是酒店在市场细分的基础上，酒店营销活动所要满足的市场需求。即酒店的主要经营对象是某一类似的消费者群体，酒店的主要经营任务是满足这一群体的消费需求。简而言之，酒店目标市场就是酒店愿意进入经营的市场。

二、酒店细分市场的评估要素

在酒店进行目标市场选择的时候，必须对不同的细分市场进行特定的分析，进而选择出适合自己进入的细分市场作为目标市场。在这个环节，酒店必须重点分析以下三个要素：

（一）细分市场的规模和增长情况

酒店营销人员首先要搜集和分析目前各个细分市场的销售额、增长率和预期利润等各种资料。一般来说，理想的细分市场是具有较大的销售额、高增长率和高利润贡献的市场。值得注意的是，那些最大的、最快速增长的细分市场不是对任何公司来说都是最有吸引力的。较小的公司可能发现它们缺少相应的资金、技术、人员等资源以进入和占领这些细分市场，或者是这些细分市场的竞争太激烈了。所以，有时候企业可能会选择那些较小的、不太有吸引力的细分市场。对它们来说，在这些市场上更容易获得更多的利润。例如，美国旅馆大王希尔顿先生是先在美国经济发展比较落后、旅馆竞争程度低的得克萨斯州发展希尔顿连锁酒店；等实力强大了以后，他才在芝加哥、纽约等旅馆竞争激烈的地方发展希尔顿酒店。

（二）细分市场的结构吸引力

一个细分市场可能具有理想的规模和增长率，但仍然不能提供理想的利润。这说明，酒店营销人员还必须考察一些影响细分市场长期吸引力的主要结构因素，一般包括下列四个方面：

竞争者状况。如果在这一细分市场上已经存在许多强有力的和具有进攻性的竞争者，这一细分市场就不太具有吸引力。例如，在美国已经有许多世界一流的汉堡快餐连锁企业，如麦当劳、肯德基等，如果要再创建一家同样的汉堡快餐企业进入这一市场，很难保证获得有吸引力的利润。

替代性产品状况。如果在一个细分市场上目前或将来存在许多替代性产品的话，那么可能会妨碍进入这一细分市场的酒店取得足够多的利润。

购买者的讨价还价能力。购买者的讨价还价能力也会影响到细分市场的吸引力。如果在一个细分市场上，购买者相对于销售者具有很强的讨价还价能力，那么，他们将会迫使销售者降低价格，同时会要求获得更好的产品和服务。

供应商的状况。如果在一个细分市场上存在一个强有力的供应商，他能控制生产所需的原材料与服务的价格，以及它们的质量和数量，这个细分市场也是缺乏吸引力的。当供应商是大的和集中度高的，同时只存在少量替代者时，或者当供应商的产品是重要的投入因素时，供应商往往是强而有力的。

（三）酒店的经营目标与经营资源

即便一个细分市场有适当的规模和增长率，它在结构上也有吸引力，营销者在决定是否进入这一细分市场时还须考虑这样做是否符合自己企业的经营目标和资源状况。一些有吸引力的细分市场可能会迅速地消失，因为它们不符合公司的长期目标。虽然这些细分市场就它们本身来说是有吸引力的，但它们可能将企业从它们的主要目标中转移出去，企业也不具备能够在这一细分市场上取得成功所需要的技术和资源。

对于酒店营销人员而言，需要借鉴百事可乐公司曾经的教训。百事可乐公司曾经在 20 世纪 60 年代进入快餐业，除发展饮料以外，还大力发展各类快餐，投入了巨额资金，但经营效果却不如专注于发展饮料业的可口可乐那么显著。后来，百事公司不得不退出餐饮市场。这一教训告诫酒店的经营者，要将有限的资源投入自己具有优势的产业，目标不要过于宽泛。

三、酒店目标市场的营销策略

当酒店选定了目标市场之后，如何经营好这些目标市场，是酒店营销人员需要考虑的重要问题。常用的酒店目标市场的营销策略有：

无差异营销策略。无差异营销策略是指酒店不进行市场细分，而是把整个市场作为自己的经营对象。这种方法在现实的酒店经营中表现为不分主次，来的都是客。酒店营销人员试图使用一种固定的单一组合来满足整个市场，目的是集中满足市场是顾客的共同需要。无差异营销策略适用于：第一，同质市场，即市场需求差异小得可以忽略不计的市场。第二，新产品介绍期。第三，需求大于供给的卖方市场。

无差异营销策略有一定的优点又有不足之处。其优点主要是可以减少酒店的经营成本和营销费用。由于采用单一的营销策略，产品的组合成本、销售渠道的费用及促销费用都大大降低。其不足之处是忽视了市场需求的差异，可能会导致部分顾客不满意。此外，这种策略也不能适应竞争激烈的市场环境。

差异性营销策略。所谓差异性营销策略，是指酒店选择两个或两个以上细分市场作为自己的目标市场并针对不同的目标市场制定不同的营销组合。差异性营销策略适合于：第一，规模大、资源雄厚的酒店或酒店集团。第二，竞争激烈的市场。第三，产品成熟阶段。

集中性营销策略。有时候酒店的营销人员不愿意将有限的资源分散在不同的子市场，避免势单力薄，而宁可将有限的资源集中使用于某一最有潜力且最能适应的细分市场，这样可以在自己的目标市场上取得绝对优势或建立起鲜明的形象。所谓的集中性营销策略是指营销人员使用某种特定的营销组合来满足某个单一目标市场，并将酒店的人力、物力、财力都集中于这一个目标市场。集中性营销策略适用于：第一，酒店资源并不多的中小型酒店。第二，竞争比较激烈的市场。集中性营销策略的优点体现在以下方面：首先，它有利于酒店经营的专业化和专门化；其次，它有利于酒店提高资源的利用率；最后，它有利于酒店在目标市场上建立扎实的基础。这种营销策略可以帮助酒店在较小的市场中占有较大的市场份额，但同时会由于仅专注于某一细分市场而增加企业的经营风险。

第三节　酒店市场的定位决策

在确定好目标市场之后，酒店营销人员就要考虑为自己的目标市场进行有目的的包装，贴上醒目的个性标签，也就是市场定位。市场定位的实质是使自己与别人严格区分开来，使顾客明显感觉和认识到这种差别，从而在顾客心目中占有特殊的位置，并达到引导消费的目的。

一、酒店市场定位的概念及意义

（一）酒店市场定位的概念

所谓酒店市场定位就是酒店根据市场上同类产品的竞争情况，针对消费群体对该类产品的某些特征或属性的重视程度，为酒店的产品塑造强有力且与众不同的鲜明个性，并将其形象生动地传递给消费者，以求得到消费者的认同。简而言之，顾客有什么样的需求，酒店就提供什么样的产品来满足这种需求。酒店市场定位的概念有三层含义：第一，酒店市场定位是一个过程，即树立形象和传递形象的过程。第二，酒店市场定位的基础在于消费者对酒店差别特性的重视程度。新兴的酒店总是将其产品的差异性视为其市场定位的依据。第三，酒店市场定位的最终目的在于占领市场，即通过树立鲜明的酒店形象来赢得自己的消费者。

（二）酒店市场定位的意义

市场定位在酒店的营销工作中具有非常重要的意义。通过市场定位，可以强化酒店及其产品在市场上的整体形象，增强产品在市场上的竞争力。第一，市场定位有利于建立酒店及其产品的市场特色，是参与现代市场竞争的有力武器。一些酒店为了使产品获得比较稳定的销路和客户群，同时防止被其他酒店所代替，就在各个方面为自己的产品打造特色，树立鲜明的市场形象，以期待在消费者心中形成一种特殊的偏爱。第二，市场定位决策是酒店制定市场营销组合策略的基础。酒店的市场定位决定了酒店必须设计和发展与之相适应的市场营销组合。假如酒店决定出售质优价廉的产品，这样的定位就决定了酒店的产品质量要高，价格要低，广告宣传的内容要突出宣传酒店产品的优质且低价的特点，并让顾客相信产品是货真价实的。与此同时，酒店要求内部各个部门配合默契，工作效率要高，尽量减少浪费，保证酒店在低价情况下仍有利可图。

二、酒店市场定位的内容

形象定位。所谓形象定位即酒店以何种形象面对目标市场，为消费者提供何种产品和服务，酒店的档次、星级如何等。这里所说的酒店形象是指酒店外观，包括建筑设施、酒店名称、酒店标志、标准字体、标准色等，所有这些视觉因素会直接影响人们对酒店形象的看法。

产品定位。所谓产品定位是指酒店为消费者提供何种类型的产品。酒店营销人员在为产品定位时，应强调以下三点：第一，为产品创造和培养一定的特色，树立一定的市场形象。这种特色有的可以从产品实体上表现出来，有的可以从消费心理反映出来。第二，详细说明产品能为目标市场消费者提供的各种利益。第三，强调本酒店产品与竞争对手产品的差异。

价格定位。价格是酒店营销组合中最敏感的一个因素。营销人员如何制定酒店价格，是以高价吸收少数客人，还是以低价吸引大多数客人，这是在酒店价格管理中需要解决的实际问题之一。在酒店的经营实践中，产品和服务的价格总是千变万化的。酒店营销人员要根据消费者欲望程度的变化来调整酒店价格，也可以根据市场上的供求状况来确定淡旺季价格。

消费群体定位。所谓消费群体定位是指酒店以何种类型的消费者群体作为自己的目标市场，消费群体按照旅游目的的不同可以划分为以下类型：公务及会议市场、观光旅游市场、休闲度假市场、探亲访友市场等。

销售渠道定位。所谓销售渠道定位是指通过何种销售渠道将酒店的产品和服务传递给消费者。从目前的情况看，我国拥有酒店的数量已经相当可观，如果每一家酒店都采用直接销售渠道向消费者推销产品，那么酒店在直接推销上就要花费很多的时间、精力和资金。因此，如何选择、确定销售渠道对酒店的营销活动具有十分重要的作用。

相关链接　搜索

青年旅舍

对于财力有限而喜好周游世界的青年人来说，青年旅舍无疑是最佳选择。青年旅舍的特点是设施比较简易，价格低廉，带有自助性质。在欧洲，青年旅舍不设单间，以 4 人至 30 余人为一单位，使用集体浴室、卫生间，有用具齐全的厨房，条件稍好的房间有电视机，电话设在总台，游客领取用品后客房卫生等自助。收费以床论价，相当于一份快餐价格，为三星级酒店的 1/10 左右。

从国际上来看，自助旅游是一个发展趋势，青年人更是渴望游历四方，开阔眼界，而不愿将钱花在高档宾馆的食宿上。青年旅舍的出现，有助于改变这种现状，使青年人有更多的条件和机会尽兴地旅游。

三、酒店市场定位的步骤

良好恰当的定位有三个因素：创立形象，展示客人利益，显示与竞争对手不同的品牌。除此之外，定位要求先确定酒店的直接竞争对手。要么区别一方，要么与所有其他酒店都不同。

要达到以上要求，应采取以下步骤：第一，分析利益：确定顾客所应得的利益。第二，决定形象：决定所选定的目标市场所期望的酒店形象。第三，确认异同：列出直接竞争对手并显示不同之处。第四，设计组合：提供不同于他人的产品或服务，将其显示在文件中，并体现在营销组合的具体方面。第五，传递实施：履行诺言，贯彻执行定位策略。

四、酒店市场定位的策略

酒店产品与服务的不同组合是酒店市场定位的主体内容。所以，究竟酒店如何去组合他们的产品和服务就成为酒店定位的战略。大体上，酒店市场定位战略主要包括以下几种类型：

市场领先策略。市场领先策略是指酒店在目标市场中始终保持第一位的优势，无论在产品质量、规格以及服务上都要先声夺人，始终以领袖的地位引领这一市场的消费需求发展方向。酒店要在市场中保持领先地位应该从以下几个方面努力：第一，扩大这个市场的总需求，寻找新客源。第二，保护优质的市场份额，通过扩大或者缩小经营范围来实现。第三，继续提高酒店的市场占有率，提高酒店接待客人的次数。

市场挑战策略。市场挑战策略是一种与最强有力的竞争对手对着干的市场定位策略，就是将酒店产品特色直接定位在与这个市场中最强大的竞争对手的产品相似的位置上，以对比的方式与竞争对手争夺同一细分市场。市场挑战策略是一种比较危险的策略，它要求酒店可以生产出比竞争对手更好的产品，比竞争对手有更强的实力与更多的资源。采用这种策略，一旦在市场上取得成功，便会取得很大的市场优势。酒店要取得竞争的优势，可以采取如下措施：第一，正面进攻：酒店集中优势力量向竞争对手的强项发起挑战。第二，侧面进攻：酒店集中优势力量向竞争对手的弱点发起进攻。第三，围堵进攻：当酒店比自己的竞争对手更具有资源优势时，可以深入竞争对手的领域，向市场提供更多的产品与服务。第四，迂回进攻：酒店大力发展差异性的产品与服务。

市场避强策略。市场避强策略就是酒店避免与竞争对手直接进行对抗，而是寻找新的、未被占领的、与竞争对手产品完全不同的，并为许多顾客所重视的市场位置。这种定位有两种情况：一是这部分潜在市场或营销机会没有被其他酒店发现，这样酒店就容易取得成功；二是许多酒店已经发现了这部分的潜在市场，但没有能力去占领，这样酒店要有足够的能力才能取得成功。酒店采用避强策略，可以迅速在市场站稳脚跟，并可以比较小的代价在顾客中树立比较好的形象。由于这种市场策略风险比较小，成功率比较高，所以常为许多酒店所采用。

重新定位策略。重新定位是在目标市场发生变化，原来的产品定位不恰当或形象不好，酒店企图扭转经营颓势等情况下采取的一种定位策略。它的特点在于抛弃原有的酒店或产品形象，树立新的形象。我们常常会发现，一家经营不景气的酒店转手之后，在新经营者的重新运作之下，不仅会起死回生，甚至会大放光彩。出现这些结果的原因，除了经营管理的因素之外，往往都是因为酒店已经彻底地改头换面了。

另辟蹊径战略。当酒店意识到自己的能力无法与同行强大的竞争对手相抗衡，也未能寻求到合适的市场空缺时，就可以采用另辟蹊径战略。它的精髓就是酒店突出宣传自己的与众不同之处和在某些方面的独特之处。这样，就会使酒店在强手如林的竞争中获得相对的竞争优势，为酒店的发展另辟一条新路。

市场补缺策略。精心服务于那些市场比例较小的专业性酒店。要根据市场、消费需求而变化，寻找市场空白或是薄弱环节，通过专业性的经营占据市场中的有利位置。

复习与思考

一、名词解释

酒店市场细分　酒店市场定位　酒店目标市场　形象定位

二、填空题

1. 将整体的酒店市场划分为若干个具有相同需求的子市场，从而确定酒店目标市场的活动过程被称为________________。

2. 酒店市场细分的特点包括__________、__________、__________和________。

3. 影响酒店细分市场结构吸引力的因素包括__________、__________和__________。

4. 良好恰当的酒店市场定位包含____________、____________、__________三个因素。

5. 一种将酒店定位于和最强有力的竞争对手对着干的市场定位策略是_______。

三、判断题

1. 酒店可以根据自身情况，尽可能满足所有顾客的需求。(　　)

2. 酒店市场细分是酒店营销成功的重要前提。(　　)

3. 酒店细分后的市场应确保企业获得良好的经济效益。(　　)

4. 酒店目标市场就是酒店愿意进入经营的市场。(　　)

5. 对于所有的酒店而言，具有较大的销售额、高增长率和高利润贡献的市场都是具有吸引力的。(　　)

6. 不进行市场细分，将整个市场作为目标市场的策略是集中性目标市场策略。(　　)

7. 无差异性目标市场策略适用于同质市场情况下。(　　)

8. 市场定位是可以使酒店与其他同类企业区分开来的有效方法。(　　)

四、简答题

1. 酒店市场细分的现实意义体现在哪些方面？

2. 酒店在进行市场细分时应遵循的原则包括哪些？

3. 酒店常用的目标市场策略有哪几种？它们分别具有怎样的优缺点？

4. 常用的酒店市场定位策略有哪些？如何实施？

五、案例分析

安缦：我不与任何人做比较，因为没有可比性

安缦酒店是全球最知名的度假酒店之一，创立最初的构想是在环境美丽、幽雅的地方建立一批温馨、舒适的私人度假地点，营造一种雅致、天然的好客氛围。安缦的客房从来没有超过 50 间，并有着超高标准的服务意识，内敛、低调与含蓄是安缦永恒不变的主题，好像与多数奢华酒店所追求的并不一致。安缦每家酒店风格都迥异，而且十分有特色，每一次选址，每一座建筑的改造，每一家酒店的设计，都要对当地文化进行考察研究，力求与本土的人文精神与自然景观达到最完美契合，默不作声的低调中蕴含着最高贵的崇尚。

安缦的创始人 Adrian Zecha 曾说："这不是意味着我们比大的酒店好，因为我们很小。我们是与众不同的，就是这样，安缦酒店响应当代生活方式，所以我们提供一种无尽的生活享受。"

1988 年创立的安缦已有 30 家分号，脚印遍布 20 个国家。安缦认真细致地经营着自己，在形成独特的安缦风的同时，每一家小而精的度假村又都是各具特色，每一处都截然不同。

安缦是一个有着独特发展方向的酒店，位于世界最美丽、最具历史特色、最迷人的景点；追求与自然文化遗产的融会贯通，营造安宁、原生态的度假胜地是整个安缦酒店管理集团的经营理念。无拘无束、独一无二、不盲从、不跟风、低调奢华、远离喧嚣、宁静与平和，这些就是安缦无可复制的独到之处。并且他拥有许多的"特权"和特色的活动。比如：

（1）印度的 Aman–i–khas，酒店的服务人员会陪同你乘坐火车（印度的火车有多吓人众所周知），他会为你安排舒适的座位，确保你不被其他乘客所打扰；去卫生间的时候，他会在你附近不远处保护你的安全。在当地的旅游行程中，还会为你安排意想不到的惊喜，比如早餐和鸡尾酒，等等，都是你事先所不知道的。

（2）柬埔寨的 Amansara 会安排一次令人振奋的吴哥窟日出之行。在黎明破晓前有一条特殊通道，只有你和你的司机、向导一起前往，当你到达之后

也只有你和吴哥窟同在。向导会带着你探索吴哥窟，结束之后会为你准备好冷热毛巾和饮品，十分周到。

（3）不丹的 Amankora 是一个定制的行程，在这段旅程中会有司机和向导的陪伴。他们会提前了解你的喜好，你对旅程中的期望，什么能做，什么不能做。向导或许还会带你体验当地的茶和餐饮。完全就是你的私人贴心管家。

安缦的服务一直是行业的标杆，素来以“自然而不着痕迹”的服务著称。安缦的员工总是自称“一家人”，每一位客人都会收到来自总经理亲笔书写的欢迎卡，欢迎你成为这里的一分子。在安缦，员工与顾客的比例是 5:1，这不仅是为了提供更好的服务，更是为了让客人感到无比的尊贵。员工会记住每一位客人的样子，回到酒店时，员工会亲切地对你说：“你回来啦。”甚至在有些安缦内，一些额外的消费都不需要签单，服务人员会为你默默记下，你只需要像在自己家中一样自由来去，想做什么就做什么，不被任何人、事、物所打扰。安缦带给你的就是这种极具个性化的奢侈体验。正是这样的服务体验催生了无数的安缦痴（Aman junkie）。

“Aman junkie”（安缦痴）一般指入住超过 3 家以上的人。做 Aman junkie，首先就是你要存够钱，再就是你要存够时间。安缦是以度假闻名的酒店，单单住上一天是无法真正体会到安缦的精髓的。来安缦的几乎没有出差的人，都是来度假的。度蜜月、周年纪念、生日会、家庭游……入住安缦的客人不能说都是非富即贵，但相信一定都是享受生活，追求生活品质的人，希望在不被打扰的前提下愉快地度过几天悠闲的假期，同时又有贴心的服务。

“和平，宁静，家的感觉”——这就是安缦哲学。

除了高水准的服务外，安缦的硬件设施也完全不输他人。富有地方特色的水疗——配以最有品质的产品和技艺；泳池、餐饮、电影院、美发沙龙、酒吧、健身房……哪怕是在主打禅修的度假村也会有一席之地，谁能说不是这当中的某一样吸纳了“Aman junkies”呢？

顶尖设计师都为安缦服务！

当你住过越来越多的酒店，从最初的为目的地而旅行变成因顶级酒店而去到这个目的地的时候，相信单单在酒店里面睡上一觉已经不能够满足于你。一家顶级酒店的诞生少不了设计师的心血，是他们成就了酒店，酒店也成就了他们。很多时候当你听到这个设计师的名字的时候，你不再需要去比较，去咨询，你的反应绝对是：哦，那个有名的设计师啊，他设计的一定很赞！我要去！

——资料来源：https://m.sohu.com/a/143955477_673702，《最美酒店》，2017-05-27.

根据以上案例，回答如下问题：

安缦酒店是如何进行市场定位的？请找出安缦酒店在我国最新开业的三家酒店，并查阅酒店网站，了解相关信息。

推荐阅读

1. 雅高推出新经济型酒店品牌 Greet https://www.meadin.com/jd/205366.html
2. 那些“被”重新定位的酒店 https://www.meadin.com/zl/218477.html
3. 逆风翻牌的开元名都酒店，快速回血的“秘诀”https://www.pinchain.com/article/226319
4. 坐着“货的”带着狗：住宠物民宿在飞猪意外爆红 https://www.pinchain.com/article/226299

综合实训练习

1. 请各小组对当地酒店市场进行分析，了解当地高端酒店、中档酒店和经济型酒店的各类客房价格，并对此进行讨论。
2. 请各小组分别找出一家当地的四星级酒店，对该酒店的市场定位进行分析。
3. 尝试为一家高档餐馆制定“五一”节或“国庆节”的婚宴营销策略。

第四章 酒店产品策略

酒店产品策略是酒店营销因素组合的首要因素，是酒店营销工作的核心内容。由于酒店产品形式的多元化，使得当今酒店业在产品层次方面的竞争更加激烈。掌握酒店产品的竞争战略、生命周期策略和品牌策略，并能结合酒店营销现状进行简单的实践操作，是酒店行业从业者必须掌握的知识和技能。

本章重点阐述了酒店产品的概念及特点，对酒店产品的整体观念及酒店产品策略进行了详细描述。同时，对酒店产品的生命周期理论进行了详细介绍，重点诠释了酒店新产品的概念内涵及开发策略，并针对酒店品牌价值的培育内容进行了探讨。

学习目标

知识目标

1. 掌握酒店产品的内涵、酒店整体产品观念、酒店产品生命周期各阶段的特点以及应采取的对策。

能力目标

1. 灵活运用酒店整体产品观念。
2. 理解酒店产品的特征、酒店新产品开发的策略。
3. 了解酒店品牌培育的重要性。

案　例

神奇的海底捞“服务”

四川海底捞餐饮股份有限公司成立于1994年，是一家以经营川味火锅为主，融汇各地火锅特色于一体的大型跨省直营餐饮民营企业。

公司在张勇董事长确立的服务差异化战略指导下，始终秉承“服务至上，顾客至上”的理念，以创新为核心，改变传统的标准化、单一化的服务，提倡个性化的特色服务，将用心服务作为基本经营理念，致力于为顾客提供“贴心、温心、舒心”的服务；在管理上，倡导双手改变命运的价值观，为员工创建公平公正的工作环境，实施人性化和亲情化的管理模式，提升员工价值。

18年来，公司已经在北京、上海、天津、西安、郑州、南京、沈阳等多个城市拥有50多家直营店、4个大型现代化物流配送基地和1个原料生产基地，2009年营业额近10亿元，拥有员工1万多人。

公司曾先后在四川、陕西、河南等省荣获“先进企业”、“消费者满意单位”、“名优火锅”等十几项称号和荣誉，创新的特色服务赢得了“五星级”火锅店的美名。2010年2月，获大众点评网2010年年度“最受欢迎十佳火锅店”称号。

海底捞虽然是一家火锅店，但它的核心业务却不是餐饮，而是服务。在将员工的主观能动性发挥到极致的情况下，“海底捞特色”日益丰富。2004年7月，海底捞进军北京，开始了一场对传统的标准化、单一化服务的颠覆革命。

在海底捞，顾客能真正找到“上帝的感觉”，甚至会觉得“不好意思”。曾经有食客点评，“现在都是平等社会了，让人很不习惯”。但他们不得不承认，海底捞的服务已经征服了绝大多数的火锅爱好者，顾客会乐此不疲地将在海底捞的就餐经历和心情发布在网上，越来越多的人被吸引到海底捞，一种类似于“病毒传播”的效应就此显现。

几乎每家海底捞都是一样的情形：等位区里人声鼎沸，等待的人数几乎与就餐的人数相同。这就是传说中的海底捞等位场景。等待，原本是一个痛苦的过程，海底捞却把这变成了一种愉悦：手持号码等待就餐的顾客一边观望屏幕上打出的座位信息，一边接过免费的水果、饮料、零食；如果是一大帮朋友在等待，服务员还会主动送上扑克牌、跳棋之类的桌面游戏供大家打发时间；或者趁等位的时间到餐厅上网区浏览网页；还可以来个免费的美甲、擦皮鞋。

即使是提供的免费服务，海底捞一样不会含糊。一名食客曾讲述：在大家等待美甲的时候，一个女孩不停地更换指甲颜色，反复折腾了大概5次。一旁的其他顾客都看不下去了，而为其服务的阿姨依旧耐心十足。

待客人坐定点餐的时候，围裙、热毛巾已经一一奉送到眼前了。服务员还会细心地为长发的女士递上皮筋和发卡，以免头发垂落到食物里；戴眼镜的客人则会得到擦镜布，以免热汽模糊镜片；服务员看到你把手机放在台面上，会不声不响地拿来小塑料袋装好，以防油脂滴落……

每隔15分钟，就会有服务员主动更换你面前的热毛巾；如果你带了小孩子，服务员还会帮你喂孩子吃饭，陪他们在儿童天地做游戏；抽烟的人，他们会给你一个烟嘴，并告知烟焦油有害健康；为了消除口味，海底捞在卫生间中准备了牙膏、牙刷，甚至护肤品；过生日的客人，还会意外得到一些小礼物……如果你点的菜太多，服务员会善意地提醒你已经够吃；随行的人数较少，他们还会建议你点半份。

餐后，服务员马上送上口香糖，一路上所有服务员都会向你微笑道别。一个流传甚广的故事是，一位顾客结完账，临走时随口问了一句："怎么没有冰激凌？"5分钟后，服务员拿着"可爱多"气喘吁吁地跑回来："让你们久等了，这是刚从超市买来的。""只打了一个喷嚏，服务员就吩咐厨房做了碗姜汤送来，把我们给感动坏了。"很多顾客都曾有过类似的经历。孕妇会得到海底捞的服务员特意赠送的泡菜，分量还不小；如果某位顾客特别喜欢店内的免费食物，服务员也会单独打包一份让其带走……这就是海底捞的粉丝们所享受的，"花便宜的钱买到星级服务"的全过程。毫无疑问，这样贴身又贴心的"超级服务"经常会让人流连忘返，一次又一次不自觉地走进这家餐厅。

——资料来源：http://baike.baidu.com/view/237739.htm.

案例分析

为什么说服务是酒店的重要产品？

第一节　酒店产品

一、什么是酒店产品

酒店的产品是由若干个不同部门组成的总体，是指能满足客人物质需求的设备设施、实物产品等有形产品与能满足客人心理需求的无形劳动服务的有机结合。从宾客的角度来说，就是一次就餐、住宿或消费其他酒店服务的经历。服务作为旅游饭店产品的必要组成部分，在旅游饭店的营销组合中的地位越来越重要，已经成为酒店生存与发展的关键所在。酒店服务产品既有旅游产品的共性，也有其自身的特点，这就决定了酒店营销管理的独特性和复杂性。从一般意义上而言，酒店产品应包括以下组成部分：

有形产品。酒店的有形产品一般包括酒店的硬件设施与设备，例如大堂及其设备的实用与豪华程度；饭店的整体装修、客房及其设备、装饰、音响系统、闭路电视、空调、卫生间等的设备及美容用品；健身房及其他康乐中心设备，如游泳池、网球场、保龄球场、桑拿浴、美容厅、舞厅等；餐厅及餐厅所提供的各类餐饮食品；商务中心及其各类设备，如影印、打印、电传、电话、翻译、文秘、会议设施等各项服务设施。

无形产品。酒店的无形产品包括酒店员工无形的劳动与服务，例如服务员的仪容、仪表、举止；服务员的礼节、礼貌、礼仪；服务员的服务态度、服务技能；服务员的服务技艺、技巧、程序、标准；服务员的交际能力、专业知识与应变能力；服务员的服务效率及服务效果。无形服务的质量标准主要是看其服务效率及服务效果。服务效率是使无形服务有形化，是提供优质服务的保证条件。而服务效果是无形服务质量标准的最终要求，是赢得宾客满意的根本因素。酒店要向宾客展现“宽敞、明亮、精致、豪华”的大堂，“美观、愉悦”的餐厅装饰，“可口、美味”的菜品佳肴，“便捷、实用”的康乐设施设备以及“整洁、舒适、安全”的客房。这些产品的提供都要经过服务员的精心工作、热忱服务和熟练的服务技巧去体现和完成。酒店能否提供一流的服务、能否获得顾客的认可与赞赏，既依托于良好的设施设备，也取决于酒店服务人员的素质和服务技能，即酒店无形的服务质量。

有形的设施、设备、实物产品和无形的劳务服务产品是酒店产品不可分割的两个重要方面。而酒店优质服务产品的提供，取决于酒店各相关部门科学有效的管理。

二、酒店整体产品观念

（一）酒店整体产品的构成

整体产品的概念，是由美国哈佛大学教授西奥多·莱维特率先提出的。他认为整体产品概念由三个层次构成：核心产品（产品的使用价值）、形式产品（包括产品的质量水平、特色、式样、品牌、包装等）、附加产品（售后服务等）。如果我们把这一概念应用于酒店产品，则可以将它拓展至五个层次，即一种完整的酒店产品应由核心产品、形式产品、期望产品、延伸产品和潜在产品构成，如图 4–1 所示。

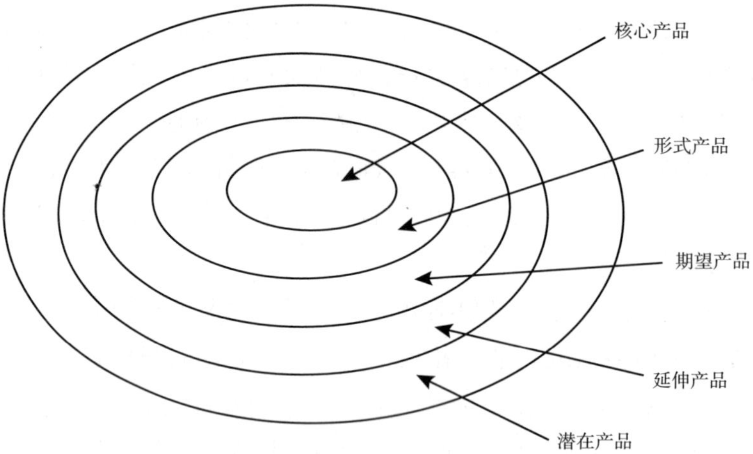

图4–1　酒店整体产品构成图

核心产品。核心产品也叫基本产品或实质产品，是指产品能给客人带来的基本利益和效用，即产品的使用价值，这是构成产品的核心部分。例如，客人购买某种酒水产品，并不是为了产品本身和占有产品，而是通过对酒水的消费来满足某种需要。客人在一家酒店就餐时饮用酒水，可让其免受干渴之苦，或者满足其受刺激的愿望或下菜及交往的需要等。

形式产品。酒店产品核心利益的实现必须依附一定的实体，产品实体就是产品的基本形式，主要包括产品的构造外形等，例如酒店的位置、装潢、菜色等。

期望产品。期望产品是指客人在购买某一产品时自然而然地随之产生的种种期望。例如，客人在一家酒店就餐的同时还希望得到良好的服务、适当的休息与放松、幽静舒适的环境等。

延伸产品。期望产品的延伸和进一步完善就是延伸产品，这是能够使一个产品区别于同类产品的特色。它可指软件，也可指硬件；可指现在已经提供的，也可指将来开发的，如表 4–1 所示。酒店的商务中心、康体服务及娱乐设施以及个性化服务等均属此范畴。

表4–1　酒店延伸产品一览表

硬件（设备设施）	软件（服务）	硬件（设备设施）	软件（服务）
商务中心	信用卡服务	鲜花店	回头客优惠套餐
康体服务	宾客投诉处理	中医按摩服务	送客服务
卡拉 OK	折扣优惠	高脚宝宝椅	叫醒服务

潜在产品。潜在产品是为了满足个别客人的特殊需求而提供的特殊和临时性的服务。它通常是超越了客人的期望和预料而额外提供的服务。一般说来，酒店即使不提供潜在产品，客人也没有理由抱怨或投诉。

酒店产品的上述五个层面相互独立，各具特点，又紧密相连，共同构成酒店整体产品的全部内容。

综上所述，整体产品观念认为，酒店内的任何产品和服务都由核心产品、形式产品、期望产品、延伸产品、潜在产品五个层面组成，我们现在可以列出三个等式：

1+2+3（核心产品 + 形式产品 + 期望产品）= 质量保证 = 顾客满意

4+5（延伸产品 + 潜在产品）= 灵活性 = 附加价值

1+2+3+4+5（核心产品 + 形式产品 + 期望产品 + 延伸产品 + 潜在产品）= 竞争优势

在五个层面上，确保核心产品、形式产品和期望产品的质量是使客人满意的前提条件。延伸产品和潜在产品是产品灵活性的具体表现，同时也是该产品在现有价值之外的附加价值。产品五个层面的全部意义在于提供一个具有质量保证和一定灵活性并具有竞争优势的产品。这就是整体产品观念所给我们的启示。这就是健康的竞争，这才是饭店的成功之道。

此外，从本质上来说，“1+2+3”实际上可以涵盖酒店产品和服务的标准化和规范化的全部内容。“4+5”则体现了酒店产品和服务的细微化和个性化。21 世纪的今天，竞争全球化、信息即时化、科技大众化、市场细分化、顾客专业化给包括酒店业在内的各行业带来了空前的机遇和巨大的挑战。整体产品观念是我国酒店业参与激烈市场竞争的强有力工具。

（二）酒店整体产品观念的启迪

第一，竞争始于基本产品。综合性的酒店也好，专业型的餐厅也好，它们提供的有形产品和无形服务在质量上都必须有可靠的保证，不能有疏漏。酒店或餐厅在管理上之所以特别强调细节，原因是细节上一旦发生差错，客人便会产生不满。许多年前，有人请希尔顿饭店集团的创始人康拉尔德·希尔顿先生对刚进饭店工作的年轻人提出几点要求，他想了想说："做客房打扫卫生间之后别忘了把帘子的下端放在浴缸的里边。"这看似寻常简单的一句话，体现的却是对于细节的极致追求。可以这样说，希尔顿先生在酒店管理上的成功正是源于他对细节的无懈追求。这对于所有的酒店经营者而言都是具有普遍意义的。

第二，使顾客满意的有效办法是实现或超过他们的期望。如果期望得不到满足，顾客便可能失望；而严重失望则会直接导致投诉。

第三，在市场经济下，竞争更多地体现在延伸产品和服务中。在创造延伸产品时，要充分重视"微小的力量"。许多时候，顾客正是从一个微小的行动、一份细致的关心、一声意外的问候之中形成对酒店的印象，建立起对酒店的好感的。

第四，区分优质酒店和一般酒店、优秀员工和平庸员工的重要指标在于他们能否提供超出游客期望的潜在产品。在考察任何一家在业界有着极佳声誉的酒店或获得游客高度认可的优秀员工时，就能发现他们的共同特点是能够千方百计地满足个别客人临时提出的各式各样特殊而又合理的要求。中国人常说的服务中的"三心"或"五心"（热心、细心、耐心、关心、精心），以及现在许多酒店实行的评选"每月最佳员工"、"全年最佳员工"等做法，常常体现了潜在产品与服务的提供程度。

第五，随着竞争的加剧，今天的延伸产品明天可能会变成期望产品。因此，酒店必须不断创新，提供新产品、新服务。

课堂思考

结合实例讨论当前的酒店产品有哪些创新表现。

三、酒店产品的特征

（一）服务是酒店产品的主体

在酒店产品中，物质产品是不可缺少的，但更重要的是服务。宾客到酒店进行消费，既包括物质产品的消费，也包括服务产品的消费。

从产品销售的角度来看，更能说明酒店服务产品的这一特点。任何商品的销售或购买都伴随着服务的销售或购买；而任何服务的销售或购买也必定伴随着商品的销售或购买。根据服务与物质产品在整体产品销售过程中所占的地位、重要性的不同，可以把产品中服务与商品的情况分为两种类型：一是助销服务，即借助服务以销售商品为主，如各类商品销售部门。二是助销产品，即凭借物质商品以销售服务。物质商品起着促进某种服务、技术或技艺销售的作用。

按照这种分类方法，酒店服务产品属于第二种情况，产品中的物质商品是助销产品，主体是服务。从根本上说，酒店产品是一种服务产品是无可置疑的。

（二）酒店产品的无形性

酒店服务是看不见、摸不到、非物化、非量化的产品。酒店服务的无形性，致使酒店企业很难向客人描述、展示服务项目，而客人也不可能在购买某一项服务前对其进行检验或试用，因此造成酒店产品推销上的困难。客人在选择酒店或餐厅时，往往仅以他所知道的该酒店的声誉为选择标准，而不像在购买其他商品时，有产品说明书和产品规格作为依据。因此，酒店必须十分重视树声誉、创品牌、立形象的工作。酒店应尽量有效地向宾客展示服务项目和服务内容，说明这项服务能给宾客带来什么样的便利和利益。也就是说，宾客从中可以得到什么乐趣和享受，这比服务如何高级、食品如何丰盛更能吸引消费者。由于产品的无形性，宾客也会从酒店的社会形象、声誉等因素来判断其产品和服务质量的好坏。

（三）酒店产品的差异性

一家酒店提供的同一产品不可避免地存在着质量和水平的差异，具体表现在一家酒店的不同员工甚至同一员工在不同时间、不同场合或对不同对象所提供的服务或产品往往水平不一、质量不同。造成饭店服务差异性的直接原因在于手工劳动是饭店的主要生产手段。要克服酒店产品与服务差异性的关键在于制定严格的质量标准，坚持每次服务都符合标准，同时加强员工的教育培训，提高从业人员的文化修养与服务技能，不断提高服务水平。

（四）酒店产品消费信息反馈的直接性

工业产品被生产出来后，要拿到商场（市场）上，由商业部门组织销售，产品的生产者不直接与顾客见面，客人对产品的意见、投诉，要经由商业部门或销售部门反馈到生产者那里，生产者有足够的时间对客人的意见和投诉做出反应。服务产品则是由其生产者（饭店工作人员）当面向客人提供的，客人对产品的意见和投诉会立即反馈给服务的提供者——酒店工作人员。因此，酒店工作人员必须机智灵活，训练有素，善于接受客人的意见和投诉，能从容应付和妥善处理各种情况。

（五）酒店产品的不可贮藏性

酒店产品的这一特点是由服务的直接性决定的。酒店向客人提供的各种设施和服务无法储存和搬运，只有当客人光顾或住进酒店时才能进行消费；当客人结账离店时，酒店的服务也随之终止。虽然酒店企业的仓库可以贮藏食品原料、饮料长达数月甚至 1 年以上，但厨房一般只能生产当天的食品（厨房生产的食品即使可以冷藏贮存，其品质也非常不稳定，质量会迅速降低），服务人员无所事事，所浪费的时间也不能从第二天的工作中弥补回来。酒店企业无法在淡季进行生产和贮存产品而等到销售量增大时再把产品拿出来进行销售。实际上等于说，酒店企业的生产能力是相对固定的，没有多大的潜力可挖。而宾客的需求却在不停地发生变化，因而造成了企业应付需求波动的困难。酒店服务产品的一次性特点要求企业管理者必须采取必要措施来适应市场变化，尽量避免需求变化给企业带来的压力和损失。

四、酒店产品的策略

酒店产品具有的有形设施和无形服务相结合的特点，酒店在产品策略的选择上更多地反映在酒店如何整合自身资源，打造满足客户需求的整体产品品类，以鲜明的产品形象来建设和丰富饭店品牌内涵。这直接体现了酒店经营者的战略思想。酒店产品策略很多，归纳起来，常用的产品策略主要包括以下五种类型：

（一）单一化或多样化产品策略

单一化或多样化产品策略主要针对酒店的经营范围而言。酒店的经营范围要根据企业自身的实际情况和资源优势条件，既可以采取扩大经营范围的策略，以食宿为基本服务项目，围绕与旅游相关的各种业务，如康乐、购物、旅行、商务、会议等经营项目都可以涵盖在酒店经营的范围之中；也可以仅提供单一的住宿服务，再辅以简单的早餐或商务简餐服务等。

综观当今世界酒店业，无论坚持单一化产品策略还是奉行多样化产品策略，都不乏成功企业。位于美国拉斯维加斯和中国澳门的威尼斯人酒店就是多样化经营的成功典范，酒店就是一座城堡。其中，既有繁华的商业街，又有独具特色的威尼斯水城风光，还有大规模的博彩设施。当然豪华的客房、丰盛的餐饮、精彩的娱乐、完善的配套服务等项目一应俱全。而在很多地方都有一些特色小吃店，这些餐饮小店规模不大，档次也不高，但凭借着几道美味佳肴却也能“高朋满座”。所以，酒店在经营过程中应充分挖掘企业自身的资源优势，不要“求全”、“贪大”，一定要扬长避短，适合自己的才是最好的。

究竟采取单一化产品策略还是多样化产品策略，取决于酒店的人力、物力、财力，取决于酒店的市场定位，当然最主要是依赖于酒店的主要客源市场。

（二）高档化或低档化产品策略

高档化或低档化产品策略主要是指在现有产品的基础上根据企业自身经营状况增加高档次产品或低档次产品，以突显酒店精准的市场定位，给消费者更为明显的导向，并强化企业的品牌形象。两者手段不同，目的都是为了适应市场需求，增加销售量，创造更多的利润。

随着我国经济实力的不断提升，无论是面向海外高端市场的五星级酒店还是以国内中端消费为主的三星级、四星级酒店，都面临着对酒店进行硬件设施和软件服务的升级改造。其中很多酒店普遍采取的就是增加高档次产品和服务以满足日益增加的中高端客人的消费需求。很多地区都出现的超豪华酒店、白金五星酒店和号称七星级酒店甚至八星级酒店就是这一策略的应用典范。其实，无论是高档化还是低档化产品策略，都应该以追求卓越的产品品质为目标，档次与质量无关，并不是说高档就是优质，低档就是劣质。高档次或低档次产品都要以优良的产品品质为基础，当然，采取高档次产品策略的企业更应关注自身的质量，越是高档就越要做到完美无缺。

（三）标准化产品策略

标准化产品策略是指酒店经营的产品品种不一定要多，但在加工制作、销售和服务上一律采取标准化运作。虽然给客人的选择不是太多，但所提供的产品和服务均要达到一定的标准与水平，特别是要注意与国际接轨，达到相应的国际标准。当然，酒店必须建立各种规章制度，加强对员工的培训，加强对服务质量的控制，以保证工作过程的标准化。

我国酒店业经历了改革开放后 40 多年的发展，其管理水平和服务质量已基本达到国际同等水平，但相当一部分酒店的服务项目和服务质量还存在很多缺陷。特别是一些饭店一味地追求个性化服务来满足少量高端客人的需要，反倒忽略了一些常规的接待和服务工作，造成了很多酒店服务质量下滑，引起客人投诉。所以，我国酒店业在今后很长时期都应将标准化策略作为酒店管理的一项基础工作来抓。此外，标准化策略一直是国外快餐业迅猛发展的一项基本经营战略，其产品结构简单，标准化运作程度高，节省人力，适当推广。其中，肯德基和麦当劳就得益于这种近似工业化流水线生产的标准化模式，成为世界著名的快餐连锁巨头。我国应大力借鉴国外快餐业的先进经验，加大对传统中餐的研发力度，尽早推出一批具有世界影响力的快餐企业。

课堂思考

讨论我国目前中式快餐发展的特点及其发展策略。

（四）差异化产品策略

差异化产品策略，即特色化产品策略，是目前大多数中小企业最普遍应用的策略，也是企业在激烈的市场竞争中非常有效的策略之一。酒店产品或服务提倡个性化、差异化，在市场需求日益多元化的今天，以不同的产品满足不同消费者的不同需求，以特色赢得市场，“一招鲜，吃遍天”，这是酒店业发展的一个重要趋势。酒店产品所拥有的特色越多，差异化越突出，在市场中的竞争力就越强，其销售机会就越多。

由于酒店产品涵盖了很多层面，所以差异化产品策略的表现形式很多，既可以是有形的，例如餐厅装饰、菜肴款式等，又可以是无形的，例如细微化服务等；既可以是产品属性方面的区别，例如服务项目等，也可以是销售环境上的差异，例如广告、宣传等。无论是哪一种差异，都必须具备两方面的要求：一是对客人来说，这种差异要有重要性；二是能够让客人体会到差异。所以酒店一定要强调服务人员与客人之间的沟通，要让客人关注到酒店所提供的差异化产品，并且让客人体会到酒店的“良苦用心”。

（五）新产品策略

由于酒店市场是一个处于饱和的竞争状态，所以酒店产品的更新换代速度要非常快，才能适应瞬息万变的市场发展。再加上酒店客户的“忠诚度”不高，对酒店不断推出新产品提出了更高的要求。由于酒店产品构成因素众多，新产品的表现形式也很多，既可以是硬件设施方面的，也可以是软件服务方面，还可以是宣传推广方面的。在科技日新月异的今天，人们的消费观念在迅速地更新，创新成为企业发展永恒的主旋律。作为社会窗口行业的酒店业更无法例外。

第二节　酒店产品的生命周期

产品生命周期理论是现代营销管理中一个非常有价值的理论。这一理论不仅研究了产品在市场上的表现过程和发展规律，而且揭示了处于不同阶段产品具有的独特的产品特性，为企业采取相应的营销策略提供了重要的理论支撑。对于酒店业有效利用资源、开发特色旅游产品、减缓产品衰退期、制定营销措施具有重要的指导意义。

一、酒店产品生命周期理论

酒店产品的生命周期，是酒店市场营销管理中的一个重要概念。产品的生命周期与产品的使用寿命是两个不同的概念。产品的使用寿命是指产品的具体物质形态的变化，是产品从开始使用到报废为止所经历的时间。而这里的生命周期是指产品的市场寿命，即酒店产品从进入市场开始，到被市场淘汰为止所经历的全过程。这种变化过程一般经过了投入期、成长期、成熟期和衰退期四个阶段。通常用一条曲线来说明酒店产品生命周期的变化，这条曲线可以分为四部分，如图4–2 所示。

酒店产品生命周期的提出，明确了产品的寿命是有限的这一观点。这里的产品寿命并不是指产品的使用寿命，而是产品的市场寿命，通俗地讲就是产品在市场上的受欢迎程度。它是从产品的市场销售额和利润额的变化来进行分析判断的，反映的是产品的销售情况及获利能力在时间上的变化规律；它受到国民经济、技术进步、市场竞争、政治法律、供求状况、顾客偏好等多方面因素的影响。由于酒店产品所处的阶段不同，其销售情况和盈利水平也不一样。这就要求酒店管理人员根据不同阶段的具体情况，分别制订出最佳的营销计划和营销策略，保证酒店产品在生命周期的不同阶段取得最佳利润。

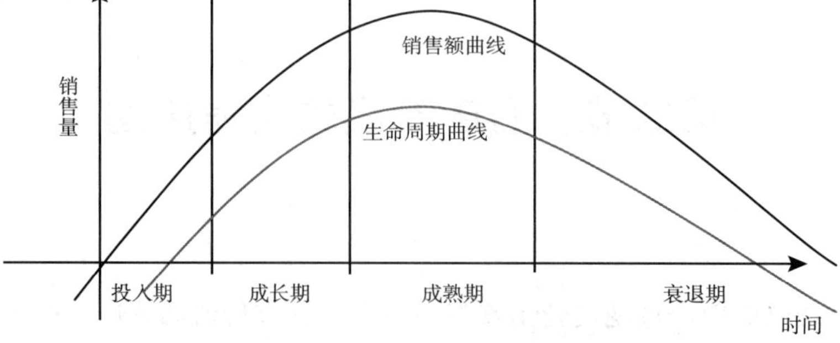

图4–2　酒店产品生命周期

相关链接 搜索

产品生命周期

产品生命周期理论是美国哈佛大学教授雷蒙德·费农 (Raymond Vernon)1966 年在其《产品周期中的国际投资与国际贸易》一文中首次提出的。

产品生命周期 (Product Life Cycle，PLC)，是产品的市场寿命，即一种新产品从开始进入市场到被市场淘汰的整个过程。雷蒙德·费农认为：产品生命是指产品在市场上的营销生命，产品生命和人的生命一样，都要经历形成、成长、成熟、衰退的周期。就产品而言，也就是要经历一个开发、引进、成长、成熟、衰退的阶段。而这个周期在不同的技术水平的国家里，发生的时间和过程是不一样的。其间存在一个较大的差距和时差，正是这一时差，表现为不同国家在技术上的差距，它反映了同一产品在不同国家市场上竞争地位的差异，从而决定了国际贸易和国际投资的变化。

二、酒店产品生命周期各阶段特征

酒店产品生命周期包括产品投入期、成长期、成熟期、衰退期四个阶段。产品生命周期不同阶段的特征不同，所应采取的针对性品牌传播策略也不同。

产品投入期。在酒店产品投入期，消费者刚开始接触新产品，对新产品认识很少，产品认知度较低；消费者对饭店产品定位与特色不了解，对酒店产品与消费者需求之间的关系认识模糊，品牌活动不足；酒店产品销售量较少，增长缓慢，处于亏损或盈利较少状态。因此，这个时期的主要任务是酒店产品定位和品牌推广。酒店要投入大量人力、物力进行品牌宣传和促销工作，以建立和扩大产品知名度，增强消费者的认同感。

产品成长期。在产品成长期，酒店产品经过投入期的宣传已经建立了一定的市场知名度，已经有很多消费者认识到该产品的存在，并有一定数量的消费者认同了该品牌；消费者与顾客之间的联系越来越紧密，双方交易不断增加，产品越来越有竞争优势，更具活力；酒店产品销量迅速扩大，市场占有率逐渐提高；成本不断降低，酒店盈利水平提高，产品价值逐步提高。这个阶段的主要任务是继续提高酒店产品知名度，完善产品形象，提升品牌价值。

产品成熟期。在产品成熟期，经过产品投入期和成长期累积起来的产品知名度、认知度，酒店产品已经具有强势竞争力，产品与消费者之间已经建立了紧密的情感联系，顾客具有比较强的产品忠诚，酒店产品影响力达到最大。酒店产品更具活力，并拥有大多数消费者的认知优势，酒店产品市场占有率高；酒店产品销售量很大，盈利维持在很高的水平上。这一阶段的主要任务是维系和提升顾客的产品忠诚度，在更广泛的市场范围内维护和完善产品形象，延长顾客对产品忠诚的时间。

产品衰退期。经历了产品投入期、产品成长期、产品成熟期后，酒店产品开始走下坡路，进入产品衰退期。消费者对酒店产品的认识和态度会发生很大的变化，开始由满意转变为厌倦、不满，转而开始大批量消费其他酒店产品。这期间酒店产品影响力迅速下降，产品市场占有率、销售额、销售利润出现较大幅度的持续下降。这一阶段的主要任务是对酒店产品进行更新以延长产品生命周期，例如对产品重新定位、开拓新市场、提升产品质量等；同时采取必要措施扭转产品衰退的趋势。

在产品生命周期的不同阶段中，销售量、利润、购买者、市场竞争等都有不同的特征，这些特征可用表 4–2 概括。

表4–2　产品生命周期的不同阶段特征

生命周期	投入期	成长期	成熟期		衰退期
			前　期	后　期	
销售量	低	快速增大	继续增长	有降低趋势	下　降
利　润	微小或负	大	高　峰	逐渐下降	低或负
购买者	爱好新奇者	较　多	大　众	大　众	落后者
竞争状况	甚　微	兴　起	增　加	甚　多	减　少

三、酒店产品生命周期各阶段的传播策略

产品投入期的传播策略。在产品投入期，酒店产品传播的主要任务是酒店产品定位和产品推广，提高酒店产品的知名度，塑造良好的产品形象，增进顾客对产品的了解进而愿意购买酒店产品。因此，酒店企业应从目标市场的需求特点出发，将

产品定位在满足目标市场需求的位置，体现产品独特的个性与效用，并将其传递给目标消费群体，以使消费者认识到酒店产品的独特价值，以获得其认同。这一阶段酒店企业应综合运用各种传播手段以尽量加强酒店产品与消费者的接触，使酒店产品为消费者所熟知，从而进入其购买备选的队列中。在具体传播方式上，酒店可以根据目标受众的特点以及具体的宣传战略目标，运用广告传播、销售促进以及公共关系等多种方式进行产品传播。广告传播是酒店产品投入期运用的主要传播方式。酒店可以借助于电视、广播、报纸、杂志、网络等大众传媒来吸引消费者的眼球，同时向顾客传达产品的功能利益和价值内涵，满足顾客的特定消费需求。与此同时，酒店还应尽量开拓产品分销渠道，提高消费者接触酒店产品的概率，并对中间商和消费者进行形式多样的激励。这样既提高了酒店产品知名度，又吸引了顾客对产品的试用。在运用公共关系进行传播酒店产品方面，酒店应注意处理好与政府部门、新闻媒体、行业协会、意见领袖、社区组织等的关系，可以采用活动赞助和举办公益活动等方式扩大产品知名度和影响力。

产品成长期的传播策略。在酒店产品成长期，产品传播的主要任务是继续提高酒店产品知名度、完善产品形象、提升产品价值。这个时期酒店应继续加大营销费的投入用于支持广告、销售促进、公共关系等顺利实施。在产品成长期，广告从初创期的介绍产品、建立产品知名度的目标转向了塑造产品形象、树立产品个性、提高产品认知度的目标；具体方式从初创期的“硬”性广告营销转移到攻心为上的“软”性广告。广告创意突出情感沟通、文化内涵的主题，以激发消费者对酒店产品的认同感。在产品成长期，酒店的销售渠道经过投入期的开拓已经初步形成了一定的营销渠道网络，酒店应继续开拓多种销售渠道，加大对中间商的利益激励，从而快速扩张酒店市场网络。在公共关系方面，酒店应高度重视提高顾客满意度，通过各种方式收集顾客对酒店产品和服务的意见并加以改进，通过优良的酒店产品和良好的服务增强顾客对产品的满意度和信任度；同时酒店应经常联络老顾客，对重要顾客应定期进行礼节性的拜访，定期开展顾客座谈会或会员俱乐部的文娱活动等以巩固顾客的忠诚度。

产品成熟期的传播策略。在酒店产品成熟期，产品传播的主要任务是维系和提升顾客的产品忠诚度，在更广泛的市场范围内维护和完善产品形象，延长顾客产品忠诚的时间。首先，酒店要充分利用产品忠诚者的口碑营销，利用其对酒店产品的认同和信赖来感染潜在顾客，不断培养新的消费群体，继续扩大饭店产品的影响力；其次，酒店应不断创新产品传播方式，加大对不同细分市场的营销力度，进行产品延伸，扩大消费群；最后，由于忠诚顾客和意见领袖在人际传播中的巨大影响力，酒店应更加关注这部分消费群体满意度的提高，不仅在物质利益上给予他们更多的实惠，而且要与他们进行情感交流和沟通以满足其心理需求，提高其对酒店产品的忠诚度。

产品衰退期的传播策略。在酒店产品衰退期，产品传播的主要任务是对酒店产品进行更新以延长产品生命周期，同时采取必要措施扭转产品衰退的趋势。在酒店产品衰退期，酒店应对导致产品退化的原因进行深入细致的调查研究。一般导致酒店顾客流失的原因主要有两种：一是酒店产品经营管理不善导致产品形象受损；二是市场竞争加剧导致酒店产品占有市场份额下降。酒店针对不同的情况应采取相应的对策来扭转产品衰退的趋势。对于前者，酒店应加强酒店产品维护，提高产品与服务质量，给予顾客更多的利益优惠等来维护产品形象。对于市场竞争加剧导致的顾客流失，酒店可以创新、升级产品与服务，创造出新的卖点来挽回客流，使产品进入第二个生命周期，同时加大营销力度和新的市场开发力度，以延长酒店产品生命周期。

总之，酒店产品生命周期不同阶段的特征是不同的，应有针对性地采取相应的产品传播策略。在总体延长产品生命周期的基础上，缩短投入期与成长期，延长成熟期，延后甚至消灭衰退期，使酒店获得最大利润收益。

第三节　酒店新产品的开发

酒店产品生命周期理论为我们提供了一个重要的启示：在当代科技水平迅速发展、消费需求变化加快、市场竞争激烈的情况下，酒店得以生存和成长的关键在于不断地创造新产品和改进旧产品。创新可以说是使酒店青春永驻的唯一途径。为了使酒店的总销售量和总利润始终保持上升的势头，或者至少保持平稳，避免大起大落，每家酒店都必须把开发新产品作为关系酒店生死存亡的战略重点。

一、酒店新产品的概念

从酒店营销角度来说，酒店新产品与因科学技术在某一领域的重大突破所推出的新产品在概念上是有所不同的。酒店新产品是指在某个市场上首次出现的或者是酒店首次向市场提供的，能够满足某种消费需求的整体产品。酒店产品整体概念中任何一部分的创新、变化和改良，都可视为新产品。所以，酒店新产品可划分为以下几类：

全新产品。全新产品是指酒店运用科技新成果、新原理、新技术、新工艺和新材料制作的市场上前所未有的产品。全新产品一般是由于科技进步或为满足市场上出现的新需求而发明的产品，具有明显的新特征和新性能，甚至能改变用户或消费者的生产方式或消费方式。但全新产品的开发难度大，开发时间长，需大量投入，成功率低。一旦成功，用户和消费者也还需要有一个适应接受和普及推广的过程。

换代产品。换代产品也称为革新产品，是指部分改变市场上已经出现的原有产品结构和性能而形成的产品，它使原有产品的性能得到改善和提高，具有较大的可见价值。对于此类产品，使用者也需要有接受和普及的过程，但时间比较短。

改进产品。改进产品是指对现有产品的质量、特点、外观款式或包装加以全面或局部改进的产品。这类产品与原有产品差别不大，易于为使用者接受。市场上销售的大部分产品均属于这种类型。

新品牌产品。新品牌产品是指对现有产品稍作改变，突出某一方面的特点，使用新品牌后提供给市场的产品。有时这种新产品是仿制市场上某种畅销的产品，新品牌的使用是出于竞争的考虑。

二、酒店新产品开发策略

酒店投入资金、人力、物力开发新产品的目的，是为了更好地满足顾客需要，获取更大的企业利润。但是新产品开发的风险又是客观存在的。不同的酒店，由于实力不同，在新产品开发上的能力也各不相同，因此酒店应根据具体情况，选择适当的新产品开发策略。酒店新产品开发策略主要有以下几种：

抢先策略。抢先策略是指酒店在老一代产品衰退前，率先推出新产品，使其占领市场的新产品开发策略。采用抢先策略的酒店，必须随时注意市场上消费者的需求动向，同时把握竞争对手的状况和变化。当消费者需求开始变化时，及时推出新产品，始终占据市场领先地位。选用该策略的酒店一般应具有较强的技术和管理实力，并且有一套灵敏的市场处理和反馈系统。例如，一些酒店设立专门的菜品研究所，组织专业化的研究和试制人员，确定一系列的任务指标，这些就是在新产品开发上采用抢先策略的表现。

仿制策略。仿制策略是指酒店将市场上已经存在且竞争者很少的其他企业产品，仿制成自己的新产品的新产品开发策略。使用这种策略要求酒店随时关注市场上新产品的动向，包括新的餐饮形式、餐厅装修、餐厅风格、餐饮经营新模式等，可供借鉴它们用于仿制出新的餐厅；也包括其他餐厅推出的受市场追捧的新菜品，经过吸收、改良，成为本企业的新菜品。对大多数中小酒店来说，它们更多地采用仿制策略。因此，应就新产品仿制制订周密的计划，并建立一整套工作程序，力求在减少投入的同时，不断推出市场反应好的新产品，提高企业的市场竞争力。餐饮企业广泛采用的"试菜"就是仿制策略的体现。

最低成本策略。最低成本策略是指在新产品开发时力求降低成本，以便用较低的价格渗透市场，扩大市场占有率。该策略要求酒店企业在新产品开发时，通过酒店的组织形式、经营模式等的创新，通过烹饪方法、原料使用等技术手段的改进，或通过生产组织消耗控制等管理水平的改善，努力降低新产品的成本，使之有活力迅速占领市场。经营酒店业的重要目的之一就是获取利润。为了保证新产品能够给酒店创造利润，进行可行性研究很重要。酒店产品的设计和开发不仅要讲求经济效益，还要处理好近期与远期的关系。有时新增某一设施可能在一定时期内无法产生良好的效益，甚至可能亏损，但考虑到整体酒店形象和档次还是必须达到相应的配套要求的。短期的亏损经营还得用酒店的总营收利润来弥补。

市场服务策略。市场服务策略是在原有产品基础上，通过提供附加服务，增加产品的让渡价值，进一步吸引消费者关注的策略。市场服务策略创造的实际是一种改良新产品，也是使酒店产品寿命周期再循环的一种手段。

三、新产品与酒店特色的关系

新产品并不等同于酒店特色。也就是说，有了新产品，并不意味着酒店就一定具备特色。正确的观点应该是：酒店特色的形成需要以新产品为基础和先导，但新产品最终还只是停留在分类产品的层次上。要形成特色，酒店就要以新产品为主题，塑造整体产品的形象，把特色与酒店名称紧密地联系在一起，从而使客人一进入该酒店就能感受到一种特色的氛围。

由于酒店新产品以大类来分，无非是食、宿、娱、购等几大项。全国几千家酒店，要在这几大项中居某一特色的显著地位，就不是只有几项新产品就能达到。例如，北京的丽都假日酒店，从起初的德国餐厅、意大利餐厅发展到墨西哥餐厅；针对亚太地区的旅游者先后开设了日本料理餐厅、泰国餐厅和印度尼西亚餐厅等。其中，特别值得称道的是15个国际餐厅的特色菜单、菜牌定期地更换。所以，概括而言，特色是在推陈出新的基础上形成的，特色要比新产品更高一个层次。任何酒店都要注重本酒店特色的塑造，而整体酒店形象是酒店最大的特色。

固然，酒店都可以创造自身的特色，但对于大多数国内酒店来说，最基本的则是中国特色。中国特色可以体现在服务、餐饮、管理、装饰、风格、情调等各个方面，使客人进入酒店就能感受到中国文化背景的气息。例如，很多酒店规定对进店客人一律进行拉门的服务，还有“人到、茶到、香巾到”的服务。但是，很多酒店管理人员认为现在的酒店都有旋转门和自动门，客人进店再拉门纯属“多此一举”；外国人只喝冰水和咖啡，倒茶则是“对牛弹琴”。其实不然，这正是中国人礼貌、热情、好客的表现，正体现了中国人的传统文化特色。

中国特色并非面面俱到，只要能在一点上突出表现，效果就很好。以餐饮为例，并不一定要创造什么新菜系，如饺子宴，无非是饺子，却创造了中国特色。其他诸如豆腐宴、三国宴、素食宴等都是独立的特色餐饮。此外，特色并非高档，更要讲究顺应大众需求，这样才有利于品牌的提升和效益的提高，使特色成为酒店最大的卖点。

第四节　酒店品牌价值的培育

从改革开放至今40多年的发展过程中，中国酒店业已取得了令人瞩目的成就，到目前为止，星级酒店总数已达1.4万多家。酒店行业的竞争也由原来的硬件和价格层面的竞争上升到了建立品牌实现顾客忠诚的较高层面上的竞争。在现代企业竞争中，对顾客的争夺已不单停留在产品品质和价格这个层次上了。不少企业在经营实践中已认识到市场竞争中攻心为上的道理。只有从心理上、情感上赢得消费者，才能真正赢得市场。在这一环境中，酒店品牌塑造成了企业的重要发展战略。

一、品牌及品牌价值的概念

现代社会中，“品牌”成为人们经济生活和日常消费中出现频率极高的一个词汇。“品牌”一词源于挪威文学，本义为“烙印”，这种含义与今日品牌的作用是不谋而合的——品牌就是在消费者心目中留下的烙印。品牌最初的出现和私有制以及交换的发展密切相关，随着市场经济的发展以及竞争的加剧，品牌成为现代企业提升产品溢价能力的有效手段。

（一）品牌与产品

美国市场营销协会对品牌的定义是：“品牌是一个名称、标记、符号或设计，或是它们的组合，其目的是识别某个销售者或某群销售者的产品或劳务，并使之同竞争对手的产品和劳务区分开来。”

美国营销学大师菲利普·科特勒对品牌作了如下定义：“品牌是一种名称、名词、标志或设计，或是它们的组合应用，其目标是借以识别某个销售者或某群销售者的产品，并使之同竞争对手的产品区别开来。”

品牌并不单建立在功能性、标志性的基础上，而是客户依靠自己得到的信息、感性化的认知、丰富的联想与想象构成。在品牌认知过程中，客户将品牌所传达的精神、态度，通过自己的理解，融入自己的生活场景中，形成了独特的品牌定义与情感。

品牌是客户情感的结晶，它存在的基础和意义与消费者情感需求息息相关、环环紧扣。品牌的载体是产品，产品是实在的、客观的与理性的。而客户由于对产品的体验会产生不同的情绪，这些体验多次叠加、累积，就形成了客户对产品的情感。当某种特定情绪被不断地在客户中酝酿扩散，经由市场口口相传，品牌就产生了。它建立在情感、形象和人文的基础上。酒店企业想要树立品牌、推广品牌、延续品牌，理性和感性两手都要抓，两手都要硬：没有理性地去把关质量并建立严谨的质检系统，感性便没有依托，失去归属，就会成为空谈；而失去感性的激荡与飞跃，理性难免沦为枯燥的数据与乏味的排列。高度同质化的市场，如何成功地将产品与竞争对手的产品区分开来？如何吸引消费者更多的注意力？如何将潜在的客户转化成为实际客户？美国品牌专家凯文·莱思·凯勒提出："品牌来源于消费者反映的差异，如果没有差异发生，那么具有品牌名称的产品本质上仍是一般意义上的产品，而反映中的差异是消费者对品牌理解的结果。品牌是留在消费者头脑中的东西，品牌是一个可感知的存在，根植于现实中，但是映射着个人的习性。"

（二）酒店品牌价值观

品牌的价值首先是客人满足的价值，有客人满足价值才有企业、品牌、业务的价值。据统计：100 个满意的品牌客户会带来 25 个新客户；每一个满意品牌客户会与 3 ~ 8 人分享其愉快经历；每收到一次品牌客户投诉就意味着有 20 名有同感的客户；96% 的客户不打算投诉，这些不投诉的客户会把不满告诉 8 ~ 10 人；获得一个新品牌客户的成本是保持一个满意品牌客户的成本的 5 倍；向非品牌客户推广新业务的成功率为 15%，而向现有品牌客户推广新业务的成功率为 50%，向非品牌客户推广的花费是现有品牌客户推广花费的 6 倍。以客户为中心导向的公司利润比非以客户为中心导向的公司利润高出 60%。

对于旅游市场而言，品牌酒店产品具有相当的知名度、良好的口碑，这些都使该品牌拥有一批忠诚顾客，即品牌忠诚顾客。对于酒店产品而言，品牌产品的"示范效应"，使新产品一上市便提供了消费者认识该产品的捷径。众多的新产品品牌成功地聚集到核心产品品牌下，它们不必从零开始建立品牌知名度，而是搭乘了核心名牌产品的"便车"，形成了"品牌伞"效应。这种大伞效应可以减少新品牌的营销费用，降低投资成本，以无形资产的品牌经营实现低成本高效率扩张。例如，假日国际集团的产品品牌战略是以中档市场的假日饭店品牌为核心，发展了经济型和豪华型的假日花园、皇冠假日等成功的品牌。对于酒店集团而言，集团化、网络化经营应以一个市场商誉高、经济规模大、管理水平高的酒店为核心，以资本为纽带，将其他中小成员酒店吸附在集团内，形成紧密层和半紧密层的组织网络。

二、酒店品牌价值的体现

（一）酒店品牌所体现的质量

如果没有过硬的质量，就难以形成品牌。品牌代表着高质量。所有的酒店无一例外地把服务质量作为管理的核心。例如，国际假日酒店集团确信“优质服务是最终胜利的因素”；上海锦江集团也把服务质量作为“锦江”品牌战略的核心。现代质量观念强调酒店全面质量管理，奉行“顾客第一”的宗旨，重在过程控制和质量改进。如果酒店提供的服务产品是零差错，将大大提高工作效率，降低成本，提高顾客的满意度，酒店的经营就会形成良性循环。

（二）酒店品牌的品牌联想

品牌联想是指记忆中同品牌相连的每一件事。例如，美国快餐业大王麦当劳能与很多事情联系起来：一个消费群，如孩子；一种感觉，如有趣；一个产品特征，如服务；一个符号，如黄色大“M”标志的金拱门；一件物体，如汽车；或是一项活动，如去邻近麦当劳的影院看电影等。麦当劳不仅仅是 20 个主要联想和 30 个次要联想，更确切地说，这些联想被组成有意义的组群，例如孩子集合、服务集合和食物集合。当麦当劳被提到后，还有许多图像会在意识中出现，例如金拱门、麦当劳、牛肉饼或油煎食品等。对于酒店而言，一种稳定而持久的形象力是硬件设施、服务水平、员工精神面貌、饭店设计等一系列形象要素的综合体现。

课堂思考

以知名企业的品牌为例讨论品牌的构成因素。

（三）酒店品牌认知和身份的自我归属

酒店产品被顾客认知了，才成为品牌。一个品牌被潜在的顾客认知了，才会产生购买行为，同时品牌也象征了一种身份。人们通常认为，一个周身上下被种种品牌包围的人就是一个有品位的人，其实顾客在对品牌进行选择时已经受到了来自品牌的暗示而自发进行了自我归属。有身份的人住五星级酒店，即使他本身品牌堆砌没有丝毫品位可言，但他的定位是自己是高高在上的，有品位的、卓然出众的。这就是品牌的核心价值所在，它可以暗示消费者对自己进行层次归属。用时下流行的一个词汇表述，品牌代表的就是你生活的“圈子”，因此你无法离开品牌而独自存活。

（四）酒店品牌的知名度、美誉度和传播性

酒店的品牌形象是由高质量的服务产品以及高品位品牌元素的文化创意共同作用促成的。酒店服务产品的高质量是品牌的共性，而高品位的文化创意是品牌的个性，共性和个性的融合就形成了让消费者认同、记得住、崇拜、向往的品牌形象。品牌本身也存在着取代度的问题，一个高取代度的品牌的竞争力也是很脆弱的，这类品牌往往依存于非理性消费市场，消费者由于文化及信息获取渠道狭窄而购买此类并没有形成质量保障的商品。酒店产品的差异性较小，基本上是同质服务，模仿性也较强。一家酒店形成其品牌之后，要强化其品牌特性。一个强势品牌通常是具有无形资产的，可以变现，可以入股，可以被拍卖。因此，只要是具备了传播价值的品牌，不是因为质量倒台的品牌，往往总是可以变成钱的，这就是品牌的传播性赋予品牌的经济价值。

（五）酒店品牌的忠诚度

品牌忠诚度是指消费者对企业产品的认同程度，也可以理解为消费者继续购买该企业产品的惯性程度。酒店的品牌反映了其声望、文化及价值，而它又是建立顾客、股东、员工间忠诚关系的主要因素，所以“员工—顾客—收益”这一链条中的一个主要环节就是忠诚。全球著名的酒店集团都意识到要在国内、国际市场上建立顾客、员工和投资者之间的长期忠诚关系。美国哈佛大学《商业评论》所载的《零变节的高品质服务》一文指出：顾客忠诚度提高5%，估计可提高全部利润的25% ~ 85%；忠诚顾客不仅会不断重复购买企业的产品和服务，使企业节约大量开发市场的费用，而且会带来许多新顾客；一个忠诚顾客可以影响25个人的购买行为。该文的结论是：以顾客忠诚度为基础建立起来的市场占有率的“质”，远比市场占有率的“量”来得重要。

三、酒店品牌价值提升

国际知名的酒店集团在中国酒店市场上，之所以能以其雄厚的经济实力和人才优势作后盾，在于他们手中有两件法宝或强大的武器：一是连锁经营，带来巨大的规模效益；二是举世公认的、多元化的强大的酒店品牌。其中品牌又具有决定性的意义。然而，中国品牌特别是酒店品牌严重滞后，据美国《商业周刊》2002 年全球最有价值品牌的排行榜中，美国占 65 席、日本占 6 席、韩国占 1 席，而中国却为零。中国企业联合会依照世界 500 强排列惯例，也推出了 2002 年中国企业 500 强的排行榜，按 36 个行业进行评估，旅馆、旅游、娱乐业仅 1 家，占总数的 0.2%，这与中国作为第五大旅游目的地国的地位极不相称。中国加入世界贸易组织，奥运会、世博会的成功举办，给中国酒店业带来了极大的商机，客流量也随之不断增长。但是从客源来看，客人因缺乏充足的市场信息，对市场过于迷茫，尤其是来自西方的客人，他们大都倾向于选择国际品牌酒店集团，而对于中国酒店业的品牌却没有很深的印象，缺乏顾客忠诚度。客人需要向导，市场需要有强劲的品牌来引导客人。当今中国酒店业特别是内资单体酒店的总体情况是："单体酒店"及其设备设施等"硬件"条件，至少与国外同类的酒店并无多大差异；关键是管理和服务等"软件"方面的差距甚大。中国酒店品牌的严重滞后，已成为制约国内酒店生存和发展的"瓶颈"。

（一）酒店品牌文化的构建

美国著名的品牌专家拉里·莱特（Larry Light）曾经指出，"未来的营销是品牌的战争……拥有市场比拥有工厂重要得多，而唯一能拥有市场的途径是拥有具备市场优势的品牌"。在酒店业的市场竞争中，企业制胜的重要武器就是品牌化的发展战略，而其中尤以品牌文化的建设最为重要。品牌文化建设是酒店品牌战略的开端，想要让酒店品牌升华为顾客的一种信仰，想要成为引导顾客消费的潮流指向，必须从文化的视角去塑造品牌，给予品牌文化恰当、有效的定位。

构建强大的品牌文化是每一家酒店企业品牌战略的核心任务。品牌文化的构建不是一蹴而就的，而是需要经过一个循序渐进的过程。构建酒店品牌文化的首要步骤是确认饭店可以利用的各种文化资源，例如酒店的名称、CIS 系统、商标、名人、企业文化等，根据品牌的定位筛选出可以利用的文化资源，将其整合完善。完成文化资源的整合之后，酒店企业需要根据品牌的战略定位对于各种文化因素进行提炼，建立品牌的价值体系和文化体系，确定品牌文化的特征、范围、内涵。

构建酒店品牌文化有助于建立顾客对品牌的忠诚度，形成情感的维系与价值的认同；有助于增强品牌在视觉形象、行为方式、理念上的辨识度，建立清晰的品牌形象；有助于凸显和保持品牌的竞争优势，避免企业陷入同质化的困境。

（二）酒店品牌文化的传播

酒店品牌文化的定位与创建只是完成了品牌文化建构的第一步。在形成了酒店品牌文化的雏形之后，饭店企业还要考虑如何通过各种有效的途径向目标市场传播品牌文化，让目标顾客了解并接受这一品牌。酒店品牌文化的传播与推广是决定品牌价值与品牌文化形成的决定力量，它可以提升酒店企业的品牌形象，有利于顾客对品牌的理性消费和有效识别。酒店品牌文化的传播过程实际上是酒店和相关公众群体相互沟通的过程。在这个过程中，企业需要用同一个声音持续不断地向目标市场传递与品牌相关的信息，以强化其品牌形象。

广告是酒店品牌文化传播中最常用的方式，它以其鲜活的色彩、生动的画面、艺术化的形象将与品牌有关的信息传递给目标顾客。广告这种方式带有浓重的商业气息，其主要的功能是激发目标顾客的潜在购买欲望。但是除此之外，广告还有一个隐蔽的目标，即文化渗透。在广告的反复作用下，人们会在无形中接受它所传递出的品牌文化。

除此之外，公共关系也在酒店品牌文化的传播中发挥着重要的作用。酒店企业可以借助多样化的公关活动完善品牌文化的推广。公共关系为酒店品牌的传播提供了更丰富的形式和更广阔的舞台。甚至在品牌面对严峻的危机考验的时候，公共关系会发挥力挽狂澜的作用，帮助企业化解危机，重塑品牌形象。

（三）酒店品牌文化的创新

酒店品牌文化的发展不是一成不变的，品牌文化只有与时俱进、不断创新，才能保持鲜活的生命力。酒店品牌文化的创新是酒店企业根据市场需求的变化，对品牌的原有文化内涵或形象识别进行部分的或全部的调整，帮助品牌塑造一种新的形象的过程。品牌文化创新是避免品牌同质化的有效方式。酒店品牌文化的创新是维系持续发展的需要，是适应目标市场顾客需求变化的需要，也是面对竞争对手挑战的必然选择。

酒店品牌文化的创新可以通过三种途径实现：一是扩大现有品牌的文化内涵，使其涵盖的范围更宽泛，意蕴更深远；二是增加与现有品牌相关的异质文化成分，使现有的品牌文化内容得到丰富和拓展；三是为了适应目标市场的变化以及跨文化传播的需要，改变现有品牌文化的内涵。

品牌战略对推动中国旅游酒店业健康发展具有举足轻重的作用。正如世界金钥匙酒店联盟的创立宣言所云："导入一个理念，您将收获一个品牌、一个网络、一个进军世界品牌饭店的市场契机……"恰当地阐述了品牌与各成员酒店的关系，指出了中国酒店品牌化发展的道路。

？复习与思考

一、名词解释

酒店产品　酒店产品生命周期　酒店新产品　品牌　品牌忠诚度

二、填空

1. 一般来讲，饭店产品可分为________和________。
2. 酒店整体产品观念认为：酒店产品应包含________、________、________、________、________五个层次。
3. 酒店产品的生命周期由________、________、________和________四个阶段组成。
4. 酒店新产品一般包括________、________、________和________。
5. 酒店新产品的开发策略有________、________、________和________。

三、简答题

1. 酒店产品具有什么特点？
2. 酒店的整体产品由几个层面构成？

3. 酒店产品生命周期各个阶段的特征是什么？

4. 酒店的品牌价值体现在哪几个层面？

四、案例分析

从张国荣到王思聪，无不为半岛痴狂

何为“半岛酒店”？张国荣说“只有我才撑得起半岛的巴洛克天顶”；张曼玉和钟楚红宁可排队也要喝半岛下午茶；王思聪的豪宅在BBC曝光，那是半岛的住宅；近期又掀起了一年一度抢购半岛月饼的狂潮。

步入香港半岛大堂的瞬间，如同置身巨大的磁场，令人战栗。大堂顶部是巴洛克式顶、雕绘着76则希腊神话、玻璃门外白色制服的Page boy招呼着进出客人、大堂茶座的入口排满了等位的各国游客(一副即将入场歌剧院的神圣表情，一旦被领位员带入就难掩欣喜)、弦乐队奏出的旋律从夹层的阳台上飘荡下来(*As Time Goes By* 这样的旋律似乎为此而生)……此刻，时光并不能倒转到30年代，也不能穿越到未来，而只流淌在半岛自己的时光里。

何谓半岛体验?

半岛酒店是浪漫、魅力和时尚的代名词 。半岛酒店遍布全球魅力城市，设施出众，服务一流；传统、历史、创新和魅力在此完美结合，为商务或休闲旅客提供与众不同的酒店住宿体验。

作为世界领先的小型豪华酒店集团，半岛酒店集团拥有骄傲的历史与传统，它是亚洲最古老的酒店公司，于1866年在香港首次面世。

等待

一家酒店的位置直接决定了一家酒店的地位，半岛总能抢到世界一流都市里令所有酒店都梦寐以求的地段。纽约半岛在第五大道、东京半岛直面皇居、芝加哥半岛在密歇根大道、上海半岛抢到了外滩，即将问世的伦敦半岛则占据了海德公园的入口。

由此可见，80多年只开了10家酒店的半岛光在等地上就耗费了太多光阴，但看到一座座修筑在一线城市最梦幻地段的半岛杰作，谁说漫长的等待不值得?

回归上海

半岛酒店的母公司叫香港上海大酒店有限公司，他们在20世纪初曾掌控着上海最首屈一指的酒店——理查饭店(现浦江饭店)、汇中饭店(现斯沃琪和平饭店艺术中心)和大华饭店，为了忘却的纪念，你可以在如今的上海半岛找到三间以这三家老酒店命名的主题套间。

很多人童年时参加兴趣班的上海市少年宫就是半岛所有者——嘉道理家族的家。这座效仿法式宫殿的建筑因满铺意大利进口的白色大理石而获封“大理石大厦”的美名。嘉道理家族早就期待回归上海，但他们对于上海半岛有两个基本期许：“必须回归外滩”，必须“持有酒店”。和平饭店和浦发银行大厦（在其身后筑起新楼与老楼对接）都曾列在上海半岛的愿望清单上。

银器

在崇尚极简的当下，半岛却执意要把其“银器控”本性进行到底，茶具、点心架、果盘、餐盖一律银质。定制和维护银器所耗费的人力物力可想而知，但半岛绝不会为了顺应潮流而做任何折中。在香港半岛的厨房后场可以见识到如博物馆般震撼的银器储备，半岛的“倔”太容易被认同了。

交通工具控

半岛所有者嘉道理爵士疯狂迷恋交通工具。霸气的劳斯莱斯车队、直升机、私人游艇、宝马 i8、Mini Cooper、特斯拉、嘟嘟车一应俱全。他们创下了劳斯莱斯史上的最大订单，作为回报，劳斯莱斯为半岛定制了“半岛绿”的车身涂装，十足的半岛特供。香港、东京、上海、巴黎还备有可流畅驾驭的 1934 年款劳斯莱斯幻影，上海半岛甚至还为这款古董劳斯莱斯定制了专属电梯，可以让新人乘坐劳斯莱斯，直接驶入宴会厅。半岛对交通工具的痴迷与渊源还不止于此，上海半岛把孙中山赠予宋庆龄的一架飞机直接搬进了室内；香港半岛在直升机候机层嵌入了飞机同款舷窗（如同置身起降的机舱），甚至底层大堂还开办了各航空公司的票房（现礼宾柜台就是昔日国泰票台的所在）；巴黎半岛索性将一家悬着的古董飞机朝向埃菲尔铁塔。

恋旧

在连塑料房卡都快被 iWatch 赶出历史舞台的当下，半岛却依然雷打不动地让住客凭金属钥匙（是把植入电子芯片、造价高昂的钥匙）开动电梯、旋开房锁。当路易威登把箱贴当作“文物”编入珍本书、印成纪念版明信片时，半岛则照旧印制箱贴，让住客的签到显示在行李箱上。此外，半岛还热衷用 20 世纪 30 年代的装饰风格装扮自己，用昔日上海滩名媛宁夫人的气韵和性格为酒吧命题，甚至还要复刻古董电梯为客人“减速”。恋旧已成为半岛性格的一部分，如果要定义半岛的风格，那既不是巴洛克，也不是 ART DECO，也非当代，而是 Timeless。

神秘小黑屋

每当有新的半岛酒店项目设立，在香港某个秘密据点会1:1搭出一间样板屋，供半岛高层和意见领袖反复试住并提出优化方案，从“初稿”到“终稿”通常要进行至少20次修改，这也就造就了半岛客房内无论按钮的安装位置、灯光的路径、房间的动线等一切细节都无可挑剔。半岛的空调风口都很隐蔽，电动窗帘开闭时总“静悄悄”的，四合一传真机把商务中心植入客房，电子收发箱可以不开房门就同外界传送换洗衣物和当日报纸，抽屉会用透明面板防止遗漏……无敌的“周全”都让半岛客房成为自家装修时的终极范本。

曾有问过一位阅店无数的挑剔女士最爱的酒店品牌，“当然是半岛，半岛的室内设计师太懂女人了！”此番感言想必和奇妙的穿衣镜设置、完美至极的细分衣帽空间、独立的化妆间不无关系。

高科技

半岛是个钟情怀旧的贵妇，也是位热衷玩潮的时髦外婆，半岛有专注研发高科技装备的工程师，他们的多数研发灵感源于住客的各种反馈。例如：客人看到窗外既有穿短袖又有穿大衣的行人，对到底穿什么出门不知所措时，工程师在客房屏幕上“直播”户外气温和湿度；当看到女宾痛苦地甩干新涂的指甲油后，在梳妆台前安上了指甲烘干机；浴缸畔的整排防水按钮可以调节氛围、播放Spa音乐、在通电话时自动调低电视音量；而半岛研发的VOIP电话系统可以让你打电话到世界各地都不花一分钱。

备品：从纳帕谷到德拉伦塔

半岛如今采用由时装大师奥斯卡德拉伦塔(Oscar de la Renta)生前主持调香的定制备品，它们一律被灌注进带有招牌玫瑰形瓶盖的弧形瓶身中，用柑橘、麝香、茉莉混合的迷幻香调颠倒众生。在此之前，半岛的浴室配备的是一套酒瓶装的备品系列。那是一款由来加州纳帕谷的护肤世家DAVI定制的洗护系列，里边萃取了葡萄精华，为应和其酿酒区的地域属性，他们把备品罐设计成酒瓶状，注意勿饮。尽管在高阶套房会配备全量装JoMalone备品，但盥洗台上总少不了一款堪比珠宝盒的红色香皂盒，盖子上会精心雕琢出酒店门前的石狮，盒子里会装着特制的水晶皂，这个盒子是可以正大光明装进行囊，带回家藏宝的礼物。

广告

半岛如今的全球广告围绕“半岛时刻”的主题展开，用华丽的视角展现半岛员工的“造梦之道”。我则对半岛的上一版广告青睐有加，传奇摄影师

Annie Leibovitz 没有将镜头伸向任何光鲜或奢华的场景，而是捕捉了半岛员工辛勤工作的一个个瞬间。这些细腻唯美的黑白照片或捕捉了一位员工擦拭正对皇居的客房窗户，或定格在沿宝石形楼梯上行的行李员，或呈现半岛员工在蔬菜园采摘、精心擦拭古董劳斯莱斯……由此诠释两点：（1）半岛爱员工，半岛人是半岛的灵魂；（2）半岛传奇是由一群功底扎实、充满自豪感的幕后员工编织而成的。

半岛性格

半岛依旧管门童叫 Page Boy；负责清理的员工一律美艳的黑裙白围兜；每逢周年还会特制周年版纪念胸针；不少半岛酒店都内设不输给百货店的购物廊，甚至还提供私人导购和形象顾问、在高端百货开门前让你进行包场购物。

这就是半岛，一个钟情交通工具、倔强地恋旧、爱庄严也爱玩潮、时刻流淌在自己时光里的酒店界翘楚。同时，也是哥哥最爱停留的地方。

——资料来源：樊森 璞缇客精品酒店 2015-09-09

根据上述案例，回答如下问题：

分组进行半岛酒店的产品分析，并结合酒店业的发展探讨半岛酒店的成功之道。

推荐阅读

1. 被“嫌弃”的酒店机器人？ https://www.meadin.com/218249.html
2. 雅高移动住宿方案 Flying Nest 进入 B2B 商业化阶段 https://www.meadin.com/jd/157029.html
3. 袁学娅：当认知滞后于技术 https://www.sohu.com/a/256084824_719439
4. 以工匠精神塑造重组后的酒店业品牌 http://www.pinchain.com/article/34200

综合实训练习

1. 由教师划分实践小组，选择当地一家知名酒店，实地了解该酒店的某项产品，并讨论研究产品生命周期理论是否可以用于预测酒店产品的生命周期，并形成书面报告。

2. 选择当地的知名酒店，分析其品牌文化的现状，讨论构建和提升酒店品牌文化对于酒店的发展有何作用，认真做好记录，形成书面总结报告。

3. 各小组找出大家最喜欢的餐馆和菜品，分析产品结构。

第五章 酒店价格策略

价格是最受消费者关注的营销因素之一，酒店价格战在我国酒店行业亦是司空见惯。酒店可以通过采取合适的定价策略和方法，赢得市场竞争优势，最终实现既定的酒店产品定价目标。掌握酒店产品的基本定价方法，可以帮助从业者从容面对激烈的价格战，获得尽可能高的销售利润。

本章重点阐述了酒店产品定价的影响因素、步骤及目标，并对酒店客房的定价策略及方法、餐饮产品的价格结构及定价策略、餐饮新产品定价策略进行了详细的介绍，同时对酒店前厅产品的报价技巧进行了探讨。

学习目标

知识目标

1. 掌握酒店客房定价的方法和策略。
2. 理解酒店产品的定价目标。

能力目标

1. 理解影响酒店产品的定价因素，产品定价的步骤。
2. 熟练运用酒店客房及菜品定价的方法。
3. 掌握前台的报价技巧。

案　例

三亚“天价房”的误导

2010 年虎年春节，风光秀美的三亚借着国际旅游岛建设的东风迎来了商机无限的旅游黄金周，然而这其中却出现了不和谐的声音，天价房、万元客房等字眼在春节前夕已经屡现报端。一时间，三亚酒店业“爆炒虎头”一说闹得满城风雨，令很多游客望而却步，改道他方。

而现实情况却是，三亚 2010 年春节暴涨至万元的天价客房大部分是豪华套房和海景房、独院海景别墅等，数量实际上十分有限。不同地段的酒店房价差异也很大，例如同样是五星级酒店，亚龙湾的酒店房价会偏高，而像大东海、三亚湾等地区的酒店房价则相对低一些，除了亚龙湾的酒店基本上客满以外，其他地区的酒店在春节期间基本都有空闲客房。

万元天价房、三亚酒店爆满等消息让外地游客望而却步，这就害惨了三亚的低端酒店。春节期间，三亚大部分酒店其实并没有客满。三亚不同路段、不同装修的三星级、四星级酒店价格平均为 2000 ~ 3000 元，家庭旅馆价格为 100 ~ 800 元，房价跟往年相差不大，但 2010 年春节期间的入住率却远低于往年。

——资料来源：http://yjjpkc.sdts.net.cn/07/al.asp.

案例分析

三亚酒店业利用高房价来进行“炒作”，其风险何在?

第一节　构建产品价格

定价是一种市场营销策略。在现今高度竞争且日趋全球化的市场中，定价的合理与否经常是使企业获利和赔钱的关键。由于定价的复杂性，很多酒店根本就不考虑这一问题，要么自己决定成本，并按行业的传统方式获取利润；要么认为价格是由市场决定的，而自己不想办法应对。另外一些人则持不同的态度，他们主动将定价作为其实现业务目标和财务目标的关键手段。这些高明定价者已经认识到价格具有极高的杠杆效应，并且已经能够按有助于改善企业盈利状况的方式来实施定价。因为价格理论认为，每个企业必有一个“最适价格”，该“最适价格”包含以下含义：可以创造最大利润的价格；偏离“最适价格”愈远，任何一次错误的价格调整都会带来不利的后果；定价过高和过低同样会带来不利的后果。

酒店为了实现定价目标，就要采取合适的定价策略和方法，以便最终实现既定的酒店产品定价目标。通过制定特定水平的价格以实现其预期目的，以此获得尽可能高的销售利润。

一、影响酒店产品定价的因素

需求、供给量和成本在酒店的产品定价中起着重要的作用。市场和对顾客的需求决定了酒店产品价格的上限，而酒店的变动成本决定了产品价格的下限。酒店产品价格上限是在特定的市场环境条件下，消费者可以承受的最高价格。酒店产品价格下限是一家酒店在收入足可抵消全部固定成本的情况下所定出的最低价格。

竞争环境或是供求关系可以帮助酒店更精确地确定产品价格。市场需求量的上升或下降、市场对酒店产品价格变化的敏感程度以及本酒店是价格领袖还是追随者等都会对酒店产品定价决策产生影响。影响酒店产品定价的因素主要有以下几种。

（一）需求

市场需求对酒店产品定价会产生很大的影响。首先，消费者的需求具有波动性，这种波动性影响着酒店产品的定价。由于消费者的需求在一周或一个月或一年内会产生很大的波动，营销人员就要考虑多种价格，这增加了定价的难度。在不同的目标市场，需求的价格弹性不一样。所谓需求的价格弹性是指消费者对价格的敏感程度。价格变化幅度很小，但引起的需求变化很大，那么说明需求的价格弹性大。需求弹性大的目标市场，其客人对价格的敏感程度也高。因此，营销人员需要针对不同的目标市场制定不同的价格。

以客房为例，需求决定了酒店客房所能开出的最高价格，即“市场承受力”，而“市场承受力”会随市场需求的变化而发生惊人的变化。因此，酒店在制定房价时，需要确定特定的目标市场。任何来自目标市场的需求都是会变化的，顾客对酒店产品的需求受到多种因素影响。其中除自身价格外，影响需求上升或下降的因素还有如表 5-1 所示的几点。

表5-1 影响客户需求量的因素分析

需求上升的因素	需求下降的因素
竞争对手房价的上升	竞争对手房价的下降
顾客经济收入上升较大	客源市场的偏好发生转移
酒店产品对顾客偏好的满足	顾客经济收入下降
酒店内互补产品质量的提高	酒店内互补产品质量降低
客源国经济状况好转	客源国经济萧条
政府鼓励消费，银行利率下调	政府鼓励储蓄，银行利率上升
通货膨胀	经济衰退及萧条
旅游旺季来临	旅游淡季来临
大型节庆活动、国际会议、展览在本地举行	失业

（二）供给量

市场上客房的供给量会对客房价格产生影响，供给量受到如表 5-2 所示的各种因素的影响。假定除价格外其他因素均无变化，那么供给量与价格之间成正比关系，即价格上升，供给量就会上升；价格下降，供给量也会下降。

表5-2 影响客房供给量的因素分析

客房供给量上升的因素	客房供给量下降的因素
国家或地方政策明显对酒店有利	国家或地方政策明显对酒店不利
政局稳定	政局动荡
经济增长	经济萧条
生产成本和经营费用大幅度上升	生产成本和经营费用下降
投资者预测未来的旅游需求会有很大增长	投资者无法预测未来的旅游需求是否会增长

（三）成本

产品成本是决定产品价格的重要因素，只有当产品价格超过产品成本时，企业才能盈利。酒店的成本可分为固定成本和变动成本，以下以客房为例说明。

固定成本是不随客房业务变动而基本固定不变的成本，变动成本是根据客房业务量的增减而同步变动的那部分成本。酒店客房的变动成本基本上是客房人力资源成本（职工工资、奖金、补贴、保险等）、浴室的个人卫生用品、客房清洁用品和布草洗涤成本等，这是一间已出租客房的基本花费。在酒店业中，变动成本相对较低，每晚几十元至一二百元不等，这取决于酒店服务的水平（经济型、中档型、豪华型）、位置（大都市、郊区或旅游区等）和客房出租率的高低（客房出租率高时经常造成加班工资和补贴）。

变动成本主要与定价有关，在定价时必须将变动成本考虑在内，这是制定房价的基本起点，任何超出这些变动成本的收入都有助于抵消部分固定成本。

（四）价值与消费者观念

价格是顾客为了取得某项产品或服务所付出的经济代价。顾客会将这份代价（价格）与其对该项商品的认知价值加以比较，如果价格超出了顾客认同的“合理限度”，顾客要么放弃这类选择，要么进一步了解产品的有关情况，以决定是否购买；当价格被认为是“可以接受”时，顾客需要进一步了解产品和服务，以证实是否“物有所值”。酒店业的产品相对于其他工业产品或服务，其价值包含的内容更广泛，例如硬件设备、服务、形象、位置、广告、互补性、顾客的消费感受等。这些因素综合起来构成了顾客心目中的价值观念，形成顾客关于价格的“合理限度”。

二、酒店产品定价的步骤

分析市场环境，选择目标市场，确定和开发服务产品组合，产品定价、销售渠道、产品促销以及它们之间的协调配合、最佳组合，是酒店市场营销活动的主要内容。酒店市场营销活动所要做的就是密切注视不可控制的外部环境变化，恰当使用营销组合策略，使酒店可控变量与外部环境不可控制的变量迅速相适应。这也是酒店经营管理能否成功、酒店能否生存和发展的关键。由于“4P”中只有定价在财务上表现为收入，而其余的要素在财务上均表现为成本。因此，确定合理的价格是关系到酒店经营效益好坏的关键。

（一）确定一个合适的房价需要考虑的几点

（1）决策者需考虑酒店初始投资和固定成本的比例。因此，酒店产品价格必须足以负担各种费用、投入资本以及保证利润。

（2）酒店产品具有不可储存的特点。与传统产品和服务不同，酒店不是在销售客房，而是在出租客房。换句话说，酒店只是在销售客房一段时期的居住使用权。因此，如果一天内客房出租率不到100%，那么未出租的客房价值就是一笔绝对的损失。

（3）决策者还需将住宿率、入住季节、酒店类型以及市场因素考虑在内，以便尽可能合理地确定房价。该房价必须对酒店的目标市场具有足够的吸引力。

因此，在客房求大于供时努力提高房价；在供大于求时，以降低房价为代价，努力提高出租率。

（二）酒店产品定价一般应遵循的步骤

1. 市场需求整体分析和变化分析

酒店管理者应灵活运用SWOT分析法，综合分析酒店在市场经营中的优势、劣势、机会和威胁要素，找出影响需求的外在因素和内部原因，密切注意和了解区域市场和酒店竞争对手的情况，确定客源市场，预测客房需求量和需求变化趋势，为酒店市场定位和客房定价做好准备。

2. 酒店市场定位

酒店市场定位是指酒店为了使自己的产品和服务在公众和目标市场顾客的心目中占据明确的、独特的、深受欢迎的地位而做出的各种决策和进行的各种营销活动，从而为其产品和服务在市场上确定适当的位置。

顾客的感知是市场定位的全部，市场定位决定着客房价格的上限和下限。如果顾客认为一家中档酒店的产品价格太高，那么不管该酒店的经营者如何认为，他们将会到别的酒店去；如果顾客认为该家中档酒店的产品价格太低，他们也会担心服务质量低劣而敬而远之。

市场定位是由酒店高层管理人员制定的，他们参考了一系列的因素，其中包括酒店所处的地理位置、环境、酒店星级、知名度、酒店接待设施以及市场营销能力等。

3. 酒店目标市场细分

由于顾客的多元化、酒店自身的竞争优势以及酒店希望占有更多的市场份额，酒店必须对目标市场进行细分，把市场分为若干由包含相似需求顾客群的子市场。所谓相似需求包括顾客群对酒店有共同的需求、对同一个营销行为有相似的反应等。酒店目标市场细分的目的是掌握一年中不同时期各个细分市场的需求数量，了解各细分市场顾客的行为方式。

例如，酒店客房的市场各不相同，顾客有着多方面的需要。根据旅游目的的不同，酒店顾客可以划分为团体顾客（包括会议团体和旅游团体）和非团体顾客（散客），散客又包含两种类型：公务旅游者（商旅人员）和休闲旅游者。因此，酒店客房的目标市场可以细分为：会议团体市场、旅游团体市场、公务旅游者市场和休闲旅游者市场。散客市场两大类顾客的目的和要求很多且各不相同，它们分别具有如表 5–3 所示的特点。

表5–3　散客市场两大类顾客的特点分析

公务旅游者（商旅人员）	休闲旅游者
经常临时预订客房	经常提前很长一段时间预订客房
希望在周末之前返程	经常在休闲目的地度过周末
目的地很明确，较少改变旅行计划	目的地很灵活，经常改变旅行计划
住店时间比较短	住店时间比较长
希望酒店的服务质量比较高	对各不相同的质量水平都能接受
对酒店的地理位置要求高	对酒店的地理位置要求并不很高
希望酒店比较有名	对酒店是否著名并不关心
价格敏感度较低	价格敏感度较高

酒店若制定高价，价格敏感度高的休闲旅游者就不会预订入住酒店；价格敏感度低的公务旅游者虽然会抱怨，但他们仍然会去旅行。酒店若制定低价，可以吸引休闲旅游者，然而，公务旅游者也可以一样支付低价，这就造成了酒店营业收入的下降。因此，为了扩大对价格敏感度比较高的休闲旅游者细分市场的收入，同时确保来自价格敏感度较低的公务旅游者细分市场的收入不至于减少，酒店应设置一定的限制条件将两个市场分割开来，对不同的细分市场提供不同的房价。

对散客市场的限制条件一般包括：提前预订、提前付款、不可退款、不可改变入住日期、最短住宿天数、度过周末等。

课堂思考

举例说明并讨论细分市场对制定价格的影响与作用。

4. 产品定价和评估

酒店根据市场对客房需求状况以及酒店自身的市场定位和对各细分市场的分析，可以对各类细分市场在不同季节、不同类型客房设计出一个合理梯度的价格，来吸引属于不同细分市场的顾客。

酒店一般根据客房的区位、大小、外景与豪华程度定义不同的客房类型，确定不同细分市场的不同房价。此外，酒店根据不同的旅游季节，确定淡季、平季和旺季不同细分市场、不同房型的不同房价。

酒店确定的房价并不是一成不变的。酒店决策者将随时根据市场供需状况，调整不同细分市场、不同季节的各类型房价。

三、酒店定价目标

酒店定价目标都是为了获取最大化的销售额和利润，但这只能说是酒店的长远整体目标，具体到某一时期，为某一产品定价时，目标是有差异的，是策略性的。归纳起来，常见的定价目标有如下几种：

（一）利润目标

利润目标是建立在财务分析基础上所确定的定价目标，这种目标在实践中有不同的表现形式：

最大利润目标。最大利润目标是指酒店以获取最大限度的利润为目标。为达到这一目标，酒店将采取高价政策。其重点在于短期内的最大利润，仅仅适合于酒店产品在市场上处于绝对有利地位的情况。

满意利润目标。满意利润目标是指酒店在所能掌握的市场信息和需求预测的基础上，按照已达到的成本水平所能得到的最大利润。这种最大利润是相对于企业所具有的条件而言的，因此，满意利润也就是酒店的目标利润。

（二）销售目标

销售目标是将扩大销售量作为价格策略的实现目标，可以达到增加市场份额、通过增加顾客而奠定经营的基础、提高客房出租率和餐厅翻台率、增加边际贡献等目的。销售目标往往采取以下两种具体形式：

市场占有率目标。市场占有率目标是酒店经营状况和产品竞争力状况的综合反映。较高的市场占有率可以保证酒店的客源，巩固酒店的市场地位，提高酒店的市场占有率。既可以排除竞争，又可以提高利润率。

销售增长率目标。销售增长率目标是以酒店产品的销售额增长速度为衡量标准的一种定价目标，当酒店以销售增长率为定价目标时，往往会采取薄利多销的产品定价策略。

（三）竞争目标

竞争目标是与竞争对手在价格上进行斗智的工作，但是，现代酒店的经营实践给很多企业家都上了一堂严肃的价格课：通过价格进行竞争，如果实力相当的话，最终只能是两败俱伤。很明显，价格竞争是最下策的竞争方式，因为酒店的固定成本很高，价格竞争必然导致收益流失。酒店所依赖的顾客来自其他地区，客源的多少受价格因素的影响很大。所以，同城内的同档次酒店彼此采取价格竞争策略等于自杀。

（四）顾客目标

顾客目标是指能对顾客形成有利于他们影响的定价原则。由于价格是产品和服务的展现组合因素当中最直观的因素，因此，有很多方式可以使价格起到这样的作用。

通过稳定价格而培养顾客的信心。按照酒店产品具有不可存储性和季节波动的特点，酒店通常采取淡旺季差异性定价策略，当然这有时会对市场形成不好的效果，影响产品质量，打击回头客。

（五）企业形象目标

酒店形象是酒店的无形资产，它直接代表了酒店提供服务的质量及在顾客心中的价值定位。一家具有良好企业形象的酒店往往能在竞争中处于优势地位，因而很多酒店把维护酒店形象作为定价目标。酒店不因具体的淡旺季和偶然的波动而轻易改变其定价策略。其具体表现是：充分考虑产品价格水平是否能为顾客接受，是否与他们的期望水平接近；酒店定价要顾及合作企业的利益，依靠与他们的合作寻求生存和发展；酒店定价要遵守国家相关法律、法规和市场竞争规则，不能侵害消费者权益。

第二节　酒店客房产品定价的策略

由于酒店存在着地理位置不同、目标市场不一、客房标准差异、提供服务的季节不一以及顾客需求、酒店成本和同业竞争等因素，酒店客房定价的复杂性可能较传统工业产品和一般服务更为复杂。很多酒店对房价的确定存在着临时性；被动跟随市场价格；无法主动根据市场需求、供应以及竞争环境的变化，参考酒店的业务目标和财务目标提前决定一个最适房价。

一、酒店客房定价的策略

酒店客房价格包括门市价和折扣价。门市价通常是对外公开的客房价格。在运行良好的市场状况下，酒店客房门市价是根据成本加利润的定价方式加以确定的，计算公式如下：

门市价 = 经营成本 + 资本成本 + 利润 + 预测的顾客数量

现在，很少会出现全部客房以门市价销售的如此完美的市场。虽然绝大多数酒店采用较高的门市价来显示自己的服务档次，而实际上往往通过折扣优惠价来吸引顾客入住。

现代酒店的折扣优惠价是在成本导向定价的基础上，结合等级定价法最终采用需求差异定价法来决定酒店客房价格。

由于顾客的价值认知度决定了酒店客房价格的上限，因此酒店销售目标的各细分市场决定了酒店的房价；反之，不同的房价有助于确定不同细分市场的组合。

（一）成本导向定价法

成本导向定价法是一种以客房成本为基础制定价格的方法，能比较准确地计算各等级客房价格的标准。

由于酒店业与其他行业相比，其成本构成有很大的不同。酒店业固定资产的投资占总投资额的比例一般为 70% ~ 80%，因此，固定资产折旧、设施摊销、员工工资等构成的固定成本的支出占酒店整个客房成本的比例几乎达到 90%。而客房的变动成本可能每晚只有区区几十元至一二百元。

酒店中经常使用的赫伯特定价法就是成本导向定价法中的一种。这种定价方法以目标利润额为定价目标，在已确定计划期酒店客房经营成本的前提下，通过计算酒店预计客房收入指标，最终确定房价。

酒店在各个不同的经营季节可设定不同大小的目标利润额。在淡季，可降低目标利润额以降低房价，提高出租率；在旺季，可提高目标利润额以提高房价，增加客房营业收入。尽管在淡季可以用来弥补固定成本的收入很低，但还是会对抵消经营活动的固定成本起到积极作用；在旺季，这种抵消作用将会增强。

在整个产品生命周期，利润也是不断变化的。在产品的衰退期，收入对固定成本的抵消作用很小。这时，酒店所面临的已经不是盈多少利的问题，而是根本的生存问题。因此，当时只要顾客愿意接受的价格达到或超过变动成本，酒店就应当将客房销售出去。虽然这种策略可以帮助酒店将业务范围扩大到对价格敏感度较高的市场中去，但要注意价格不要低到影响酒店在市场中的定位。

（二）等级定价法

等级定价法是根据酒店客房的特色差异，如客房大小、豪华程度、外景、所在楼层等把房价分为不同的种类。这种定价方法目前在许多酒店得到采用。

对于等级定价法来说，每一层次的客房反映了不同的消费水平，而每一层次不同类型的客房又迎合了不同的消费需求和偏好。酒店可根据客房的实际接待能力和市场需求来确定梯度等级价格。如果完全按照市场的需求划定等级，而酒店却无力提供具有不同特色的客房，就会给市场留下“名不副实”的印象。如果完全按照酒店客房的类型划定等级，但酒店能够出售的高价客房也是有限的，这样限制酒店潜在收入的就是客房的水平，而不是需求水平。

虽然等级定价法可以将酒店产品（客房）“一分价钱一分货”地出售，但由于没有针对不同的目标市场进行销售，因此纯粹的等级定价法是片面的、不完整的，它忽视了不同目标市场的需求。

另外一种等级定价法在连锁酒店中的表现是品牌延伸。聪明的连锁酒店不只是推出一种产品的捆绑方案，而是以不同的价格提供一系列的捆绑方案。以万豪国际酒店集团定位为例，它的最初产品叫作 Marriott Hotel（万豪酒店），定位为“高价高品”，即超出平均水平的价格和服务，包括软件和硬件。后来，它又推出高于这个水平的方案，可以称为“极高价极高品”，即 JW Marriott Hotel（JW 万豪酒店）。由于 Marriott 是一个著名品牌，不能轻易放弃，为了占领高端市场，只是在品牌前面加 JW，显出更高的品位。后来万豪又推出适合商务旅客的 Courtyard Hotel（万怡酒店），分品牌仍旧利用了万豪的名气。当它推出更加廉价的汽车连锁旅店时，它不再使用万豪品牌了，而是使用 FairfieldInn（费尔菲德旅馆）。这就体现了不同的价格提供不同档次的软硬件服务。当目标公司经济状况好时，其雇员公务旅行可以选择住 JW Marriott Hotel 或 Marriott Hotel；当目标公司经济状况不好时，为了感受 Marriott 的酒店文化，可以选择 Courtyard Hotel，甚至 Fairfield Inn。也有顾客，当他公务旅行时，可以选择 JW Marriott Hotel 或 Marriott Hotel；当他私人旅行时，可以选择其他档次的万豪酒店品牌。

（三）需求差异定价法

在多数城市市场上，一年中大部分时间都存在着客房闲置的情况。举办活动和季节性的需求是仅有的客房满员的时候，因此市场营销的挑战就是在市场需求的淡季尽量出租客房。所谓需求差异定价法就是一年中不同的日子和不同的时间，同一客房可能会以不同的房价出租给顾客。同样，房价的变化将会吸引特殊的消费群体。酒店客房需求差异定价法的前提条件是：

（1）酒店能够了解不同层次的顾客入住酒店的愿望和能力，即知道不同的顾客对酒店客房所具有的不同的需求弹性。

（2）目标市场必须能够细分，而且这些细分市场要显示不同的需求程度。

（3）不同的细分市场之间必须是相互分离的。需要特别注意的是，负责低价的细分市场人员不得将产品转手或转销给负责高价的细分市场。

（4）酒店细分和控制市场的费用不应超过差异定价法所得的额外收入。

需求差异定价法有以下两种形式：

1. 市场细分定价法

在这种情况下，酒店采用合理的原则和限制性条件等划分标准，将不同的顾客划分为不同的细分市场，不同的细分市场对酒店同样的客房和服务，支付不同的价格。顾客能根据自己的需求、消费方式及愿意接受的支付水平而将自己划归到合适的房价类别中去。这种划分标准的重要作用在于：酒店在向一个细分市场的顾客销售打折客房的同时，又能保证来自另一个愿以更高房价入住的细分市场的收入不致减少。因此，通过采用划分标准和其他限制性房价政策，酒店能尽可能地扩大在目标市场的营业收入，同时避免来自高房价细分市场的收入减少。

市场细分定价法一般有以下几种形式：

（1）商务房价。公务旅行者是入住酒店频率最高的顾客，因此公务旅行者几乎是所有酒店追求的目标。为了吸引这些顾客，一般要协商制定特别鼓励价。额外的吸引力通常包括可以免费或优惠使用特殊的商务服务，例如秘书、周末私人助理、传真设备、计算机、复印、会议室、电视会议设施、多媒体会议设施、可能的外语翻译服务等。

（2）公司房价（政务房价）。公司房价是指酒店将一些大公司或对酒店服务设施利用率很高的公司或政府机关作为服务对象，并对其长期惠顾提供低廉的房价，使用酒店的其他服务项目提供一些特价的优惠。这一策略的另一种形式是让顾客加入某一专门俱乐部。该俱乐部不仅提供酒店各种服务项目的折扣，并且为其在相关的商店购物、订票、租车、旅游提供优惠。目前国内的订房中心就是这一形式。

（3）会议房价。举行会议、培训、庆典、特别文化或体育活动的专业团体、行业团体、商业团体以及社会团体总在寻求最实惠的酒店。大多数酒店均力争获得此类业务并且推出可商议的最低房价、餐饮折扣等。另外，酒店将房价和其他额外服务项目捆绑混合在一起，从而使顾客难以与其他竞争酒店的价格进行比较。在会议优惠中，酒店常常为会议举办人提供交通及其他特殊安排。

（4）旅行社房价。旅行社房价是指酒店与旅行社协商制定的特殊打折房价，它是旅行社营销自己包价旅游的关键。从酒店的角度看，折扣可以由同时入住的客房数量来弥补。

2. 时间定价法

在这种情况下，不同季节、不同日期，甚至不同钟点，酒店都可以采取不同的房价。由于旅游团体市场随不同的季节而变化，公务旅行者在周末和节假日很少入住酒店，因此，酒店可以通过时间的划分，尽可能扩大目标市场的收入。时间定价法一般有以下几种形式：

（1）季节房价。按照酒店经营的淡旺季，分别确定旺季最高价格、淡季最低价格和平季价格，以吸引不同细分市场的顾客。尤其是对团体顾客，往往分别制定不同季节的不同房价，对非团体顾客往往制定淡季的促销小包价。

（2）周末（节假日）房价。商务人士或会议组织者一般倾向于计划在工作日使用酒店设施。因此，大多数酒店在周末和节假日都有大量空房。周末（节假日）房价旨在于用特别优惠的房价吸引顾客在周末入住酒店或吸引本地顾客入住。

（3）日价。酒店为白天入住的顾客，如会议人员、误机人员等专门制定的房价，亦称钟点房价格。此类房最长使用时限一般不超过 6 小时，并在 18 时前退房。日价可以使酒店客房在一天内出租两次，增加酒店客房收入。

二、酒店客房定价的方法

酒店客房定价的策略有很多种，以上仅介绍 3 种，各种定价策略并不是孤立的，酒店经营者应结合酒店的实际情况，以顾客价值认知为原则，综合运用各种定价方法，为酒店创造最大利益，使酒店立于不败之地。在运用客房定价各种策略时，应注意结合酒店自身情况，灵活有效地运用价格手段，并掌握以下常用的定价方法：

（1）若当地有节庆活动时，酒店一般应严格限制折扣并且要求最短滞留时间。

（2）当需求较大时，酒店可确定正确的市场间隔组合以便以最高的房价销售客房。

（3）当出租率快速攀升时，减少或取消低价房供应；当需求下降时，重新开放低价客房，吸引价格敏感度高的顾客，提供特别折扣或小包价。

（4）一次性大批量客房销售只针对那些愿付高价的团体顾客。因为为了接待大型团体顾客，酒店必须在团队到达之前就预留大批客房。团队离店后，好几天内酒店不一定能够接待足够的新顾客，一部分客房就会空闲。

（5）把客房销售给那些愿意使用酒店会议、餐饮、展览等设施的团队或要求团队使用这些设施，以增加酒店收入。

（6）酒店竞争者削价竞争时，酒店在分析竞争者设施、服务、价格等情况下，不必急着降价。酒店可以采用额外提供其他服务的方式来变相降价或使顾客无法与竞争者进行价格比较。额外的服务包括：免费提供早餐、免费洗衣、免费延迟退房、免费享用水果等。

（7）当酒店决定提价时，酒店可附加提供部分优惠服务，如免费传真、复印、使用上网，免费提供洗衣、擦鞋、早餐等服务，使顾客无法将酒店房价与竞争对手作比较。

（8）当竞争对手已提价或客房供不应求，酒店评估客房提价可能会产生不利影响时，酒店可考虑改变或减少部分免费服务项目，如免费早餐等，以间接提价。

第三节　餐饮产品价格的设计

餐饮产品定价在餐饮企业的日常经营中占有很重要的位置，餐饮企业要选择适合自身的价格策略，来达到最小经营成本和最大销售利润的目的。定价的结果不可顾此失彼，既要照顾到期望中的顾客，也要使企业有利可图。

一、餐饮产品价格结构的特点

餐饮定价要以变动成本为基础。酒店的餐饮产品与制造业的产品有某种相似的地方，它们都需要购进原材料进行生产。产品的价格结构中，占较大比例的是原材料成本，所以餐饮产品定价一定要以这部分变动成本为基础。

人工成本是餐饮产品定价中要考虑的重要因素。由于餐饮产品不能大批量地生产，而是根据顾客的指令进行小批量加工生产，并且由服务人员直接为客人提供服务。在酒店中，人工费在餐饮产品价格中占有很大比例。餐厅中有些精细菜的加工生产费用远远超过原料成本。有的酒店餐厅的服务费用也很高。因此，在定价时人工费是一个不可忽视的重要因素。

要充分考虑顾客的需求。酒店餐饮产品的销售一般不通过销售商销售，而是直接向顾客销售。由于餐厅直接面向顾客，因而定价决策与顾客的直接反应、顾客的就餐喜好以及他们对价格的敏感度有直接关系。这一点与制造业不同。制造企业远离顾客，无法根据顾客的直接购买反应调节价格，而餐饮企业可利用价格直接影响需求，应对竞争。正因为餐饮产品价格的这种特点，餐饮产品定价还要考虑顾客的需求。

二、餐饮产品定价策略

餐饮产品受季节、时令和竞争等环境的影响很大，所以一般餐饮产品的价格在市场上表现得极为敏感，消费者对产品价格的了解相对较多，因此餐饮产品价格的透明度较高。目前市场上餐饮产品定价策略较为集中，主要表现为三种定价策略：

（一）以成本为中心的定价策略

多数餐厅主要是根据成本来确定以食品为中心的定价策略，常使用以下两种不同的方法：

成本加成定价法。成本加成定价法是指按实际成本再加上一定的百分比定价，不同餐厅会采用不同的百分比。所谓实际成本是指用于购买原料的支出，“加成”则指销售毛利百分比，这是最简单的方法。酒店可以掌握控制生产费用的主动权，从而确保获得预期利润。但是，这种方法并没有考虑市场供求和竞争的因素，计划人员必须结合需求导向定价法进一步调整餐饮产品价格。

目标收益率定价法。目标收益率定价法是指先定一个目标收益率，作为核定价格的标准，根据目标收益率计算出目标利润率，计算出目标利润额。在达到预计的销售量时，能实现预定的收益目标。一方面，根据成本制定的价格，是餐厅必须达到的价格，如果低于这个价格，餐厅经济效益会受损。另一方面，运用以成本为中心的定价策略，只考虑成本单方面因素，忽略了市场需求和客人心理，不能全面反映餐厅经营效果。

（二）以需求为中心的定价策略

与成本导向定价相配合的需求导向定价，可使酒店在成本价格的基础上灵活运用价格策略，根据市场和竞争的需要以及客人心理的变化对价格进行调整，最终使客人、饭店双方均获益。这是根据消费者对商品价值的认识程度和需求程度来制定价格的一种策略，亦有以下两种不同方法：

1. 理解价值定价策略

由于餐厅所提供的食品饮料及其质量、服务、广告推销等“非价格因素”不同，使客人对该餐厅的产品形成了不同的观念，根据这种观念制定相应的、符合消费者价值观的价格。

（1）尾数定价策略。针对消费者不同的心理反应，餐饮产品的定价应遵循一定的要求，通常有奇数和偶数两种尾数定价法。奇数定价法国外餐饮企业使用得较多，特别是很多餐饮产品的总体价格低廉，致使消费者对越低价的商品越注重商品价格的尾数或小数的数字。一项对美国 242 家餐厅所做的调查表明，58% 的菜单价格以 9 结尾，35% 的菜单价格以 5 结尾，6% 的价格以 0 结尾。而针对偶数定价法而言，我国餐饮企业使用得较多。根据我国餐饮企业的经营经验，中国消费者就餐图吉利，因而更容易接受 6、8 等较为吉利的数字，因此，餐饮企业在具体定价时必须充分考虑这些吉利数字。例如，香港玉屏轩海鲜酒家的推介菜单有如下内容：精美小菜 38 元起计、清蒸大东星斑每条 388 元、姜葱炒肉蟹每 500 克 68 元、生猛澳洲龙虾每 50 克 18.8 元、白灼基围虾每 50 克 3.8 元。

课堂思考

讨论时下餐饮产品定价的一些常见做法。

（2）首数定价策略。消费者通常会根据餐饮产品价格的第一个数字来做出消费决策，他们认为菜肴价格中的首个数字要比其他数字更重要，因为每个首位数字会代表一个价格等级。如消费者会认为 8.9 元与 9.1 元两种价格之差要比 8.7 元与 8.9

元两种价格之差大得多。因此，餐饮企业应该了解消费者的心理，宁可将菜肴的价格在同等级内调整，例如菜价从 8.2 元调整至 8.7 元，也不要将菜肴的价格跨等级调整，例如将菜价从 8.9 元调整到 9.1 元。

（3）固定数定价策略。心理学家调查显示，有些消费者会把某一价格范围看成一个固定价格。例如，他们经常会把 8.6 ～ 13.9 元看成 10 元；把 14 ～ 17 元看成 15 元；把 18 ～ 23.9 元看成 20 元等。

2. 区分需求定价策略

区分需求定价是指餐厅在定价时，按照不同的客人，不同的地点、时间，不同的消费水平、方式区别定价。这种定价策略容易取得客人的信任，但不容易掌握好。以需求为中心的定价策略是根据市场需求来制定价格。如果说，以成本为中心的定价策略决定了餐厅产品的最低价格，那么以需求为中心的定价策略决定了餐厅产品的最高价格。在具体实践中，根据市场情况，可分别采取以高质量、高价格取胜的高价策略；也可采取以薄利多销来扩大市场、增加市场占有率为目标的低价策略；以及灵活采用的优惠价格策略，给客人以一定的优惠，来争取较高的销售额和宣传推销本餐厅产品之效果。当然，这些策略并不是随意使用的，而是通过市场调研，根据市场需求决定的。许多餐厅在新开张期间，为了使餐饮产品迅速打入市场，让顾客了解餐厅所经营的产品，吸引顾客消费，会暂时将价格压低，一旦过了优惠期，便将价格恢复正常。一般优惠的定价策略都是短期的，具体来说有折扣优惠、时段优惠、地点优惠等多种方法。

（1）折扣优惠定价策略。采用折扣优惠定价策略时，产品价格完全是利用消费者乐于享受各种优惠待遇的心理需求而制定。在实际操作中，折扣优惠定价策略包含了真实折扣和虚假折扣两种形式。真实折扣是经营者在原有菜品价格的基础上给消费者实在的优惠比例，使客人在购买此菜品时比原来便宜。而虚假折扣是经营者用打折来吸引消费者，先提价再折扣，保持实际折扣的价格水平与原来核定的真实价格水平基本相当。由于消费者对此并不知情，所以无论真实折扣还是虚假折扣，都具有一定的吸引力。当然，在具体的运用中，餐饮企业还实行一次性折扣和累计性折扣两种方式。其实折扣优惠的方法很多，远不止这些手段，实际工作中还可以采用回赠优惠券、免去餐费零头、发放实物礼品、赠送菜肴、免费享受特价菜等做法来吸引顾客。

（2）时段优惠定价策略。这一策略是根据客人就餐的不同季节、日期、时间等采取不同层次的优惠价格策略。包含的内容主要有：季节优惠、周末优惠、时间优惠等。时段优惠定价策略一般多用于生意较好的餐厅，这种做法既可以将餐厅的利用率大大地提高，将顾客分流，使较淡的时间段被充分利用，同时又能调节菜式结构，保证菜肴新鲜而优质。

（3）地点优惠定价策略。这是一种目前流行起来的按地点定价的优惠策略，也叫分价消费。即把包厢和大堂的消费价格分开，店堂与外卖的消费价格分开。现在这种新兴的定价策略是店家考虑到顾客的消费能力及消费环境而采取的手段，因此把大堂与包厢的消费价格分开。大堂往往是饭店的一块“鸡肋”——摆设不够上档次，会失去婚宴这块市场；档次上去了，多数时候又没生意。如果用大排档的消费价格去经营大堂，容易赢得更多的大众顾客，而用星级饭店的消费价格去经营包厢，则能争夺高档的消费群。

（三）以竞争为中心的定价策略

以竞争为中心的定价策略是以竞争者售价为定价的依据。在制定菜单价格时，比竞争对手高一些，也可低于竞争对手的定价。这种以竞争为中心的定价策略既有按同行价格决定自己的价格，以得到合理的收益且避免风险的定价策略，又有“捞一把就走”的展销新产品定价策略，还有因自己实力雄厚而采取的“变动成本”定价策略，即只考虑价格不小于原料成本即可，以确立自己在市场上的竞争地位。以竞争为中心的定价策略由于不以成本为出发点，也不考虑消费者的意见，这种策略往往是临时性的或在特殊场合下使用。定价人员必须深入研究市场，充分分析竞争对手，否则，很可能定出不合理的菜单价格。

三、餐饮新产品定价策略

（一）撇脂定价策略

撇脂定价策略也叫高价位策略，是指餐饮企业在新产品刚推出的时间段里，采用高价的策略，以使企业迅速盈利，犹如从鲜牛奶中快速把奶油撇取出来的效果。这类定价策略适合知名度高的品牌企业。

实行这种策略通常要具备两个条件：一是菜品的独特性，市场无竞争对手，容易在市场中占据主导地位。例如，制作河豚需要一定的去毒加工技术，以保证食物的安全。而餐饮行业中并非所有的饭店都拥有这项技术，所以掌握此项技术的饭店就容易从中赚取更高的利润。通常一条成本 20 ~ 80 元的河豚鱼制成品的价格可以翻几倍甚至几十倍。二是餐饮企业本身的品牌效应强，信誉卓著，具有一定的高消费顾客群。例如，在北京，全聚德烤鸭的价格要高于一般烤鸭专营店的价格，从中可以看出品牌店使用的价格策略。

暴利定价并非制定天价，其实际的内涵是对某一类型或品种的菜品采用适合菜品本身的最高价。目前在国内，餐饮企业如果不合时宜地制定天价，往往会带来更多的负面影响。

相关链接　搜索

离谱的定价策略

据《大连晚报》转载报道："西安某饭店为 12 名客人精心准备了一桌 36.6 万元的满汉全席，创下西安宴席之最。"一时间各大媒体、报刊竞相报道，西安这家饭店成了焦点。但 3 天后的报道却出乎人们的意料，《大连晚报》以《一桌饭 36 万出恶名——饭店营业额跌到最低》为标题进行了报道，文章分析了该饭店生意下滑的原因："由于消费者误认为该饭店属于那种'没有数万元甭想进'的饭店，那些想花几百元吃饭的顾客根本不敢进门，饭店的营业额直线下滑，跌到了最低点。老板因招架不住海外媒体的采访要求而藏身他处，而税务部门也特别留意 1 月 6 日那天的 36.6 万元营业款，要等饭店申报纳税之日仔细核查。"一种定价策略却出现了不应有的结果。其主要原因还是在价格上，离谱的定价产生了适得其反的效果。

——资料来源：http://blog.163.com.dcw777@126/blog/static/1417.

（二）渗透定价策略

与撇脂定价策略相反，渗透定价策略是指餐饮企业将推出的餐饮产品以较低的价格投放市场的策略。为了促销新产品、出清存货或加快现金周转，餐饮业把菜单的某些价格定在比成本低或接近边际成本的价格，以扩大本类产品及相关产品的市场接受率，达到薄利多销的目的。

餐饮企业采取渗透定价策略，最好具备下列条件：一是市场对价格的敏感度高时，采用渗透定价策略有助于拓展市场；二是要以增加销售量来降低餐饮企业产品的单位成本；三是餐饮企业要阻止其他的竞争者进入市场而采用低廉价格的策略，应具有一定的耐受力。例如，当年杭帮菜以低价格、低成本运作的手法入侵上海获得成功就是很好的例子。

（三）满意定价策略

满意定价方法介于撇脂定价方法与渗透定价方法之间，价格水平适中，同时兼顾企业、旅游中间商及消费者利益，使各方面皆能顺利接受。这种定价方法使价格比较稳定，在正常情况下盈利目标可按期实现，但这种定价方法比较保守，不适于需求复杂多变或竞争激烈的环境。

第四节　酒店前厅产品报价技巧

前台对客报价是酒店为扩大自身产品的销售，运用口头描述技巧，引起客人的购买欲望，借以扩大销售的一种推销方法。它包含推销技巧、语言艺术、职业道德等内容。在实际推销工作中，非常讲究报价的针对性，只有适时采取不同的报价方法，才能达到销售的最佳效果。酒店前厅销售也就是采取谈判房价的方式决定销售的价格。因此，作为前厅接待员只有掌握一定的议价推销技巧，才能为饭店创造更多的收益。掌握报价方法，是搞好推销工作的一项基本功，以下是酒店常见的几种报价方法。

一、产品优点法

所谓“一分价钱一分货”，高质意味着高价。对于一位新入住的宾客而言，酒店产品的优点是不能一下就认识到的，而价格却一目了然。在接待过程中，经常听到宾客这样抱怨："价格太高了。"在此情况下，接待员要向宾客指出为其提供产品售价高的理由，讲清因为什么而价高，例如理想的位置、新颖的装潢、幽雅的环境、美丽的外景、宽敞的房间等。尽可能多地向客人介绍本店产品的优点和独特之处，以化解客人心里的价格障碍，进而为企业创造最佳的盈利机会。

二、客人受益法

接待员要将价格转化为能给客人带来的益处和满足，对客人进行启迪和引导，促使其完成购买行为。例如一位接待员遇到一位因价高而犹豫不决的客人时，可以这样讲："这间客房的床垫、枕头具有保健功能，在让您充分休息的同时，还起到预防疾病的作用。"又如另一位接待员是这样说的："这房间价格听起来高了点，但配有冲浪浴设备，您不想体验一下吗？"强调"客人受益"，强化了客人对产品价值的理解程度，从而提高了其愿意支付的价格限度。

三、比较优势法

当饭店的供给价格与客人的需求价格出现不符时，接待员不妨采用"比较优势"来化解客人的价格异议，即以自己产品的长处去与同类产品的短处相比，使本店产品的优势更加突出。例如，一个客人提出本店价格比其他饭店贵的时候，接待员可以这样回答："第一，我店的设施是本地区最新的；第二，可以收看多套卫星电视节目；第三，房间内具有上网功能。"

前厅接待人员应给客人进行比较的机会，可以根据客人的特点，向他推荐两种或三种不同房型、价格的客房，供客人比较、选择，激发客人的潜在需求，从而增加酒店收益。例如，一个看上去很有身份的商人要订一个普通标准房，接待员提供几种不同房型、价格供客人选择，并加以描述性语言，可能会收到比较好的效果。在推销过程中，接待员应避免将自己的观点强加于客人，切记接待员的责任是推销，而不是强迫对方接受。过分的"热情"会适得其反。某些时候，即使客人因员工的坚持而勉强接受了某种房间，酒店多赚了一些钱，但永远补偿不了他因被迫接受而以后可能不再光顾该酒店的损失。因此，应尊重客人的选择，即使客人最终选择了一间较便宜或相对档次较低的客房，也要表示赞同与支持。

四、价格分解法

价格作为敏感性因素，接待员在推销时要将价格进行分解。例如某类房间的价格是 580 元，接待员报价时可将 80 元免费早餐分解出来，告诉客人房价实际是 500 元；假如房费内包含免费洗衣或免费健身等其他免费项目，同样也可以分解出来。“付出总有回报”，相信“价格分解”能更好地打动客人。

五、限定折扣法

俗语说：“吃饭穿衣，各取所需”；“萝卜白菜，各取所爱”。限定折扣法是一种“曲线求利”的办法。接待员在做到充分了解客人购买目的的基础上可限时、限地、限量给予适当折扣。例如一位接待员在了解到客人不太注重房间位置时说：“我们酒店有一间角边房。如果您不介意，我可以给您申请 7 折。”另一位接待员在了解到客人打算提前退房时说：“如果您能在明早 8 点钟退房的话，可以给您打 8 折。”

六、利益引导法和高码讨价法

利益引导法和高码讨价法是客房部两种有效的销售技巧，可以在客房销售过程中加以运用。利益引导法是对已预订到店的客人采取给予一定附加利益的方法，使他们放弃原预订客房，转向购买高一档次价格的客房。高码讨价法是指在客房销售中向客人推荐适合其地位的最高价格客房。根据消费心理学，客人常常接受接待员首先推荐的房间。如果客人不接受，再推荐价格低一档次的客房，并介绍其优点。这样由高至低逐级介绍，直到客人做出满意的选择。高码讨价法适合于向未经预订、直接抵店的客人推销客房，从而最大限度地提高高价客房的销售量和客房整体经济效益。

七、适当让步法

在市场经济条件下，市场的多变性决定了价格的不稳定性，价格因不同客人而不同也早已成为十分正常的现象。所以，对于确实无法承受门市价格的客人，适当地给予优惠也是适应市场、适应竞争的重要手段；否则，就会出现将客人主动地推到竞争者手中的现象。但要注意优惠幅度应控制在授权范围内，并要求员工尽量不以折扣作为达成交易的最终手段，并配全各种奖励措施，鼓励员工销售全价房。

复习与思考

一、名词解释

定价　酒店客房价格　顾客目标　等级定价法　撇脂定价策略

二、填空题

1. 酒店产品的定价目标有________、________、________、________、________。
2. 一般来讲酒店客房价格有________和________两种形式。
3. 需求定价法的两种形式为________和________。
4. 餐饮新产品的定价策略有________、________、________。
5. 理解定价策略由________、________、________三个策略组成。

三、简答题

1. 酒店产品定价步骤有哪些？
2. 客房的定价方法有哪些？
3. 餐饮产品价格结构的特点有哪些？
4. 餐饮产品的定价方式有哪些？

四、案例分析

网上订酒店首试顾客定价

摆脱酒店定价的传统模式，由消费者主导制定入住价格……一种全新的酒店在线预订模式在去哪儿网内部公测上线。然而，记者采访发现，面对这个冠之以“越狱”称号的全新酒店预订模式，传统的酒店大多选择了观望态度。

1. 消费者可“制定”酒店价格

昨天，去哪儿网新推出的酒店预订产品“越狱”开启内部测试，邀请资深酒店达人测试体验。据去哪儿网酒店业务高级总监王京介绍，“越狱”是一种全新的酒店预订方式，以“酒店价格你来定”为口号，倡导消费者出价，酒店方竞单。“这种方式彻底颠覆了预订酒店的传统规则，消费者第一次站在了价格制定的前端，是一种‘倒定价’的模式。”据介绍，消费者使用“越狱”软件预订酒店只需几步操作：选出心仪的酒店类型；给出愿意接受的价格；在线支付。之后，去哪儿网将根据消费者需求向符合条件的酒店询价，如果酒店接受则达成交易。

按照这种方式，消费者事先并不知道酒店名字，只知道商圈、地理位置、星级等信息，交易达成后，去哪儿网才会将对应的酒店名称、地址、联系方式等信息进行告知。王京介绍，“‘越狱’的精髓就是帮助消费者实现‘花最少钱，享受最好服务’的愿望”。测试结束后，“越狱”产品将于近期正式向所有用户开放。

2. 不同档次酒店大多选择观望

记者采访发现，对于这种全新的在线预订模式，不同档次的酒店却大多表达了同样的观望态度。“我们暂时没有考虑参与其中。对于高端酒店而言，价格是服务和品质的一个象征，这种消费者定价的模式有可能会打乱我们的价格体系，不利于酒店保持统一的服务水准。”位于东三环的北京千禧大酒店相关负责人告诉记者，作为一家豪华的五星级酒店，保持一致的消费形象对酒店十分重要。长安街沿线的某四星级酒店负责人表示，这种模式虽然可以弥补高端酒店入住率不高的缺憾，但可能会对酒店的品质产生不好的影响，所以目前无法参与。某全国性的经济型连锁酒店市场部负责人告诉记者，目前大多数经济型连锁酒店由于入住率较高，很难留出空房参与这种活动，但随着经济型酒店之间的竞争越来越激烈，不排除日后参与的可能。

3. 新模式需待市场的考验

究竟有哪些酒店报名参与“越狱”活动呢？王京表示考虑到市场竞争等因素，目前还不方便对外透露。

一位不愿透露姓名的资深酒店人士告诉记者，一些商品的使用价值是具有时效性的，这种特点催生了“Last Minute Deals”（“直到最后关头才达成的交易”）等营销模式的出现。从这一角度出发，“越狱”模式有其实现的可能，然而，更换价格标签的成本以及消费者因为不断变化的价格产生的持币待购心态等，将成为实施动态定价的障碍。随着电子商务在酒店业推广应用的不断加强，肯定会涌现出更多的酒店预订新模式。然而大浪淘沙后，哪种模式能最终保留下来，则需要经历利益各方的博弈以及市场的最终考验。

——资料来源：http://money.sohu.com/20111025/n32336580.shtml.

根据以上案例，回答如下问题：

酒店产品价格的制定应综合考虑哪些方面的因素？

推荐阅读

1. 浅析微博营销的蝴蝶效应；http://www.chinaacc.com/new/287_294_201103/28wa23384179.shtml.
2. 全球酒店平均房价下降 14%；http://management.yidaba.com/201003/022155421001100100000081263.shtml.
3. 校园营销策略探析；http://www.chinaacc.com/new/287_294_201011/24yi502280328.shtml.
4. 如何提高酒店产品的销售均价；http://www.canyin168.com/glyy/yxch/ppyx/201207/44222.html.
5. 影响 2012 年酒店营销的四大要素；http://www.canyin168.com/glyy/yxch/ppyx/201112/37702.html.shtml.

综合实训练习

1. 由教师划分实践小组，选择当地一家知名酒店，实地了解该酒店的产品定价策略，并对该酒店在市场竞争中的价格战进行评述，写出调查报告。

2. 选择当地的知名酒店，观察其前厅销售接待员介绍产品时的报价技巧，与所学知识进行比较，并认真做好记录，形成书面总结报告。

3. 请各小组分别对鱼香肉丝、酸菜鱼等菜品进行产品价格核算。

第六章 酒店销售渠道策略

酒店销售渠道策略在酒店营销实务工作中，是一个相对专业性较强的因素，也是许多大规模酒店营销工作的重要构成部分。通过本章的学习，可以使读者理解酒店销售渠道的基本知识，学会与不同类型的销售渠道建立联系的方法，特别是掌握与旅行社行业建立良好关系的方法。

本章重点阐述酒店销售渠道的概念及作用、酒店销售渠道的类型。同时详细诠释了酒店应如何选择经销商的途径及方法，并针对酒店网络营销体系的建立、中国酒店分销渠道的发展趋势进行了深入探讨。

学习目标

知识目标

1. 了解酒店销售渠道的概念和作用。
2. 掌握酒店销售渠道的类型、间接销售渠道的种类。

能力目标

1. 理解选择销售渠道需考虑的因素。
2. 了解酒店如何和渠道商建立良好的关系。
3. 理解网络营销的重要性。

案　例

OYO 的由来与发展

国内连锁酒店行业格局正在悄然发生变化。2018 年 9 月 25 日，印度经济连锁酒店 OYO Rooms 宣布获得 10 亿美元融资，其中 6 亿美元将用于中国市场。与此同时，据其官网显示，自 2017 年年底进入中国以来，大约一年的时间里，OYO 已经落地中国的 200 座城市，签约超过 2500 家酒店和 12 万间客房。其中，仅连锁酒店的数量这一数据已经和国内连锁酒店如家的门店数相当。

不得不说，OYO 的速度，令人惊奇。

OYO 的快，和其模式的"轻"密切相关——OYO 瞄准的是无品牌的单体酒店，通过对这些酒店进行一些诸如床单、被褥、洗漱、洗浴用品等轻量级的标准化改造，再通过统一化品牌 OYO 对外输出。

"对于一家单体酒店来说，如果选择加盟诸如汉庭、如家等成熟经济型酒店，不仅需要不菲的加盟费，还需要对每一个房间进行强标准化改造，短则半年、长则一年以上。"一位资深酒店观察者告诉记者，"OYO 的改造，几天就能上。"

资本的热捧，也跟这一市场的巨大潜力有关。OYO 瞄准的无品牌单体酒店，正是目前国内酒店的最大区间。据中国酒店产业报告显示，2017 年，中国单体酒店数量超过 92 万家，单体酒店市场规模接近万亿。

成立于 2013 年，5 岁的 OYO 已经迅速成为印度最大连锁酒店的公司。而现在，它正在中国市场开始了新故事。

酒店业的"拼多多"

OYO 从一开始就瞄准了中低端经济型酒店。

在创业之前，阿加瓦尔颇为喜欢旅行，曾在印度各地旅游。不过，由于经费有限，所以住过不少条件很差的招待所。从那时候开始，便萌生了创办 OYO 的想法——做一个连锁的便宜又干净的酒店。2013 年，19 岁的阿加瓦尔辍学创业。5 年后，OYO 不仅成为印度最大的连锁酒店集团，还进入了包括中国、英国、东南亚等国家和地区。

与国内流行的 OTA（在线预订平台）方式不同的是，阿加瓦尔认为，"仅仅整合酒店信息是不够的，还必须得把它们'整理'一下。"

OYO 的改造方式有多种，其中最重要的有两个：

一个是，对直接影响消费者体验的模块进行轻量级的标准化改造。这其中，包括统一布草、洗漱、洗浴用品等。

二是，统一品牌、共同获客。一方面，通过统一使用 OYO 品牌，采用 App、公众号、小程序、OTA 平台等进行系统化运营；另一方面，OYO 并不强求改掉酒店原名，只需要在酒店名前面加上 OYO 即可。

对比诸如汉庭、如家等强控制、高度标准化的连锁酒店，OYO 的改造模式更轻。另外，

OYO 并不收取加盟费、房间改造费、品牌使用费等，只抽佣部分流水，因而单体酒店接受起来也更容易、起量也更快。

截止到 2018 年 10 月 8 日，OYO 已经在中国拥有超过 2500 家酒店，大致与排名第一的中国连锁酒店品牌如家酒店的门店数相当（2017 年如家全国门店有 2315 家），而如家酒店已经经营了长达 16 年之久。

无疑，OYO 踩中了国内下沉市场和消费升级的大趋势。

拼多多的高速发展，让不少人重新认识了“五环外”的巨大商业价值：中国二三四线有着庞大的人口基数，同样也有着惊人的消费力。

而在酒店行业，二三四线城市中，有着大量的无品牌的单体酒店。对于这些酒店而言，普遍的一个问题是，流量获取能力较差，主要依靠本地线下流量，线上运营和品牌意识差。

反观消费者端，大量的单体酒店水平参差不齐，影响了消费者体验。同时，在下沉市场中，连锁经济酒店的供给有限，消费者需要一个能提供相对可预期的住宿体验的品牌。

“先把最基础的服务开始标准化，然后迅速上量，之后再不断地加深运营的深度和改造的深度，推动整个行业发展。”一位资深行业观察者认为，这正是互联网化酒店的发展思路。

中国门徒的进击

盯上这一蛋糕的，并不只有 OYO。

作为国内 OTA 行业的巨头，携程自然不会放过这一机会。由原去哪儿网孵化出的自有品牌“Q 加酒店”浮出水面。

“携程和去哪儿整合之后，库存、系统和数据等都需要打通。在实际操作中，发现了大量的酒店是不重合的，分散、标准不统一、质量也参差不齐。运营团队没有办法很好地对接运营，对平台的服务质量也有影响。由此，看到了 OTA 平台对这个统一联盟 / 服务商的业务对接需求。研究了一段时间，也结合了一些前线的调研，发现这个市场非常大。有近 90 万家的酒店，1600 万间以上客房库存，80% ~ 90% 以上的单体无品牌酒店。这些酒店从二三线城市开始运营状况很差，对流量的渴求很大，但自身标准和能力又不够，存量市场大几千亿。”Q 加酒店创始人陆寅峰说道。

背靠携程，拥有大量的酒店数据，可以结合之前的评分、评论和图片等进行精准筛选，找出相对优质和提升空间大的酒店进行合作，效率优势极其明显。据透露，Q 加不到 100 人的团队，成立一年就合作了近 1000 家加盟酒店。Q 加酒店平均 OTA 评分在 4.6 分左右，比 OYO 的 3.9 分高出不少。

不只是携程，同样，美团也在探索这一业务。

笔者独家获悉，从 2017 年年底开始，美团亦开始探索这一方向，已经低调试水大约一年时间。“美团做这个事情并不意外，”一位 VC 投资人告诉记者，“这与美团的用户群体匹配度很高。”

在他看来，携程用户更偏商务，异地住宿特征明显。而美团通过外卖等服务，已经下沉到三四线城市，其中本地白领、学生群体是其重要消费群体，而这正是单体酒店的主要消费群体。

此外，还有尚美生活旗下的 AA 互联网酒店，同样在探索这一市场。

印度模式，中国“挑战”

有趣的是，与媒体热衷的出海和将中国移动互联网模式复制到海外不同，OYO 是典型的印度模式、中国“复制”。

起步于印度，OYO 到 2020 年已经 7 岁。现如今，它已经成为印度最大的连锁酒店集团、印度第二大互联网公司，并已经从印度拓展到中国、英国、东南亚等国家和地区。

在融资方面，OYO 已经完成了 7 轮以上的融资，累计融资额约 15 亿美元。其中，华住集团曾在 2017 年 9 月对 OYO 进行了一轮 1000 万美元的投资，成为 OYO 的股东之一。

尽管在中国发展速度不错，不过，OYO 面临的挑战并不小。

一方面，挑战来自于市场。OYO 的供给来自于单体酒店，但单体酒店千差万别，与传统连锁酒店强控制、高标准化不一样的是，OYO 模式只是对单体酒店做最底层的改造和赋能，改造之后的单体酒店同样还是差异性明显。因而如何处理好高速发展和品质控制的问题，显得尤为关键。

一份数据显示，OYO 在国内整合的单体酒店平均 OTA 评分约为 3.9 分（满分 5 分），客单均价都在 50 ～ 150 元之间。可以说，OYO 整合的单体酒店总体质量并不高，品质控制的难度可想而知。

另一方面，是来自竞争对手的挑战。正如前文所述，携程、美团已经在做跟 OYO 相近的业务，与此同时，诸如阿里、滴滴、京东等也都开始涉足酒店市场。这些挑战者都是国内顶级的互联网巨头，有流量、资金充沛，OYO 想从这些巨头手里抢夺机会并不容易。

尤其是对于 OTA 而言，本身掌握着旅行流量分发的入口，对 OYO 的挑战更大。据笔者调查发现，OYO 在携程、美团上已经被“封杀”，搜索 OYO 几乎无相关的结果出现。OYO 中国目前主要的分发路径集中在自有 App、小程序，以及飞猪、去哪儿网等。目前 OYO 中国的整体流量成疑，拥抱巨头，或者烧钱解决，都是解决之道。

另外，与印度几乎没有太多连锁酒店不同的是，中国经济型连锁酒店在过去十几年中已经发展壮大。未来，OYO 体量迅速扩大后，势必与诸如首旅如家集团、锦江国际集团等知名连锁酒店集团产生竞争，后者在本土酒店经营上经验更为丰富。

显然，OYO 已经意识到了中国市场的机会以及面临的挑战：10 亿美元融资中的 6 亿用来抢占中国市场。对于 OYO 来说，一切才刚开始。

——资料来源：http://life.eastmoney.com/news/1906,20181114984668978.html（有改动）

案例分析

对于酒店渠道建设，你了解哪些信息？说出三个酒店预订网站。

第一节　酒店销售渠道体系

一、酒店销售渠道的概念和作用

酒店的销售渠道是指酒店产品和服务从酒店向顾客转移时取得这种产品和服务的所有权或使用权，或者是帮助转移其所有权或使用权的所有企业和个人。它主要包括中间商、代理中间商，以及处于渠道起点和终点的酒店与顾客。简而言之，酒店的销售渠道是指酒店把产品销售给消费者的途径，其作用主要有：第一，缩短酒店与消费者在空间上的距离，便于消费者购买；第二，保证及时向消费者提供他们所需要的产品和服务；第三，向消费者提供信息，使顾客了解酒店的产品和服务。

一家酒店应该有多少销售渠道比较合适，主要取决于市场与酒店的空间距离、酒店产品、酒店规模等。销售渠道越多，就能方便顾客购买。

二、酒店销售渠道的类型

根据中间商是否参与产品的交换过程，可以将酒店的销售渠道分为两类：一是直接销售渠道，又称零层次渠道，就是酒店自己直接将其产品和服务销售给顾客。二是间接销售渠道，就是产品和服务经过一定的中间环节销售给顾客，又可以分为短渠道和长渠道。

（一）直接销售渠道

1. 直接销售渠道的形式

直接销售渠道是指酒店将产品和服务直接供应给顾客，没有中间商介入，如图 6–1 所示。

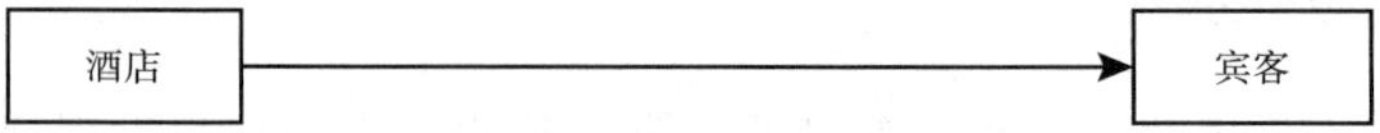

图6–1　直接销售渠道

2. 直接销售渠道的方式

（1）预订销售。预订销售是指酒店通过互联网、电话、传真或接受客人亲自上门的方式，将产品和服务销售给顾客。体现为宾客直接通过酒店预订系统亲自订房或未经预订直接住店。

（2）自开销售网点。自开销售网点是指酒店通常将销售网点设立在用户比较集中的地方或商业区。

（二）间接销售渠道

1. 间接销售渠道的形式

间接销售渠道是指酒店利用中间商将产品供应给顾客，中间商介入交换活动，如图 6–2 所示。

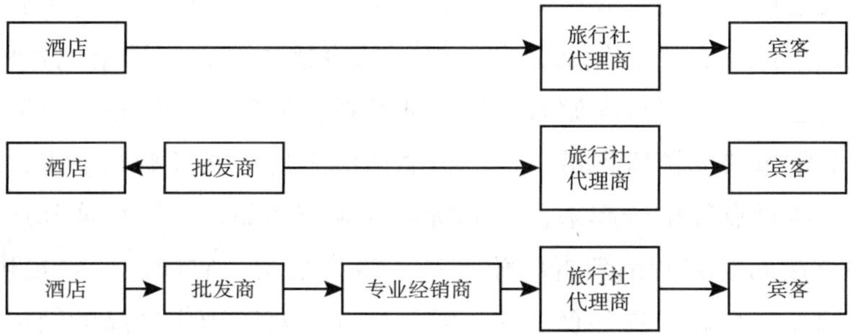

图6–2 间接销售渠道

2. 间接销售渠道的种类

（1）加入特许经营系统。通过它来扩大酒店经营服务，有些特许权经营组织，如喜来登和希尔顿，拥有遍布世界各地的预订系统，可以通过举办会议、订货会，吸引体育运动、团体旅游等方式，来扩大团体订房业务。

（2）酒店预订系统。这是在很多地方设立分支机构，为委托其预订客房的酒店做预订工作的公司。它们受酒店委托，代表酒店向旅行代理商、大公司、大企业及其他需要酒店设施的客户进行推销和代理预订。除了很多独立的预订系统外，有些大酒店集团的预订系统不仅为本集团中的成员提供服务，也为其他酒店提供预订服务，如希尔顿集团的预订系统。

（3）酒店代理商。这是一些专门替酒店进行推销并接受客人预订的中间商。它们同时充当许多酒店业务销售代理人的角色，为酒店提供经济而又有效的推销服务：作为委托酒店外地客源市场上的销售代理人，其主要职责是为酒店推销产品和服务以吸引顾客。销售代理人同时为许多相互间不存在竞争的酒店提供服务，熟悉市场情况，具有完备的推销系统，通常还拥有经验丰富的推销员，他们与主要客源市场有着广泛而密切的联系，所以由酒店代理商经手推销的生意一般比自己推销的生意要多。一些酒店常在客源较为集中的地方报刊刊登广告，广告上就写明代理人的电话号码。如果有人想预订客房，只需致电代理人就行了，酒店代理商替酒店推销和代办个人预订，要收取佣金和一定的手续费。酒店在利用代理商销售产品和服务时，酒店营销人员的职责主要就是推动、诱导、指挥他们，为酒店争取更多的客源。

（4）旅游中间商或旅游代理商。它包括旅游批发商和旅游零售商。二者的区别主要是在业务经营上有所不同，但二者之间并无严格的界限，许多旅行社、旅游公司既经营批发业务，又兼营零售业务。旅游批发商一般专门从事包团旅游和销售活动，他们通过与航空公司、轮船公司、酒店的直接谈判，安排组织各种不同价格、时间和目的的包价旅游，再向旅游零售商或直接向游客进行销售。对酒店来说，旅游批发商是非常重要的销售渠道，他们将酒店的客房一次性购买下来，还能与其他项目如交通、风景点等结合起来，形成特定的旅游产品，再直接或间接地销售。旅游零售商是直接面对旅游消费者的旅行社、旅游公司。它向旅游者提供咨询服务，为旅游者组织安排交通工具和食、住、游等活动。对于酒店产品的销售来说，它们也同样起着很大的作用，酒店通过旅游中间商销售产品，需要支付一定的佣金。

（5）旅游促销机构。它在促进酒店销售方面发挥着重要的作用。酒店应经常参加促销机构举办的会议和其他活动，通过与促销机构合作，以及与该机构其他成员（如航空公司、铁路公司、观光游览公司等）的相互帮助促销来销售酒店的产品。

（6）会议促销机构。这是一种代理机构和销售组织，主要任务是为其代理的地区、城市招揽各种会议、研讨班，吸引会议旅游者，并为会议做好各方面的服务工作。有些会议促销机构属于市政府的一个部门，多数则是独立组织或是当地商会的一个部门。会议促销机构的经费主要来源于其成员的会费。会议促销机构的成员，是那些直接或间接可从会议和团体客人中获益的公司和企业，前者如为酒店、汽车旅馆、出租汽车公司以及向会议提供服务的公司等，后者如为酒店提供商品的供应商、公用事业公司、娱乐公司、观光旅游点等。在许多国家，会议旅游占据了全部旅游市场中相当多的部分，而会议促销活动在会议旅游方面发挥着不容忽视的作用。所以酒店业也很重视通过与会议促销机构的合作来销售自己的产品和服务。

（7）航空公司。许多航空公司除了向客人提供交通运输服务外，还普遍以中间商的身份向客人介绍酒店，代酒店接受订房。其他一些交通运输公司，如汽车出租公司、铁路公司等，也可成为酒店销售渠道中的一个成员。

（8）旅游协会、酒店协会。酒店通过加入这类协会，可以借助它们来推销酒店产品。世界上最知名的酒店协会之一就是“世界一流酒店组织”，它由200多家豪华酒店组成，形成一个全球性的酒店促销与预订联合体。它不是酒店集团，不拥有也不经营任何酒店，但经营着一个促销与预订公司，为其遍及世界各地的成员提供服务。我国的广州白天鹅宾馆和北京贵宾楼饭店就是这一组织的成员酒店。

三、直接销售渠道与间接销售渠道的比较

（一）直接销售渠道的优缺点

1. 直接销售渠道的优点

（1）有利于酒店、顾客双方沟通信息，可以按需定制，更好地满足目标顾客的需要。

（2）有利于酒店和顾客双方在营销上相对稳定。

（3）可以在销售过程中直接进行促销。

2. 直接销售渠道的缺点

（1）难以在短期内对酒店产品进行广泛分销，很难迅速占领或巩固市场。

（2）加重了饭店工作的负荷，分散了饭店的精力。

（3）竞争力较弱。

（二）间接销售渠道的优缺点

1. 间接销售渠道的优点

（1）有助于产品广泛分销。中间商因处于酒店与顾客之间，从而有利于调节酒

店与顾客在品种、数量、时间与空间等方面的矛盾。既有利于满足酒店目标顾客的需求，也有利于酒店产品价值的实现，更能使产品广泛地分销，巩固已有的目标市场，扩大新的市场。

（2）缓解酒店人、财、物等力量的不足。中间商购走了酒店产品并交付了款项，就使酒店提前实现了产品的价值，开始新的资金循环和生产过程。此外，中间商还承担销售过程中其他方面的人力和物力，弥补了酒店营销力量的不足。

（3）可以进行间接促销。顾客往往是货比数家之后才购买产品，而一个中间商通常经销众多饭店的产品，中间商对同类产品的不同介绍和宣传，对产品的销售影响很大。此外，实力较强的中间商还能支付一定的宣传广告费用，具有一定的售后服务能力。所以，酒店如果能与中间商保持良好的协作关系，就可以促进产品的销售，并从中间商处获得市场信息。

2. 间接销售渠道的缺点

（1）不能及时了解或满足顾客的需求。中间商购买了产品，并不意味着产品就从中间商手中销售出去了，有可能销售受阻。对于酒店而言，一旦多数中间商的销售受阻，就形成了“需求滞后差”。

（2）可能加重顾客的负担。中间环节的增多会增加顾客的负担。

（3）不便于直接沟通信息。如果与中间商合作不好，酒店就难以从中间商的销售中了解和掌握顾客对产品的意见、竞争者的产品的情况等。

第二节　酒店销售渠道的选择

酒店在销售过程中选择何种销售方式，以直接销售还是以间接销售为主，如何确定销售渠道的长度和宽度，涉及销售渠道选择的问题。

一、选择销售渠道需考虑的因素

产品因素。产品因素主要指产品的质量和性质。质高价优的产品由于往往被少数富有的购买者重复购买，因此宜采用直接销售渠道或窄短的销售渠道。相反，大众化的产品由于购买对象众多，分布较广，宜采用宽长的销售渠道。对于新产品，由于尚欠知名度，采用间接销售渠道往往需花费较多“口舌”，不如采用直接销售渠道。如定位于商务市场的酒店宜采用窄短销售渠道或直接销售渠道，而定位于度假休闲市场的酒店则多通过旅行社代为销售。另外，同一家酒店的不同产品与服务，其销售渠道也不尽相同。客房产品主要以中间商代理销售和预订为主，而其他如餐饮产品、娱乐健身设施等则多是面向住店客人和当地居民进行直接销售。

酒店自身因素。酒店的经济实力、销售管理能力等都是应该考虑的因素。若是实力雄厚的酒店，则完全可以自己组建销售队伍，或是用较高的佣金来组织更多、更好的中间商队伍。若酒店的销售管理能力较强，也可以利用自己熟练的销售队伍来打开市场。反之，营销必须以中间商为渠道。

销售对象因素。销售对象的人数、分布情况、购买习惯等都会影响酒店销售渠道的选择。若酒店的销售对象数量大且分布广，酒店宜采用宽长的销售渠道，反之则利用直接销售渠道较适合。

外部市场特点。外部市场特点是酒店进行销售渠道设计时需要考虑的重要因素。市场的容量、供需状况、各细分市场的购买习惯及地理分布等特点都影响着酒店销售渠道模式的选择。如果目标市场规模较大，为方便顾客预订，酒店一般倾向于使用较多的中间商来覆盖市场。如果小量多次的零散预订较普遍，酒店常常依赖旅行社代为预订；大批量的预订往往越过中间商，由主办者直接向饭店订房。另外，如果客源市场集中分布在某些特定地区，酒店则应该在该地区办事处直接销售；反过来，如果客源市场比较分散，则要求渠道宽度较大、中间商较多。此外，顾客对不同销售渠道的反应也会影响酒店的渠道选择。

课堂思考

如果酒店位于旅游景区，选择哪些销售渠道最为合适？

二、评估渠道方案

酒店应主要从经济效益、控制能力、适应能力三个方面对渠道方案进行综合评估，然后选择一个主要的渠道方案，同时确定其他若干个辅助性渠道方案。

经济效益。比较每个渠道方案的投入产出比，哪个渠道方案能获得相对较多的销量，同时渠道运行和维护成本花费相对较低，其经济效益较高，就是一个理想的渠道方案。一般说来，使用直接销售渠道，饭店固定成本较高，变动成本较低，而采用间接销售渠道则相反。另外，在间接销售渠道方案中渠道长度越长，宽度越宽，则其销量应该就越大，同时成本相应也越高，饭店应寻找到收益与成本的最佳平衡点。

控制能力。相对于直接销售渠道，使用中间商无疑会使酒店销售渠道难以控制。因为中间商往往关注的是最大限度地增加自己的利润，很少考虑饭店利益以及整个渠道系统的平衡。因此酒店对其精心选择的渠道商要有足够的控制能力。渠道的稳定性对任何一家酒店来说都至关重要，如果渠道失控，那么对酒店的影响将是巨大的。

适用能力。无论使用哪种间接销售渠道模式，酒店在一定时期内都需要承担一定的义务，这会使酒店在渠道策略上失去一定程度的灵活性。但是市场变化多端，酒店需及时调整渠道策略，这就要求渠道方案具有一定的适应性。酒店在中间商协定渠道方案时应注意这一点，一方面增加渠道本身的适应性，另一方面减少渠道方案本身对酒店的制约。

三、如何与旅行社建立良好的关系

旅行社作为组合性旅游产品的设计者与提供者，在旅游市场上扮演着重要的角色，一直是酒店业的主要销售渠道之一。与旅行社建立密切的合作关系是酒店营销工作的重要内容，为此，酒店针对旅行社应做好以下几个方面的工作：

积极推行佣金制。在国外，旅行社被分为三类：旅游代理商（又称旅游零售商）、旅游经销商和旅游批发商。他们或零售或批发或批零兼营旅游产品。他们经销酒店产品所获得的收入，主要是由酒店以佣金的形式按照销售额的一定比例提取，销售额越大，佣金越大，酒店与旅行社之间形成了一种较好的利益机制。而在我国，旅行社主要是按其是否经营国际业务分类，且目前还没有形成规模经营的旅游批发商，大多数旅行社是直接面对顾客销售。旅行社在与酒店的利益关系上也与国际做法不同：国内旅行社一般能获得远低于门市价的批发价，很少采用佣金制，这就使酒店与旅行社利益对立。旅行社拼命压价，而酒店又想尽量保价，双方的很多精力都放在讨价还价上了，不利于两者融洽关系的形成。因此，与国际接轨，在国内实行佣金制已成为一种迫切需要，这样才能促使旅行社积极开拓市场，与酒店精诚合作，达到双赢的目的。

加强信息沟通。酒店应向旅行社提供足够的、及时的信息，使之对本饭店的产品和服务尤其是新产品有足够的了解，为其推销本酒店创造条件。酒店应积极征询旅行社对产品的意见并鼓励其定期反馈需求信息，包括产品分类销售状况、顾客偏好与习惯、新的需求动向等，为酒店改进产品和营销策略提供参考。由于酒店一般会定期给旅行社报价单，当其产品价格发生变化时，应尽早与旅行社沟通协商，避免临时提价，而使旅行社陷入被动导致大批退房，这样双方的经济利益和市场形象都会受到较大损失。

做好接待工作。酒店提供优质的产品和服务，使顾客满意是保证与旅行社良好关系最本质的内容。在客人住店期间为其提供优质的产品和周到的服务可以为酒店在客源市场赢得良好的口碑，也可以为酒店在与任何旅行社的合作中都赢得主动。如果没有意识到一点，在具体工作中就难免舍本逐末。

采取激励措施。酒店可采用多种激励措施提高旅行社积极性，如提高佣金比率，对淡季销售给予奖励并及时支付佣金；给予通过旅行社订房的顾客以更大折扣，鼓励他们通过旅行社订房；负责为旅行社司陪人员提供住宿；开展销售竞赛，对业绩好的旅行社给予额外奖励等。

重视账款清算。送走旅行团不是酒店一笔业务的结束，收回账款后才能算是一个完整的过程。酒店应在扩大销售额与保证资金流转、资金安全之间找到一个平衡点，并据此制定应收账款政策。首先，酒店在选择旅行社时就应注意其规模与信誉，因为在我国，旅行社业进入门槛较低，固定投入不大，较易破产；其次，要严格执行已制定的收账政策，加强对应收账款的考核，并利用现金折扣政策鼓励旅行社尽早付款；最后，对于已经发生的拖欠款，酒店应及时负责追回，若逾期未付，应加紧敦促，必要时采取法律措施。

旅行社和酒店长久以来形成了相互依存的关系：一个旅行社如果没有可靠的酒店的合作，将不能提供优良的服务；一个酒店如果没有可以信任的旅行社合作，那将会长期艰难度日。信任和可靠性是两者相互合作最重要的特征，有了它们才能产生双赢的局面。

第三节　酒店网络销售体系的建立

互联网作为信息技术发展的应用基础，使信息的交换和处理变得异常简单和便捷，而且突破时空界限，成本也越来越低廉。这使得消费者和企业在互联网上直接沟通和交易成为可能。网络的发展导致了产品价值链的重新构建，利润的分配也产生了新的变化。酒店业因此而获得更多的利润，消费者也因此而获得了更多的实惠。随着信息技术的发展，酒店业要逐步完善自己的销售网络，扩大对消费者的直接销售。

一、酒店网络预订系统

（一）全球订房网络系统的分类

电话传真预订系统。电话传真预订系统主要是在各地设立订房中心、销售办事处，通过免费电话（或者是拨打国际长途只收市内电话费）和传真接受客人的预订，例如巴斯集团的 1-800-TOLLFREE 酒店免费电话预订系统。

联号酒店预订系统。这种网络系统由集团所属酒店的电脑构成网络。客人如需要预订该集团内任何一家酒店的客房，可以通过该集团的任何一家酒店进行网上预订。国际上一些著名的酒店集团，如巴斯酒店集团的 HOLIDEX 预订系统、洲际集团的 GLOBALII 预订系统、雅高集团的 ACCOR 订房系统、希尔顿的 HILTRON 中央预订系统和 1999 年 4 月推出的 HILSTAR 预订系统等，都属于这类系统。

网络在线预订系统。网络在线预订系统主要是在互联网上建立网站，接受客人的直接预订。国际知名酒店管理集团如假日、雅高、希尔顿、喜来登、香格里拉、威斯汀、万豪、贵都、富豪等都建立了这样的预订系统。目前，我国的多数高档次豪华饭店纷纷建立了自己的网络预订系统。

全球网络分房系统。全球网络分房系统（Global Distribution System，GDS），可以通过 INTERFACE 接入。雅高、贵都等集团的订房系统由此接入全球网络分房系统中，让采用网络技术的旅行社团、散客直接访问该集团的中央预订系统，从中得到某酒店的详细资料，包括酒店的出租状况，并能立即接受预订和确认。巴斯集团的 HOLIDEX 也接入全球网络分房系统中，代号是 HI。其他分房系统还有尤特网（Utell International）、顺领网（Sterling Hotel & Resorts）、环球网（World Hotel & Resorts）等。

（二）全球订房网络系统的优点

全球订房网络系统对一个国际性的酒店集团而言，毋庸置疑地扮演着“市场拓展”与“保持市场份额”的重要角色。谁拥有了全球预订网络，谁就能在激烈的竞争中占据优势。其功能优势主要表现为：

方便客人订房。如果一位游客要到外地或外国旅游，他通常会选择旅行社，或者找亲戚朋友帮助预订酒店。国外商务客一般是通过本公司在当地的办事处代为预订的。如果该酒店已进入全球订房网络系统，那么只需拨打一个电话，或者通过电脑“链接”订房网络就可以完成客房预订等。这种方式有多种选择，既方便，又可以保持私密性。

赢得客人信赖。游客在预订客房时，不仅要作价格、设施、服务、口碑等方面的比较，更关注该酒店的预订销售网络。因为销售网络的规模反映了连锁酒店的经营规模和整体实力。网络是效率最高的信息传递系统，可以极大地弥补酒店产品的难以展示性。通过网络可以逐步提高顾客对酒店的知晓度、认可度、信任度和忠诚度。凡拥有全球订房网络的酒店，其市场营销更容易获得客人的信任感，亦增强了其市场营销的核心竞争力。

即时获取信息。一般的媒介系统，例如电视、电台、报纸、户外广告等，其传递和反馈的信息都有滞后期和局限性，并存在即时性的技术障碍。有的难以更新，有的更新周期较长，有的只能在局部范围里传播。而网络是全球性的，是一种人机交互系统，可以即时变更信息，并得到瞬时反馈。利用全球订房网络的统计功能，还可以随时对客人的入住进行积分奖励，进一步增加了酒店运用全球订房网络参与市场竞争的优势和魅力。

（三）中国网络预订渠道商与酒店合作中出现的问题

加入世界贸易组织以来，国际酒店集团和管理公司纷纷进入我国，酒店业面临着巨大的竞争压力。对内为客人提供优质满意的服务，对外为顾客提供丰富的信息咨询和方便的购买渠道，已成为酒店成功营销的关键。

1. 中国酒店网络营销发展的历程

目前，我国酒店业网络营销的发展已经经历了自建网站宣传预订、专业网络预订和借用网络平台直销的三个阶段，如表 6-1 所示。

表6-1　中国酒店业网络营销发展阶段

时间	方式	主要特点	应用效果
1996 年至 1999 年	自建网站宣传预订	投资自建网站，起到一定促销宣传作用 单体酒店易形成“信息孤岛效应” 顾客选择的酒店数量有限 酒店对网络技术利用不够专业，且投入成本加大	吸引的预订低于预期，同时为第三方专业预订网站提供了发展空间
1999 年 5 月至 2006 年	专业预订网站	利用网络作酒店网络预订的中间商 提供与酒店相关的旅行预订 酒店较多，形成“信息聚合效应”，方便顾客选择 成交后酒店为网站支付佣金，但佣金较高	发展迅速，已成为目前酒店网络营销的主流模式（以携程、艺龙为代表）
2006 年 12 月至今	借用平台，网络直销	为酒店和顾客提供直销平台，自己不参与具体预订 向酒店收取低廉的年费 吸引酒店加盟，建立合作关系 帮酒店建立营销系统和品牌	逐渐得到酒店和顾客认可，并对传统的网络预订构成威胁，将成为未来酒店网络营销的主流（以 SO-HOTEL 为代表）

2. 中国网络预订与酒店合作中存在的问题

随着自由化市场竞争，网络预订渠道商的专业服务能力进一步提升，渠道商队伍进一步壮大。2009 年中国网上旅行预订运营商收益额为 37.4 亿元，成规模的酒店渠道商有携程、艺龙、芒果、号码百事通、12580、快乐 e 行、同程、遨游、去哪儿等。网络预订渠道商实力的壮大推动了酒店的客房销售，但是，以酒店和机票佣金为主要盈利模式的渠道商也压缩着酒店的利润空间。因此，二者之间就出现了矛盾。

（1）渠道商“挟顾客”削弱酒店议价能力。在线旅游分销模式之所以能够获得市场认可，最为重要的是渠道商具有强大的旅行者会员资源，在一定程度上弥补了酒店自身分销力量的不足，协助酒店摆脱了区域化的营销困境。同时渠道商的出现，也推动了酒店行业的内部竞争，有助于酒店行业的整合，提升整个行业的服务水平。但目前由于酒店直销渠道建设的滞后，而渠道商因发展迅速而逐渐强势，酒店与渠道商之间“话语权”之争日趋激烈。

（2）酒店业成为渠道商预订平台“提款机”。凭借庞大的终端用户资源，渠道商在与酒店谈判时拥有较大的话语权，也能够获得较低的采购成本，但是酒店仍需向渠道商支付 8% ~ 15% 的佣金。此外，由于酒店缺乏对构建直销平台的关注度和相应的构建能力，造成部分酒店过分依赖网络渠道商来推动销售，使酒店供应商失去了“议价权”。国内一些酒店 10% ~ 30% 的客源都由携程、艺龙等旅游电子商务网站提供。如果渠道分销商要求提高佣金或进行活动赞助，成员酒店基本会无条件地接受。

（3）酒店为渠道商之间的“价格战”埋单。2010 年 3 月携程网高调推出“最低价赔付承诺”，被同行质疑是变相“剿杀令”，从而在行业内掀起一轮价格战。从艺龙直指携程的“比你贵、赔 3 倍”，到游易网直接返佣金的“自杀式袭击”，以及旅游垂直搜索引擎推出的各种招数“教你找到最低价酒店”等，由于自身直销平台缺失，渠道商之间的价格战最终由酒店供应商全部埋单，未来渠道商之间的竞争只会更趋激烈，酒店供应商“议价权”将进一步丧失，造成酒店与渠道商的矛盾激化。

二、酒店网络直销出现的必然性

2006 年 12 月，中国第一个互动式网上酒店直销平台——“SO-HOTEL 酒店直销网”在北京正式开通。SO-HOTEL 通过对行业的充分理解，以全新视角创造的酒店网络直销模式，掀起了酒店网络营销的“第二次革命”。为应对当前酒店网络直销模式的冲击，携程网也意欲和 EBAY 合作推出一家名为 Ebay Ctrip.com 的网站，进入目前存在巨大商机的酒店直销领域。

酒店网络直销，指酒店和顾客利用互联网“面对面”的交易，不需要代理商这一中间环节。本文所指的酒店网络直销是借用直销平台的预订模式，不同于早期酒店自建网站直销。酒店网络直销出现的内在必然性有以下几个方面。

市场空间巨大。随着国内经济的发展，自助游和商务游规模在迅速增长，此类游客对清洁、价廉、能提供基本服务的酒店需求也在迅速增长。但网络预订的酒店覆盖范围有限，使这些顾客的需求难以得到满足。而还没有加入网络预订的大多数单体酒店，也渴望借助网络直销模式来扩大销路。

经济型酒店追捧。近几年，经济型酒店发展迅速，它们定位于提供有限而优质的服务，其目的是从顾客需求出发，为顾客减少不必要的花费。经济型酒店通过酒店直销网，既可获得销售支持和培训，还能利用较低的年费获得直销平台的使用权。因此酒店网络直销也受到了经济型酒店的追捧。

顾客的互动参与。顾客参与到网络直销过程，与酒店互动交流，进行讨价还价，可满足其心理要求，对于团购客户，他们有更强的还价能力。同时，顾客能发表评论，进而引导其他顾客预订。交互性的预订可使顾客与酒店形成牢不可破的紧密关系，有利于酒店“点对点”营销。

网络的本质精神。免费和直销是互联网的两大优越性，也是它的本质精神。但是在酒店网络预订领域中，消费者既不能随心所欲地选择合适的酒店，也不能享受到个性化的服务；同时，酒店方面还要承担高额的佣金，这恰恰与互联网的免费精神相悖。而酒店网络直销的出现恰恰符合网络时代的本质精神。

参与国际竞争的要求。目前，我国的酒店业尚无实力参与国际竞争。面对竞争，其出路就是学习和借鉴国外经验，迅速壮大自我，尽快与国际接轨。虽然我国酒店业的网络营销已初见成效，但在信息传输、企业管理等方面还保持着传统的经营方式。因此，我们可利用技术创新，将网络直销模式作为酒店参与国际竞争的有效手段，为酒店业的发展创造更多的竞争优势。

三、网络直销与网络预订的比较分析

网络预订主要指以携程为代表的专业预订网站，因其市场份额最大，将酒店网络直销与之比较分析，可明晰酒店网络直销的优势和劣势，预测其发展前景，并提出相关建议。

（一）优势和劣势分析

酒店网络直销模式的优势主要集中在：首先，去掉中间环节，免除酒店高额佣金，减少游客额外花费；其次，顾客由于互动参与，可取得满意价位和个性服务，酒店也可及时更新信息并免费试用；再次，网络直销还可节省人力成本，而携程 70% 的业务是通过呼叫中心的几千名员工来运行；最后，酒店直销网还可利用广泛的覆盖范围，迎合游客多样化、个性化的需求，并且有助于酒店直接掌握顾客资料，便于以后营销工作的进行。

酒店网络直销的劣势则表现为：一方面，顾客对中小型酒店和直销平台缺乏信任；另一方面，酒店直销竞争激烈，但尚无行业领导者，难与传统预订网站抗衡。

（二）机会和威胁分析

酒店网络直销的机会主要有：首先，填补了网络预订酒店有限的覆盖面留下的市场空缺；其次，经济型酒店的发展为酒店网络直销提供了可靠的市场基础；最后，适应顾客方便快捷、信息丰富及个性化服务的基本需求。

酒店网络直销面临的威胁有：一方面，酒店对直销平台充分利用的能力欠佳；另一方面，酒店网络直销模式易被携程、艺龙等替代和同业竞争者模仿，而该模式持续的竞争优势尚未明确，有待进一步探索。

酒店网络直销虽然已对网络预订模式构成威胁，但短期内，网络预订有其完善的预订系统，强大的渠道、市场开拓能力，广泛的合作关系以及其他业务的辅助，酒店网络直销还不能完全取而代之。

网络预订和网络直销的 SWOT 分析对比如表 6–2 所示。酒店无论利用哪种形式的销售方式，都应结合自身资源优势，充分挖掘网络销售的潜力，并随时关注网络市场的发展趋势，顺应消费者需求的变化，才能在激烈的渠道建设竞争中获得良好的收益。

表6-2　网络预订和网络直销的对比

营销形式＼类别	网络预订	网络直销
S（优势）	完善的预订系统 强大的网络渠道 市场开发提高顾客忠诚度	消除中间环节，节省额外成本 顾客直接参与，获得满意预订 降低人力成本 酒店可及时更新产品信息并免费试用 覆盖范围广，满足不同顾客需求 掌握顾客资料，便于关系营销
W（劣势）	酒店预订佣金过高 覆盖范围有限，难以满足全面需求	顾客对中低档酒店和直销平台缺乏信任 酒店利用直销平台的技术欠佳 尚未形成规模，难与网络预订对抗
O（机会）	多领域合作提高知名度和品牌 向电子客票转型提高了机票预订业务	市场空间巨大 经济型酒店的推动 适应了顾客需求的变化
T（威胁）	客源市场被直销网站截流	可模仿性强，缺乏核心竞争优势 同行的竞争激烈

酒店网络直销现已成为旅游行业的一个亮点和趋势，它的顺利发展仍需要注意以下几个要点：第一，酒店直销网站应尽快树立自己的知名度和品牌，才能抵御模仿性带来的竞争威胁，同时确保对酒店的软约束，保证酒店对客服务质量。第二，另外与其他网站和酒店的联合行动，也有助于迅速进入市场。第三，酒店还可采用多种表现形式，并凭借自己的特色和优质服务来赢得顾客青睐和预订。第四，相关部门和行业协会的规范和管理必不可少。

虽然各方的网络预订系统发展迅猛，但是建立与完善酒店业自身的营销系统毕竟是酒店经营与发展的重要内容。相信酒店网络直销能在逐步探索中成熟完善，为我国酒店业发展提供丰富的理论依据和实践指导。

四、中国酒店分销渠道的发展趋势

（一）构建复合销售平台，变革酒店渠道模式

全球各大酒店集团在发展过程中，形成了以全球品牌宣传、全球预订网络、全球主流城市销售中心和各分支酒店销售力量为体系的销售系统。跨国酒店在自身直

销体系方面做得非常成熟，只有在边际效益无法继续提升的前提下，才会借力第三方分销渠道商，使渠道商成为酒店销售的一种有益补充，而不是完全依托。目前国内酒店业的发展更倾向于将自己变成纯粹的旅游服务供应商，将大部分销售业务交给渠道商来实现。

渠道商的存在在一定程度上推动了酒店业的发展，但不能成为完全的依赖，酒店也不能依靠渠道商分销解决所有的发展问题。构建复合渠道平台，是酒店渠道营销模式的变革方向。

（二）依托网络平台，建设自有销售渠道

网络营销作为一种新营销模式被越来越多的企业重视和采用。根据中国互联网络信息中心发布的《第 25 次中国互联网络发展状况统计报告》显示，2009 年网上旅游预订用户增长了 1324 万人，与 2008 年相比增幅达到 77.9%，达到 3024 万人。可见，旅行者已经养成了网络预订的消费习惯，这也需要酒店对此做出及时的营销反应。

酒店可以通过互联网进行企业形象宣传，让顾客以更清晰、全面、快捷的方式了解所需要的信息（设施设备、内部环境、特色服务和价格等）；同时酒店可以在第一时间了解客户需求和意见，形成互动，进而达到新、老客户直接在线预订的销售目标。当然，这还需要借助网络平台的支持：一是利用网络与系统平台（例如德比的 D-Hotelier、锦江德尔的 HUBS、罗盘的 HIMS 和网连天下的 Tinsia 平台等）建立预订与呼叫中心，并通过统一的网上营销中心调配联盟酒店的资源；二是依托于旅游目的地的营销系统平台，整合本地化的各种星级酒店和旅馆资源等，实现关联性营销。

目前，香格里拉酒店集团已经宣布新建中文预订网站，开始进行直销的尝试。2004 年，金陵饭店集团决定采取合作研发的模式，通过开发中央预订系统构建销售平台，之后围绕中央预订系统又建设了自己的电子商务网站，在网上开通了订房系统——客户可以直接从网上查到金陵饭店集团任何一家酒店的房间状态和实时房价。因此，只有依托网络系统平台，建立强大的自有销售渠道，才能加强酒店对客房销售的控制，也能够帮助酒店在与渠道商谈判过程中获得主动地位。

（三）多种渠道合作，平衡渠道议价能力

在线渠道商的消费者数据库庞大，而酒店依靠自身力量不可能辐射到如此广泛的客户群体；同时渠道商在实现自我利益的同时，借助其营销平台，推动了酒店品牌的提升，弥补了酒店品牌宣传不足的问题。因此，酒店没有必要，也不可能否认渠道商的分销功能。

其实，问题的焦点在于酒店如何去平衡渠道成员之间的力量对比，尤其是在在线渠道商控制甚至垄断了酒店客房销售的情况下，解决该问题就显得更为迫切。包括 7 天酒店、如家酒店、汉庭酒店、莫泰 168 和锦江之星在内的众多经济型连锁酒店一直都在降低对于携程的依赖，通过发行会员卡的方式自建渠道。锦江之星公开表示，未来会减少在携程和艺龙上的预订量，希望通过会员制的推行吸引更多客户通过锦江之星的网站或者呼叫中心订房。就连和携程关系最亲密的如家也表示，携程输送来的客人仅占其客人总量的 7%。7 天酒店的预订 60% 来自互联网，40% 来自短信、WAP 预订和呼叫中心等途径，相比于行业 10% ~ 15% 的中介预订，7 天只有 1% 来自中介。可见，对于酒店来讲，脱离在线预订渠道商的绝对控制转而搭建复合甚至独立销售渠道也并不一定是条死胡同。

（四）关系营销，注重顾客价值回馈

在线旅游渠道模式之所以受到旅行者的钟爱，主要还是在于这一平台能够为他们提供顾客价值——信息对称与优惠价格。如果在线渠道促成酒店与旅行者之间的第一次交易之后，不能产生重复消费，那么问题就出在酒店自身了。因此，无论通过什么样的渠道吸引顾客入住酒店，酒店都要面临如何获得、保持和维护顾客忠诚度的问题。可见，注重对顾客价值进行挖掘、创造和传递，吸引并留住顾客才是酒店真正需要解决的营销难题。

管理大师彼得·德鲁克说：顾客是唯一的利润中心，企业唯一的任务就是“创造”顾客。顾客忠诚是关系营销的核心和归宿。与交易营销相比，关系营销更关注的是如何提高顾客满意度，如何保持顾客，培育顾客忠诚。通过关系营销管理，可以很大程度上帮助酒店创造和传递顾客价值，进而提高入住率。

顾客不仅需要良好的性价比，更需要售前、售中和售后各个环节的综合体验。通过数据库挖掘，结合社会潮流或者热点事件，有针对性地开发个性化、趣味性的

酒店服务，培养忠实消费者，是酒店在关系营销过程中应该把握的方向。

直销与分销模式都是帮助酒店实现客房销售的有效途径，两者相辅相成，缺一不可。在网络预订渠道力量过于强势的情况之下，酒店只有构建复合型的销售平台，有效地平衡对各类渠道成员的依托程度，才能从根本上摆脱议价权被他人掌控的困境。

复习与思考

一、名词解释

酒店销售渠道　直接销售渠道　间接销售渠道　产品因素　酒店网络直销

二、填空题

1. 根据中间商是否参与产品的交换过程，可以将酒店的销售渠道分为两类：__________和__________。

2. 酒店直接销售渠道的方式有__________和__________。

3. 酒店选择销售渠道时需应考虑的因素有__________、__________、__________、__________。

4. 酒店应主要从__________、__________、__________三个方面对渠道方案进行综合评估，然后选择一个主要的渠道方案，同时确定其他若干个辅助性渠道方案。

5. 全球订房网络系统分为__________、__________、__________三类系统。

三、简答题

1. 酒店营销渠道的概念和作用是什么？

2. 酒店间接营销渠道的种类有哪些？

3. 直接营销渠道和间接营销渠道的优缺点有哪些？

4. 酒店的中间商具有哪些职能？

5. 酒店应如何搞好与旅行社的关系？

四、案例分析

如何平衡各个渠道战略为酒店增收？

随着越来越多的新酒店进入中国多级市场，建设中的酒店数量仍在持续增长；一线城市竞争日益激烈的同时，也波及了二、三线，甚至四、五线城市。中国的酒店业呈现出蓬勃发展、竞争激烈的势头。随着旅游业中网络和移动技术的发展，各大在线旅行社（OTA）巨头预订量迅速增长，很多线下价格被发布到线上销售。此外，手机作为新兴渠道的预订比例骤然增长，其增长速度及对整个酒店业的预订渠道方面的影响如同10年前互联网作为主要渠道的兴起。

在这样一个变化多端、竞争激烈的时代，越来越多的酒店经营者意识到，传统的利用经验、凭靠直觉的管理模式已经无法适用这样纷繁复杂的市场，于是他们加入到了“基于量化分析进行精细化管理”的队伍当中。同时他们也陷入沉思，如何通过渠道管理为酒店提高产量和平均房价以实现收益最大化，以及如何平衡直接渠道和间接渠道的相互关系、优化业务组合，成为他们迫切需要解决的问题。

“包价”“包房”这一销售模式在酒店业中悄然兴起，一些OTA直接从酒店批发购买客房，在保证一定产量的前提下，直接将其低价在网上出售，也就是所谓的“裸价”。这一做法在短时间内帮助酒店获得了一定的出租率，然而却大大牺牲了平均房价，有时由于价格过低而影响到“潜在机会收入”或者利润率，反而是得不偿失的做法。越来越多的酒店经营者迫于来自OTA巨头和竞争对手的压力，纷纷在无奈之下参与到这样的营销模式中，面对显著的价格下降和“蚕食现象”，他们表示出对OTA“让我欢喜让我忧”的爱恨交织的情绪。正如一位来自北京某国际品牌、身处CBD区域的五星级酒店市场销售总监所说，由于酒店过度依赖OTA，50%的业务来自这一渠道，因此上半年的平均房价的下降主要由于“预付”“代理”价格的兴起所致，而酒店对此现状“爱莫能助”。

由于OTA巨头们会继续使用该法抢夺市场份额，酒店方将持续损失房价，利润下跌；而客户层面，由于日渐降低的成本控制，入住体验也必然日益下降。为了摆脱这一“双失”的局面，酒店必须努力研究“破冰”的策略。

策略1：坚持价格一致性原则

要想摆脱对OTA过度依赖，首先酒店要痛下决心解决“价格倒挂”的问题。价格一致性是收益管理中的重要原则，可以确保酒店对其价格体系以及所有分销平台定价的有效管理。否则，酒店要管理分销价值链上的不同OTA所提供的五花八门的价格是极其困难的。

价格一致性还增加了消费者对产品和购买渠道（不论是直接还是间接渠道）的信心。如果消费者发现同一酒店在不同的渠道提供各种不同的价格，那么在购买产品时将会犹豫不决，甚至会中止购买流程。很多国内的消费者近年来发现OTA上的价格往往比直接渠道（例如预订部、前台、官网）的价格优惠，因此更习惯于去OTA搜索酒店。这一行为习惯体现了客户忠诚度在降低，在对众多对竞争对手酒店的浏览过程中失去原有的计划，造成机会的流失。

最后，价格一致性原则还能简化在系统中对价格代码的设置和控制，为精细化管理提供基础，同时帮助收益管理负责人从纷繁复杂的OTA价格中解脱出来，将精力投入在决策制定等更为重要的工作中。

策略2：对于包价的分析

近年来市场还出现了“包价”的营销模式，即OTA用批发的低价购入一定数量的酒店间夜数，并且一次性付款给酒店。很多酒店在短期内用此方式获得了一定的需求量，然而价格却受到了严重的拉低。对此，建议酒店对“蚕食”现象进行分析。在做完一个包价促销后，检查由此带来的客人是否有过往客史，之前使用的是什么价格，计算由此价差导致的“机会成本”。

策略3：利用OTA作为“公关渠道”

酒店应充分利用OTA这一资源，并且充分认识到OTA并非只是一个销售渠道，同时也是一个“公关渠道”。渠道的功能不仅仅是发布酒店名称和价格并且进行销售，渠道的功能还包括信息的发布、促销优惠推广、与客户进行交流互动、调整产品以便匹配客户的需求等。其中信息的发布对酒店渠道管理人员提出了一些挑战：如何将有限的空间充分利用，对酒店进行有效的包装、描述和推广，使其在竞争群中脱颖而出？

建议在酒店内容描述方面多下功夫，使其特色突出、主题鲜明，让浏览者看后在脑中留下深刻印象，在描述时避免过于空洞虚无的语言，比如“极其高端”“奢华非凡”等辞藻，用可视化的语言为客人描述一幅仿佛亲临酒店现场的“景观”。此外，信息量要尽可能准确、充分：例如酒店到各个景点、交通枢纽的距离，不仅提供公里数，还尽可能有交通方式，以及采用各种方式所需的时间。

另外，照片的提供也非常重要，建议酒店尽可能展示最优质、高分辨率、吸引人的实体照片，扬长避短，不宜放置投诉多的房型或者设施的照片。其实酒店在OTA的展示页面上最有影响力的这一部分完全可以由酒店自己掌控。照片的放置是相对来说比较简单直接的方式，并不需要通过费力的营销活动就能提高互动性。TripAdvisor是与旅行者互动的高手，近年来不断发展，深刻了解酒店应通过积极的互动为客户提供贴心的体验。经过对点击量最多的样本酒店进行深入分析，了解其背后原因，其中之一便是“照片”——促进用户与酒店页面互动的主要因素。调查显示，图片不仅能带来更多旅行者的互动，还能带来更多潜在的预订机会。酒店展示页面的图片数量越多，互动性越强：至少 1 张图片——互动性增长 138%；超过 100 张图片——互动性增长 151%。互动性的增长会使预订酒店的可能性提高：至少 1 张图片——预订咨询的可能性提高 225%；超过 100 张图片——预订咨询的可能性提高 238%。

策略 4：更好地展示房型和房价

酒店还应该研究一下如何放置价格和房型。过多的房型房价会让消费者在购买时感到困惑，失去耐心。酒店应考虑到淡旺季的影响，调整放置的房价顺序和房型顺序。例如在展会期间、高出租率的日期，酒店应适当放置高端房型和高房价，基础房型可以考虑位置下调甚至关闭，折扣促销价在此期间或在房型上有所限制，或者直接关闭。而在低出租率期间，酒店可以考虑以从低往高的形式报价，基础房型的折扣促销价放在较为靠前的位置。

策略 5：利用 OTA 点评资源增收

赛仕软件国际酒店和旅游常务董事、美国康奈尔大学收益管理领域博士凯利女士在她近期参与撰写发表的论文“Pricing in a Social World: The Influence of Non-price Information on Hotel Choices.”（在社交的世界中关于非价格信息对选择酒店的影响）中指出：在过去，酒店更多的是关注向市场投放一个适当的价格，然后观察是否有理想的预订和产量。然而，现在有很多和价格无关的、由消费者创造出来的信息在左右着他们的最终预订选择。消费者固然关心价格，然而由客人自身创建的对酒店的点评对浏览者的最终预订与否产生了至关重要的影响！通过“选择模型”的量化分析和深度研究，结果表明：点评本身比价格对消费者预订行为产生了更重要的影响，点评内容比打分重要，品牌的影响是次要的。

由此给酒店经营者的启示为：未来可以不再将关注重心放在 OTA 的价格战上，而是利用 OTA 的点评资源激励浏览者对酒店进行预订。鼓励拥有良好入住体验的客人积极点评，并且对所有点评进行相应的回复。在定价方面，也可以参考点评水平在竞争群中的位置做相应调整，挖掘提价空间，同时当负面点评内容增多和分数下降时积极推动运营部门提高服务质量，完善客人的入住体验。

此外，酒店需要尤其关注对差评的回复，好评的回复非常简单，只需表示感激后再次突出强调优点，而差评的回复往往更具有艺术性。对于差评的产生，已经无法挽回，全部评论都在公众眼前暴露无遗，因此管理层的回复才更为关键。回复中除要有诚恳的歉意外，还要有合理的解释和提供解决个别用户体验问题的方案，这样才能为潜在客户展示出酒店积极应对问题的态度、与客户进行互动的形象以及诚恳接受批评并积极改正的行动。TripAdvisor 在近期的调研报告中指出“旅行者互动性也会随管理层的回复而提升，至少回复了一条点评的酒店的互动性比没有回复的高 17%，至少回复 13% 的点评的酒店的旅行者互动性比没有任何回复的高 21%”。此外，管理人员回复点评数越多，平均评分等级就越高。两者关系如下所示：

0% 的回复率 =3.81 平均评分

5% ～ 40% 的回复率 =4.04 平均评分

40% ～ 65% 的回复率 =4.05 平均评分

65% 以上的回复率 =4.15 平均评分

发展新渠道：手机端

这一趋势必将带动市场上产生崭新的、独特的、区别于以往网络预订的行为模式，这对酒店经营者如何捕捉这类新的行为模式并且调整营销策略提出了挑战。如今当天预订已经从过去的 9% 提高到了 23%。消费者能更方便快捷地在到达目的前最后一刻使用手机端 4G 网络进行预订，他们对“最后一刻促销价”或者“周边价”之类手机端独享的优惠价格更加感兴趣。而对酒店经营者而言，这样的预订行为更难预测、分析和控制。因此酒店应该基于对其自身在不同渠道上的预订提前时间来制定相应的策略，有意识地根据淡旺季、预测水平、市场情况投放相应的促销。

由于现在新技术的完善，用户通过手机预订时的预期、需求变化多端，酒店方可以充分利用这一特点进行有针对性的附加服务的销售。比如，度假村酒店可以轻而易举地在客房预订完成时附加餐饮、景区门票的销售；商务型酒店可以添加方便商务客人出行的洗衣、早餐、接机、会议室等附加服务的预订。为了在手机平台这一新渠道取得竞争优势，提高预订转化率，酒店经营者需要积极参与这一平台的搭建，提供更为灵活、多样、可靠、及时的服务，从而给客户提供良好的预订体验。

发展直接渠道：官网

近年来，无论是国际品牌还是本土品牌的酒店经营者都越来越认识到直接渠道的重要性，并且将更多的精力和资本投资到建立和发展直接渠道上，这是一个好的现象。然而建立自有品牌网站、预订终端或者中央预订系统都需花费一定的时间和大量的人力物力。

这里对大家提出一个思考：我们为什么要做渠道管理？为什么要在 OTA、GDS、旅行社等间接渠道销售有限的客房而非只在直接渠道销售？举个例子，我们可以把酒店生动地想象成一只章鱼，而渠道就是每一条为章鱼能填饱肚子生存而觅食的触手。每一条不同的触手能触及其他触手触及不到的食物，就如同每一个渠道能触及其他渠道无法触及的客源。目前酒店业的现状大多为大家过分依赖第三方，没有很好地下功夫去建立最为重要的直接渠道，也就是没有将这条“触手”锻炼得更强壮、更有力。还有些酒店，过度依赖某一个预订渠道，没有深度挖掘该渠道外的市场和客源，因此导致客源单一，在该市场受到冲击时酒店会陷入无力回天的尴尬境地。

而建立官网的过程，也需要酒店关注搜索引擎优化（以下简称“SEO”）、精准营销和关键字购买的应用。所谓搜索引擎优化，就是为网站提供生态式的自我营销解决方案，是为了要让网站更容易被搜索引擎接受。该优化分内部和外部两种，内部优化包括酒店自身在网页 HTML 书写时对其 META 标签优化，例如网页名称“title ”、关键字“key word”、内容描述“description”的优化。同时对网站设计内部链接进行优化，例如各个导航链接。此外还有内容的更新和准确性，确保酒店的描述完整并具有吸引力，照片清晰度高且具有美感，各类内容都是实时更新而非过期作废的。

日益流行的“精准营销”将会在未来酒店业中扮演越来越重要的角色，酒店应在深入分析消费者行为、需求、心理、信息来源和购买倾向之后集中精力、人力和财力对目标客户进行精准突击。携程网作为 OTA 的巨头已经在精准营销方面颇有心得，利用网页获取消费者购买行为的信息后进行分类和分析，从而对潜在目前客户进行精准营销。举个例子，比如一位用户在携程登录后浏览去香港的暑期机票，而并未进行任何预订，携程网会在这位客户再次登录后主动跳出“暑期香港机票促销”的信息，并将此类相关信息作为每周推介发送到该名客户的邮箱当中。目前，酒店通过自身网站收集客户预订行为信息并对其分析、深度挖掘潜在客户并对其进行精准营销的水平还比较低，上升空间较大。

发展直接渠道：预订部

最后，预订部作为酒店的直接渠道和服务部门也扮演了举足轻重的角色。很多酒店存在对预订部工作内容和职责界定的误区，简单地认为预订部就是接线员，接受客房预订是其唯一工作内容，因此划分在前厅部下面。实际工作中，预订部的角色不只是接线员这般单纯：一个好的预订部员工应该扮演销售人员的角色。其工作职责是“主动而高效地销售酒店的产品”，这里说的“产品”，也不仅仅局限在客房，应该包罗万象地涵盖所有酒店可销售的产品，例如餐饮、宴会、水疗、健身房等。

如何打造一个高效有力的预订部团队，所需的培训非常重要。首先，需要员工对酒店的各类产品熟稔于心：如何准确地描述酒店的位置、到达的交通方式、酒店的品牌描述、客房设施、餐饮、会议场所、各类房价和所含服务，等等；其次，需要员工整理出一套完整的“预订脚本”，对预订流程中的重要环节反复进行练习，对于客人经常提出的问题能准确完美地提供答案；第三，需要在预订环节和客人进行一定的“情感互动”，我们称之为服务中的“emotion bonding”（情感纽带），询问客人的称呼方式，并且使用该方式称呼客人，询问客人来访目的、客史记录、会员信息等，并且尽可能地利用这些客人提供的宝贵信息进行情感上的互动，为其提供适合他们的产品和服务介绍；第四，在销售环节突出酒店产品和服务的价值，而非一味强调价格，一味引导客人折扣力度，让“物有所值”和“打造非凡入住体验”成为重心；第五，积极地高卖，酒店需要制定合理的高卖奖励政策来鼓励员工，并且提供相应的培训来提高员工的销售技巧；第六，系统功能的提升：利用系统查询价格而非手工报表或者人脑记忆，这样能提高准确性，同时缩短查询时间，提高客人的预订感受。此外，利用系统记录重要的客人信息，比如偏好、客史甚至过往投诉，从而为客人提供殷勤周到的服务和完美的入住体验。

渠道管理是酒店管理中一个不老的话题。随着市场的变迁，消费者的心理、行为、需求、预期等都是瞬息万变的，这对酒店经营者提出了前所未有的挑战。如何平衡好直接渠道和间接渠道的关系，深度挖掘各个渠道的潜力，利用渠道管理来提高出租率、平均房价从而实现收益最大化，以及提高客人最终的入住体验，是未来酒店经营者继续思考和探索的永恒话题。

——资料来源：www.360doc.com/content/14/1016/15/15613410_417429546.shtml

根据以上案例，回答如下问题：

1. 请各小组分别通过携程网和某一五星级酒店的官网或手机 App 来预订酒店客房，并进行比较。

2. 找出三家五星级酒店的官网，对其官网内容进行分析，讨论其优缺点。

推荐阅读

1. 酒店网络直销之路；http://www.canyin168.com/glyy/yxch/ppyx/201201/38063.html.
2. 微博带给酒店业的好处；http://www.canyin168.com/glyy/yxch/ppyx/201201/37952.html.
3. 经济型酒店差异化营销；http://www.canyin168.com/glyy/yxch/ppyx/201202/39399.html.
4. 企业营销渠道中间商的选择；http://info.ceo.hc360.com/2012/08/140834209143.shtml.
5. 顾客驱动的渠道变革；http://info.ceo.hc360.com/2012/01/130838193718.shtml.

综合实训练习

1. 由教师划分实践小组，选择当地一家知名酒店，实地了解该酒店的营销渠道策略，并对其进行分析，写出分析报告。

2. 选择当地的知名酒店，了解其网络预订与网络直销的实际情况，与所学知识相结合，对网络预订与网络直销两种方式进行比较分析，并形成书面总结报告。

3. 请各小组对携程、飞猪网和 Booking.com 进行对比分析。

第七章 酒店促销策略

随着酒店业竞争的日益激烈，降价、打折等促销方式已经打动不了顾客的心，反而会降低酒店在顾客心目中的地位。如何更有效地为酒店促销，已经引起了酒店业从业者的重视和关注。通过本章的学习，可以使读者掌握基本的酒店促销策略和常用促销方法，如广告、人员推销、公共关系、销售促进等，学会策划和组织简单的酒店促销活动。

本章重点阐述了酒店促销的概念与功能、酒店常用的促销策略，同时对人员推销的方式、特点、过程及技巧进行了详细介绍，并对酒店广告的概念及常用的广告策略、酒店公共关系活动进行了详尽的诠释。

学习目标

知识目标

1. 理解酒店促销的概念。
2. 熟悉人员推销、销售促进、广告及公关的概念及作用。
3. 掌握各种促销手段的优缺点。

能力目标

1. 理解酒店促销的作用及重要性。
2. 掌握人员推销的技巧、销售促进的方法、广告策略以及公共关系策划。
3. 能够综合应用各种促销手段。

案　例

洲际酒店集团优悦会大中华区会员超百万

上海，2008 年 4 月 18 日，世界领先的酒店忠诚客人奖励计划——优悦会（Priority Club Rewards）本月在大中华区的会员数突破 100 万大关。洲际酒店集团创立的优悦会是世界最大的酒店忠诚客户计划，在全球拥有超过 3700 万会员，并且被 2007 中国酒店星光奖评为“最佳酒店忠诚客户计划”。

在大中华区，平均每月有 2 万新会员加入优悦会。“优悦会在大中华区的快速发展完全超乎我们的想象，令人振奋。这也意味着中国消费者越来越喜爱洲际酒店集团以及我们旗下的洲际酒店及度假村、皇冠假日酒店及度假村、假日酒店及度假村以及快捷假日酒店等品牌。洲际酒店集团在大中华区的持续发展，使我们的客人更容易获得积分，并享受更多的会员优惠。”洲际酒店集团亚太区市场销售高级副总裁罗凯睿如是说。

目前，洲际酒店集团在大中华区已开业酒店达 84 家，在建酒店更是超过 100 家。洲际酒店集团 2007 年在亚太区新签约酒店近 100 家，其中，每 10 家中就有 7 家是在大中华区。由于旅游业的兴盛以及地区之间经济联系日益密切，在中国经常旅行的人越来越多。覆盖全球的优悦会项目以其灵活性、便利性以及种类繁多的会员特惠赢得了中国客户的青睐。

洲际酒店集团的优悦会是全球首个推出、规模最大、发展最快的酒店业忠诚客户奖励计划。该计划曾在第十八届年度弗莱迪奖（Freddie Awards）中获得“年度最佳酒店忠诚客户项目奖”；在《全球旅行者》（Global Traveler）杂志的评选中当选“最佳酒店回馈项目”。优悦会奖励计划广受欢迎，使用便捷。该计划的灵活性不仅在于奖励的住宿无截止日期以及积分永不过期，相比其他任何酒店忠诚客户项目，优悦会提供了更多的积分兑换方式，包括通过行业领先的“任何酒店，任何地点”的奖励计划在全球 50 万家酒店进行积分兑换甚至是在竞争对手的酒店。会员不仅能以积分兑换酒店住宿，还可以兑换 40 多家航空公司合作伙伴的飞行里程、汽车租金、礼券，以及《积分兑换回馈目录》中成千上万种商品。优悦会奖励计划为会员提供独一无二的“个人购物”项目，使会员还可以兑换《积分兑换回馈目录》之外的商品。

——资料来源：http：//www.prnasia.com/story/9816-1.shtml.

案例分析

酒店促销策略对酒店经营的意义何在?

第一节　酒店促销概述

企业在开展市场营销工作时，不仅需要高效快捷的营销渠道、合理的产品定价以及高质量的旅游产品，同时还需要符合酒店企业自身特点的有效促销策略。

一、酒店促销的概念与功能

（一）酒店促销的概念

酒店促销是指酒店通过各种营销宣传手段，与市场进行信息沟通，赢得饭店顾客的注意、了解和购买兴趣，树立酒店企业及其产品的良好形象，从而促进酒店产品的销售。从本质上来讲，酒店促销实际上就是酒店与顾客之间信息沟通的过程。

酒店促销策略是酒店营销策略组合中重要的组成部分，其目的在于扩大酒店在公众和目标市场中的声誉和影响，促进酒店产品销售。酒店促销的手段主要包括人员推销、销售促进、广告和公共关系四种常用手段，有效的酒店促销策略就是这四种手段的多元化整合。

（二）酒店促销的功能

酒店促销的功能主要体现在以下方面：第一，传播信息。通过酒店促销活动使顾客了解酒店产品与服务的有关信息。第二，刺激需求。通过促销活动加深顾客对相关酒店产品的认识，唤起旅游者的消费意识，通过劝说和提示消费者购买有关旅游产品，扩大产品销售。第三，强化竞争优势。酒店促销通过对同类酒店产品某些差别信息的强化传播，使顾客意识到该产品的特殊效用和优势。第四，树立良好的形象。在扩大产品销量的同时，树立酒店和产品在公众心目中的良好形象，从而为酒店的长远发展创造有利条件。

二、酒店的促销策略

酒店的促销策略有很多，结合酒店产品的特点可以分为两类：一类是将产品向市场推广，通过各种手段将产品信息送到消费者面前，即所谓“推”的策略；二是吸引消费者的注意力，引起对产品的关注，从而产生预订愿望，即“拉”的策略。

（一）“推”的策略

“推”的策略强调产品沿着分销渠道垂直地向下推销，即以中间商为主要促销对象，再由中间商转售给最终顾客。

1. 常见形式

包括派出酒店推销人员登门推销产品；设立酒店销售门市部；服务性酒店促销；举办酒店产品推介会等。

2. 适用条件

结合酒店促销工作的特点，当酒店产品及其相关因素满足如表 7-1 所示的条件时，酒店需采取“推”的策略。

表7-1　酒店促销策略的适用条件

从酒店本身看	有很强的酒店产品销售队伍和销售能力，且管理水平较高
从酒店产品看	一般是单位价值比较高的酒店产品，根据顾客需求特点设计制造的酒店产品以及某些当地生产当地销售的饭店产品
从酒店渠道看	酒店产品一般经过直接渠道或短渠道
从酒店市场看	酒店产品的市场比较集中
从酒店公关看	酒店与目标市场顾客之间的关系亟待解决

（二）“拉”的策略

“拉”的策略是酒店花费大量的金钱做广告对最终顾客推销，使顾客对酒店产品产生需求，从而向旅行社、会议组织机构要求预订客房和餐饮。

1. 常见形式

包括酒店价格促销；酒店广告促销；组织酒店产品展销会；通过试销方式促进销售；酒店公关活动等。

2. 适用条件

（1）酒店的销售人员、酒店销售经验不足时。

（2）酒店的市场范围大。

（3）酒店产品必须以最快的速度告知广大的用户和消费者。

（4）酒店产品已经在市场上有了一定的销路，且酒店市场需求呈现日益增长的趋势。

（5）酒店产品的差异性明显，并富有特色。

（6）酒店产品能够激发消费者的感情购买动机，经过宣传酒店形象，顾客会迅速采取购买行动。

第二节 充分发挥人员推销的魅力

一、人员推销的概念及优缺点

（一）人员推销的概念

人员推销又称派员推销，是企业通过派出推销人员或委托推销人员亲自向顾客介绍、推广、宣传产品，以促进产品的销售。人员推销的形式可以是面对面交谈，也可以通过电话、信函交流。推销人员的任务除了完成一定的销售量以外，还必须及时发现顾客的需求，开拓新的市场，并创造新需求。

（二）人员推销的优缺点

1. 人员推销的优点

（1）人员推销具有很大的灵活性。在推销过程中，买卖双方当面洽谈，易于形成一种直接而友好的相互关系。通过交谈和观察，推销员可以掌握顾客的购买动机，有针对性地从某个侧面介绍商品特点和功能，抓住有利时机促成交易；可以根据顾客的态度和特点，采取必要的协调行动，满足顾客需要；还可以及时发现问题，进行解释，解除顾客疑虑，使之产生信任感。

（2）人员推销具有选择性和针对性。在每次推销之前，可以选择具有较大购买可能的顾客进行推销，并有针对性地对未来顾客作一番研究，拟定具体的推销方案、策略、技巧等，以提高推销成功率。

（3）人员推销具有完整性。推销员的工作从寻找顾客开始，到接触、洽谈，最后达成交易。除此以外，推销员还可以担负其他营销任务，如了解顾客使用后的反映等，是一个完整的销售流程。

（4）人员推销具有公共关系的作用。一个有经验的推销员为了达到促进销售的目的，可以使买卖双方从单纯的买卖关系发展到建立深厚的友谊，彼此信任，彼此谅解。这种感情增进有助于推销工作的开展，实际上起到了公共关系的作用。

2. 人员推销的缺点

（1）单位接触的高成本。人员推销与其他几种促销手段相比，它每次接触的成本比较高。尽管这种促销方式对于顾客购买的推动力比较大，但是涉及大量的附加支出，导致单位接触成本比较昂贵。

（2）推销效果有限。人员推销需要面对面地与顾客进行沟通，但是一些潜在的消费者在面对这种沟通方式时往往会产生抵触情绪，拒绝接受。同时由于地理位置和时间安排上的原因，推销员也不可能接触到所有的潜在顾客。

二、人员推销的方式

派员推销。派员推销是指酒店推销员在确定了拜访对象、了解了顾客的基本情况和可能产生的需求之后，携带酒店产品的介绍、宣传册等走访顾客，并与之当面洽谈，回答顾客的各种问题，处理异议和抱怨，最后在双方都能接受的条件下达成交易。这种方式需要推销员主动出击，因此要求推销员不仅要有较强的积极性，同时还要想方设法消除顾客可能存在的疑虑，与顾客建立良好的人际关系。

营业推销。营业推销是指酒店推销员在顾客消费旅游产品、进店参观或洽谈业务时进行的推销。一方面，顾客的消费过程就是酒店从业人员的推销过程，因此需要树立全员营销的观念。另一方面，顾客来酒店参观或者洽谈业务时，往往是准备购买该酒店的产品和服务的，如果推销员能够做好接待工作，可以较少的费用做成一大笔生意。因此，推销员必须以热情、友好的态度欢迎这部分潜在顾客，满足他们的各种合理要求，不失时机地向他们推销本企业的产品和服务，设法使其产生购买行为。这种推销方式因推销员面对外来顾客进行的推销，顾客有急切获得有关酒店产品和服务的愿望，防御心理较弱，所以推销工作较易成功。

电话推销。电话推销是指推销员通过打电话的方式对顾客进行推销或者推销员接到顾客的咨询电话时进行的推销。推销员的声音和语言对电话推销的效果影响显著，所以在对话过程中应注意清晰、简洁。尤其是接到咨询电话时更应该慎重对待，在详细回答顾客提出的问题的时候，适时地推销本酒店的产品和服务。电话推销与其他推销方式相比所需要的时间少、费用低，因此推销员要充分利用电话进行推销。

会议推销。会议推销是指旅游企业或旅游目的地常常会组织和参加各种旅游交易会、旅游展览会、旅游洽谈会或新品发布会等会议，向与会者介绍和宣传本企业为顾客提供的主要产品和服务。这些会议的参加人员都有可能成为本酒店的潜在顾客，通过这种方式进行推销接触的目标顾客较多，且省时省力，不但有机会吸引更多的顾客，而且有利于扩大企业的影响力。

课堂思考

酒店在举办节假日活动时，常用的推销方式有哪些？

三、酒店人员推销的过程及技巧

（一）推销前的准备

酒店推销员在拜访客户或洽谈业务之前，一定要准备好酒店的简介，如宣传小册子、价目表、酒店设施设备和服务项目图文并茂的介绍、预订单、明信片、销售记录卡、名片及有关酒店产品和服务的各种资料。

重点客户或大客户访问要拟订销售访问计划，要明确访问的目的，访问前要锁定访问的对象及要达到什么目标，拟好要点，按顺序排列，依次执行。例如访问的目的，或是为了获得订单，或是为了达成某个协议，希望被访者租用酒店的宴会厅、会议室，或是想通过被访者介绍新的客户。

推销员不可能拜访所有的潜在客人，只能通过筛选，排列出顺序，根据具体情况做好准备，明确对方的需求，知己知彼，提高访问的成功率。对客户的筛选要根据酒店销售目标确定，如果商务客人或散客减少，则要加强与旅行社或中间商的联系，争取旅游团队的客源。淡季散客少时，可以多接待一些团体或会议客人。

（二）拜访客户

确定拜访客户的时间、方法、做好谈话提纲，确定销售的方式。拜访过程如下：首先，问好。对老客户问好后顺便提及以前交往的印象如何，有何建议；对新客户，先自我介绍和报名，态度热情诚恳大方，彬彬有礼，递上名片。然后，礼貌和技巧性地客套问话："打扰您了。"或"没打扰您吧？""能占用您几分钟时间吗？"让对方有所准备，不致反感，或回避访问。最后，开门见山，说明来意。对老客户，首先感谢上次预订或客人的支持，顺便递上酒店新产品或服务的介绍资料，征求改进意见；对新客户，应送上酒店详细的介绍资料，要察言观色，揣摸对方心理，赢得对方的好感，引起对方的兴趣，介绍酒店产品和服务，包括优惠及折扣，争取客人对预订的明确答复，随之抓紧时间签约，向客人道谢。推销员在洽谈时不可操之过急，不能让对方产生一种你来推销的印象。特别是针对潜在的客户，必要时可以聊聊双方关心的问题或感兴趣的话题，密切双方的关系，拉近距离。

推销员在销售时说话不能迟疑不决，或是吞吞吐吐，否则会影响到对方对你的信任度。销售时不要采取强迫的推销方式，潜在的客人愿意自己购买，而不是被动地购买。要用循循善诱的方式，比较容易为客人所接受。

客人对酒店产品或服务有抱怨、投诉时，要虚心接受，表示歉意，并表示下次一定让客人满意。不要辩解，不要解释，即使你没有错，或错在客人。处理得当就缓解了矛盾，平息了对方的怨气，争取了再次预订的机会。

（三）拜访后的工作

拜访活动结束后，立即填好记录卡，对预订的情况立刻向有关部门如前台部、客房部、餐饮部、宴会部等通报，做好接待安排计划，对贵宾要填贵宾卡，拟订接待规格。对客人的多种要求，要尽量满足。对客人的投诉，要记录在案，并尽快处理，将书面材料送达相关部门或领导。

（四）销售技巧

推销员要明白一个观点：我们不是在向客人销售房间或餐厅，而是在向客人提供舒适、享受、豪华，在向客人提供一段愉快的经历。对于不同价格的客房应强调其不同的设施和服务。报价时可以采用先报基本房价，再加服务费、税额，不要只报总价格，给人以显得不合理或价格太高的感觉；也可采用“三明治”报价法，即每项服务逐一报价，而不是先报总价。

对于不同的客房要说明其优点和缺点，不要掩盖缺点，更不要欺骗客人。但缺点要一带而过，详细地说明其优点和特点，例如，套房要强调豪华舒适，便于社交或商务活动，有气派；靠近走道或电梯的客房强调进出方便；无窗的客房强调其清静和安全等。

推销附加服务。客人白天入住时，推销员可以向其介绍康乐中心的服务项目、美容厅、桑拿浴及餐饮服务；客人夜间入住时，推销员可以介绍房间送餐服务、娱乐服务项目、餐饮特色项目等。

争取每一个客人。要尽量向客人提供信息，便于客人选择。详细介绍酒店的产品和服务，陪同客人参观房间、营业场所和各种服务设施，让客人身临其境，深刻地感受，才便于选择。对性格内向、不善言辞的客人要耐心介绍，实事求是地提供信息，帮助对方决策；对于有主见的客人，介绍完毕后让他自己考虑并作决定。

向客人销售时，要察言观色，要看销售对象，根据客人的需求来介绍。生动地描述酒店产品的优点，以及能够给予客人的方便和利益，还有附加的心理方面的满足感，会取得较好的效果。

在销售中，要避免讲“我不知道，让我查一查”，那样会让客人感到你业务不熟。要尽快记住客人的名字，称呼其名字，使其感到亲切。

四、人员推销过程中应注意的问题

人员推销是指推销员通过面对面的洽谈业务，向客户提供信息，劝说客户购买本企业产品和服务的过程，由于人员推销有面对面交往、可培养关系和便于直接成交的优点，所以人员推销成为会议促销中最常用的一种手段。通常酒店在收到某公司或集团要举行会议的信息之后就会派推销员前往拜访会议组织者。

在人员推销过程中，推销员应注意以下几点：

善于察言观色。推销员在推销的过程中要细心观察客户的表情和反应，对客户不感兴趣的话题要及时转移，做到适可而止，不可太过强烈地表达出急于成交的心态。

充分展示酒店信息。在与客户面谈时应准备好酒店的各种宣传资料、照片、幻灯片甚至电视宣传片，抓住时机向客户展示，以弥补在酒店以外区域有形证据展示不足的缺陷。

强调酒店在举行会议方面的经验。不失时机地向客户介绍酒店曾举行过的有典型意义的会议，向客户展示举行这些会议的照片和到会的重要人物如领导、名人等，都可强化客户对酒店成功举办会议的信心。

抓住时机提出成交。人员推销的前期所有工作都是为了达成最后的一个目的——成交。若没有达成交易，至少当次促销是失败了（当然，应考虑到已建立起来的关系是以后人员推销的基础）。关于这方面的技巧企业应加强对推销员的培训，使他们善于根据洽谈对象的言行和问题来判断结束推销的机会。此外，人员推销中客户通常会在最后成交前前往酒店参观，酒店应认真对待此环节的各项工作，通知各相关部门认真对待，圆满完成接待任务。

连续促销。在与客户签订合同之后，酒店除认真履行合同的条款之外，还应该继续保持与客户的联系。一方面解决客户提出的新问题，另一方面与客户建立起非业务关系以外的关系，为酒店的关系营销奠定基础。

第三节　选择恰当的广告媒体

一、酒店广告的概念及特点

酒店广告是指酒店通过各种大众传播媒介，如电视、广播、报纸、杂志等，以支付费用的方式向目标市场传递有关酒店信息，展示酒店的产品和服务。广告是饭店促销组合中重要的手段之一，它的作用是长期的，有时甚至是潜移默化的。与其他促销方式相比，广告具有以下鲜明的特点：

覆盖面广。广告能在促销人员无法接触到顾客的时间和地点，深入生活的各个方面去面向顾客；通过不同的广告媒体，可以将酒店产品或服务的信息传递给广大目标受众。

高度公开性。广告是一种高度公开的信息沟通方式，这种公开性能够冲淡顾客在购买时对产品的可信度所产生的疑虑。

属于间接传播方式。广告这种方式利用了各种不同的中间媒介传播酒店产品的各种信息，广告主和目标受众并不直接见面，所以属于间接的信息传递方式。

较强的表现力和吸引力。广告充分运用了声音、色彩、影像等生动的艺术手法，这些方面的优势使它具有较强的表现力和吸引力，能在视觉和听觉上给目标受众带来强烈的冲击。

广告效果的滞后性。广告的效果并不是立竿见影的，它往往需要一个比较长的积累才能将效果充分发挥出来。从一定意义上讲，广告不具备即时性的特点。

二、酒店广告的意义

在酒店产品日益标准化的今天，相似性作为标准化的衍生物，已经使其个性几乎消失。如何凸现酒店的特色，如何使消费者选择适合自己的酒店，如何使酒店与消费者在“第一次亲密接触”之前能够有良好的沟通，从而使酒店的需求曲线上移，就是酒店广告所要完成的任务。

（一）广告对消费者的意义

广告是帮助消费者获得信息，减少风险的有效途径。由于接受服务的感受滞后于认知，消费者的购买行为充满了对产品功能和心理上、经济上的风险。避免风险的途径有三种，分别是：降低对产品或服务的要求；经常购买同类产品或服务；获得广泛的信息。三种途径中，只有第三种是不以牺牲消费者的利益为代价。因此，广告中关于酒店及其产品、服务和品牌的信息有助于消费者作最优的选择和决策。

广告是消费者学习消费经验的途径。经验无疑是消费者最好的决策因素。经验曲线告诉我们：单位产品的价格随消费数量的增加而减少。即经验的获得可以提高产品的性能价格比。但是经验的积累却需要付出巨大的时间和精力，甚至以不愉快的记忆为代价。对事先没有经验可借鉴的消费者而言，广告可以提供给他们经验而获得帮助。

（二）广告对酒店的意义

酒店广告是通过购买某种传播媒介的时间、空间或版面来向目标消费者或公众进行宣传或促销的一种手段。酒店广告对酒店的意义体现在以下方面：为酒店或酒店集团及产品树立形象，刺激潜在的消费者产生购买动机和行为。在影响购买决策方面，消费者的知觉具有十分强大的威力。但是人们的知觉并不一定基于真实。广告则是企业校正和引导消费者知觉的一项有力工具。

三、制定酒店广告策略的方法

（一）确定目标市场

目标市场是最有希望的消费者组合群体。目标市场的明确既可以避免影响力的浪费，也可以使广告有其针对性。没有目标市场的广告无异于“盲人骑瞎马”。

酒店的目标市场应具备以下特点：既是对酒店产品有兴趣、有支付能力的消费者，也是酒店能力所及的消费者群。例如，英国汤姆森组织的“阳光饭店和公寓”

产品的目标是满足中档市场的需求，它的顾客是那些较为传统的、想到海外度假的家庭或夫妇，而不是前卫的、寻求冒险的度假者，也不是对度假价格不敏感的社会高阶层。因而后两者都不是它的目标市场。

酒店应该尽可能明确地确定目标市场，对目标顾客做详尽的分析，才能更好地利用这些信息所代表的机会，以便使顾客更加满意，最终增加销售额。常见的细分服务市场有：商务细分市场、享乐细分市场、人口统计细分市场、消费者细分市场、社会阶层细分市场等。

（二）树立具有竞争力的市场定位

一个酒店应该确定：以什么样的方式，为什么人，提供什么样的服务。只有这样，它才具有竞争优势，才有可能被人记住。在众多的酒店广告千篇一律的情况下，与众不同的市场定位使得宣传酒店特色的广告更有必要。

（三）科学制订广告方案

1. 明确广告目标

广告目标是指在一个特定时期内，对于某个特定的目标受众所要完成的特定传播任务和所要达到的沟通程度。广告目标可分为通知、说服和提醒。

（1）通知型广告主要用于产品的开拓阶段，其目的在于引导初级需求，如开业广告；也可以用来产生即时反响，例如通知市场有关酒店新增添产品和服务的信息、价格的变化；还可以纠正消费者错误的印象；树立酒店的企业形象；缩短消费者和酒店之间的距离等。通知型广告以短期效应为目标，多用于促销。

（2）说服型广告在竞争阶段十分重要。目的是向一个特定的细分市场宣传酒店的优势或某一项产品，以中期效应为目标。这类广告既可以为酒店塑造形象或突出格调，也可以用来对整修过的酒店进行重新定位。它通过表现酒店的特色和优势，说明能比竞争对手提供更多物有所值的产品与服务。

（3）提醒型广告在产品的成熟期十分重要，目的是保持顾客对该产品的记忆。从而使消费者在需要的时候，关于这个酒店的信息便能在脑海中出现；或者，即使在淡季，也能促使消费者记住它，以保持最高的知名度。

通常，企业要确定广告目标，需要经过详细的市场调查，包括市场机会分析、消费者心理和行为分析、产品和服务分析等。

2. 做好广告预算

确定了广告目标后，酒店可以着手制定广告预算。常用的酒店广告预算的方法有：

（1）量力支出法。酒店根据自己的实际情况，确定达成每笔预期的销售所能承受的支出；估计销售数量，再将二者相乘即形成预算。

（2）按需支出法。选择目标市场，估计它所拥有的潜在消费者数量；预计广告可能带来的货币收益；确定能影响市场的媒体；估计需要传递的信息次数；根据实现沟通目标所需要的金额估算计划成本，形成预算。

（3）按比例支出法。从酒店预期的年度总收入中拨出一定比例的资金用于广告，形成预算。这笔钱分为两部分：形象或定位广告、促销支持及直接的广告活动。这种方式中用到的资金比例可以依据行业的平均数来决定。大型酒店从总收入中拨出用于广告的经费比例较高，因为酒店可以由许多家酒店分担，例如洲际酒店、喜来登酒店、希尔顿酒店集团、凯悦酒店集团都是如此。单个酒店做出大笔的广告预算是不合理的，尽管他们可能更需要多宣传以便公众了解。为解决这一问题，许多单个酒店组成一个营销群体，联合做广告。

3. 传递真实可信、打动人心的信息

广告需要突出的竞争优势，可以是别人没有的价格、产品或服务，也可以是酒店所特有的氛围，以此满足消费者希望获得的理性的、感觉的、社会的、自我满足的回报。例如，告知消费者："您将入住的是一家四星级标准的商务酒店（理性的）；您将感受到家的温暖（感性的）；我们为您提供最好的绿色服务（社会的）；作为正在为事业而拼搏的人，您值得拥有（自我满足）。""广告信息优先于广告设计"，反映的就是这个道理。

广告信息既应具有愿望性，即说明人们所期待的或感兴趣的事；又应具有独占性，即说明该品牌有别于其他品牌的特色；此外，广告所传递出的信息还应是真实、可信的。

4. 选择适当媒体

广告只有在被消费者看到、听到并对其心理发生影响时才能发挥作用。在选择

媒体时最应关注的就是广告如何尽可能地被人们看见和听见。

酒店业中常用的媒体有：印刷媒体、广播、电视、互联网、户外、交通运输场所招贴画、灯箱、展览会等。选用什么样的媒体最恰当、最有效率是由信息的意图、要传递的信息类型和要传达的市场所决定的。下面简单地对各个主要媒体的特性进行分析。

（1）印刷媒体：包括报纸、期刊、传单、手册、各类名录和广告黄页等。报纸是廉价、普及面广的读物，适合于酒店发布通知性广告。但是由于报纸具有实时性的特点，使广告的有效性因得不到重复而减弱。期刊一般都有比较有针对性的读者群，例如商业期刊、度假旅行杂志、时尚杂志等。因为购买杂志的人有着明确的兴趣倾向，使广告人员能够影响具有极高销售潜力的特定市场。期刊广告由于内容须提前交付（以保证一定的印刷周期）和信息维持时间长的特点，适于长期性定位的酒店广告。

（2）广播媒体：包括电视和电台广播。电视具有可视、动态和色彩等所有的沟通优势。它是通过塑造形象进行定位的一种极佳手段。但是电视的弱点也比较明显。首先，重要公司、专业客户和社会层次较高、经济基础雄厚的人一般不经常看电视。其次，在相当多的地区，电视观众正在被家庭录像、付费点播电视和各种新的娱乐方式抢走。最后，电视广告往往代价不菲，所以选择电视广告时一定要慎重。

电台广播可以用作形象定位，而且对优惠、价格折扣、开业通知等信息的效果一般会更好。由于电台广播的价格相对比较廉价，最好选择一些已经覆盖符合酒店沟通目标市场的电台。

（3）互联网。互联网的兴起为酒店的广告宣传打开了新的通道。酒店可以通过网络服务器和客户浏览，在互联网发布各种信息。消费者可以借助检索工具迅速找到所需要的酒店信息。常用的互联网广告形式有：旗帜广告（Banner）、图标广告（Logo）、文字链接（Text）、电子邮件广告（Mailing List）、新闻组（Newsgroup）、网上问卷调查（Questionnaire）等。

网络广告本身是一种很有潜力的广告载体，它具有传统媒体广告所无法比拟的优势。第一，交互性：它可以使消费者随心所欲地选择自己感兴趣的广告信息，而且传播快速，发布和接收基本同步。第二，广泛性：互联网的全球性使互联网上发布的广告也是全球性的。第三，针对性：可以分析网站访问者的喜好，以精确定位投放广告。第四，易于统计性：互联网广告的发布次数和效果均可以有技术手段精确统计。但是由于我国的网络经济刚刚起步，网络广告还存在着许多不成熟的地方。例如，网络广告的实际效果不易把握；酒店难以在投放广告之前有一个准确的收支估计等。

事实上，没有哪个媒体与某个酒店的目标细分市场丝丝入扣，因而酒店通常会使用多个媒体整合才能提供均衡的覆盖范围。

5. 合理评价广告效果

虽然广告与销售量之间的关系非常紧密，密集的广告通常会带来销售量的提升，但仍然需要对广告的效果进行衡量。优良的广告策略和管理离不开对广告效果的衡量。这既可以作为对即将进行的广告效果作预测，又可以作为对已进行的广告的总结，还可以作为对今后营销计划的借鉴。以下是几种常用的衡量方法：

（1）反馈测量法。如果一则广告的设计是要让受众提出索要信息的要求，或是提供了咨询或预订电话，酒店就可能精确地对照成本对反馈结果进行量化。在实际操作中，酒店多通过发放折扣券来吸引顾客消费，以此来衡量广告是否到位。

（2）沟通效果的市场调查测量法。对于重要的广告活动，可以分别在活动前后对目标客户进行访谈式抽样调查，以此来评估记忆程度和态度的变化。例如，可以就近调查来酒店入住或用餐的客人如何知道本酒店的。如果是了解广告内容的影响，则请他们复述广告的主要内容。

（3）沟通效果的预先测试。如果广告活动的规模较大，值得花钱预先对沟通效果进行测试，通常可以先在目标受众中对 3 ～ 4 个替代性的广告创意进行抽样调查，以评价它们所引起的反应。

相关链接 搜索

洲际饭店集团在品牌推广中的广告策略

在品牌营业推广方面，洲际饭店集团重视丰富多彩的营业推广活动对提升饭店品牌知名度的重要作用。例如，从 2005 年 9 月开始，洲际饭店集团开始了新一轮的全球品牌推广活动，以“您是否在享受跨洲际生活”为宣传口号，向顾客展示洲际饭店为顾客带来难忘且独特的经历；开展了一系列的宣传推广活动，包括在悉尼拍摄 Spirit 挑战快艇（1992 年澳大利亚参加美洲杯帆船赛的快艇）电视广告。同时，设计出版了包括在印度尼西亚巴厘岛的海滩及当地市场所拍照片的印刷宣传品。电视广告在美国有线电视新闻网、国际新闻网络以及英国航空、美国联合航空、美利坚航空、阿联酋航空以及新加坡航空的航班节目中播出。平面媒体的广告将刊登于《华尔街日报》、《纽约时报》、《新闻周刊》、《时代杂志》、《福布斯》、《金融时报》、《经济学家》、《泰晤士报》、《商业周刊》以及各大航空公司的出版物上。这极大地扩大了洲际饭店集团的品牌知名度，取得了良好的市场效果。

——资料来源：http：//travel.sohu.com/20080320/n255819565.shtml.

第四节 策划精彩的销售促进活动

一、销售促进的概念和作用

销售促进又称为“营业推广”，它是对同业（中间商）或消费者提供短程激励的一种活动，目的在于诱导其购买酒店特定产品。销售促进是临时或短期带有馈赠或奖励性质的促销方法。虽然从长期来看，销售促进并不能使销售状况有很大改观，但在较短的时间内，它往往比广告能更有效地促进销售的增长。

销售促进的作用主要表现在以下几个方面：

促使消费者试用产品。在酒店中推出一项新产品时，市场上大多数的消费者对于该产品还不是十分了解，也就不能产生积极的反应和强烈的购买兴趣，但是通过销售促进能在较短时间内将酒店产品推向市场，迅速打开销路。

促使顾客增加消费量。酒店的销售促进活动经常以一些赠券、折价或奖品的方式来进行。这些方式对于顾客有一定的吸引力。有时候消费者可能并没有购买产品的意图，但是赠券、优惠券等往往会使他们觉得此时购买酒店产品会比较划算。

劝诱顾客再次购买。例如某些酒店推出顾客在本酒店入住累计一定天数后，可获得相应的优惠等。

对抗竞争对手。销售促进通常是针对竞争对手而展开的，活动期内一般可以增强本酒店产品的市场竞争力。

促进本酒店其他产品的销售。一般情况下，酒店对于某项产品的促销在一定程度上也能带动相关产品的销售。

二、销售促进的方法

在现实的促销活动中，销售促进是由刺激和强化市场需求的花样繁多的各种促销工具组成的。销售促进可以针对三类对象展开，即顾客、中间商及推销人员。这些促销工具又有很多的表现形式，如表 7–2 所示。

表7–2　酒店常用的销售促进方法

顾　客	中间商	销售队伍
● 降价或廉价出售	● 额外的佣金和超额奖励	● 奖金和其他
● 折扣券或优惠券	● 抽奖	● 礼品奖励
● 隐性降价	● 竞赛	● 货币或奖励
● 附赠产品	● 免费礼品	● 旅行奖励
● 免费礼品	● 社交集会或招待会	● 抽奖
● 竞赛		
● 常客通行证方案		
● 抽奖		

相关链接　搜索

销售促销的典型范例

1. 最后一分钟促销特惠

例：当日晚上 10 点后，客房以 5 折销售。使用说明：为防止顾客出现期待效应，而且在不影响客房正常销售的情况下，酒店应只针对某些入住率偏低的房型进行促销。截止日期和入住率的标准由酒店根据实际情况决定。

2. 特价房

例：标准间 98 元，双人间 128 元。使用说明：特价房应该是酒店根据之前一段时间的客房销售情况，对某些总体入住率较低的房型进行一种低价销售的方式。此种方式不限时段，起始终止时间由酒店自由确定。

3. 超级团购价

例：买 10 送 1，凡当日一次性同时入住 11 间客房，可减免 1 间价格最低的客房房费。

使用说明：此类促销多用于集团客户和团队客户。

4. 延时促销

例：如果连续住宿4夜，则1夜的住宿免费。使用说明：此类促销多用于同种房型的续住，而续住不同房型多则不退少则补。

5. 提前预购价

例：提前2个月预订某房型并即时确认，可享受5折疯狂优惠。使用说明：此种促销手段要求提前预订的时间相隔较长，多出现在淡季促销中，且限定某些房型，对付款或确认也有要求。

6. 常客升级体验价

例：在3个月内住宿达到6次，第7次入住时客房类型可享受免费升级。使用说明：此种促销旨在提高顾客的忠诚度，所以建议以入住的次数而不是房间晚数为标准。而升级的程度，也可由酒店根据当日酒店客房的入住情况作灵活处理。

7. 热点事件促销

例：高考期间，所有考生凭准考证入住酒店可享受8折优惠。使用说明：此类促销多以社会事件为契机，如高考、妇女节、奥运会等，但受制于热点的时效性，只能短期使用。

8. 特殊人群促销

例：新住客超值体验价，所有第一次入住酒店的客人均可享受8折优惠。使用说明：此类促销多为酒店根据自身特点细分市场而定，并且可以长期使用，但需限定房型。

9. 商家联合促销

例：凡持招行信用卡的顾客入住酒店，结账时可再享受9折优惠。使用说明：此类促销多以商家强强联合、互相共享其用户资源，而且可不限房型并长期使用。

10. 限量超值抢购价

例：百元超值体验价。标准房每日限量10间且只能预订1晚，先确认先得。使用说明：此类促销短期内具有很强的广告效应，但为保证酒店效益，房间不宜过多。

11. 最低承诺价

例：某顾客可以多次以一定价格入住某房型。在有房情况下，规定时段内可多次享受此房价。使用说明：此类促销多用于淡季促销活动，建议预收房费并限定入住次数。

12. 全国 / 全城联通价

例：预付4000元，可享受本品牌内所有酒店，限房型数量但不限夜数的优惠。使用说明：此类促销多于连锁酒店，也多用于异地旅游或出差较频繁的顾客。

13. 优惠顾客拓展奖励计划

例：每月只要介绍新顾客累计达 3 名且每位新顾客在当月酒店消费达 200 元，即可获得下次入住房费减免 60 元的超值优惠。使用说明：此类促销需要酒店做好顾客的推荐人相关资料的记录工作（如果有推荐人的话）。

三、销售促进的优缺点

（一）优点

（1）刺激性强，激发需求快。销售促进能产生即刻购买，还能完成大批量的销售。

（2）快速、及时地反馈。大部分的销售促进都提供了在短期有效的激励因素，例如赠券等。大部分的赠券必须在一个特定日期之前使用，所以消费者必须做出快速反应，而酒店的市场效果也会得到快速反馈。

（3）增加产品的吸引力。一个具有想象力的销售促进计划能给酒店增加吸引力，激发顾客购买的兴趣。

（4）调节淡旺季需求。这种方法在使用上有较大的弹性空间，一旦需要可以立即被使用，而且在任何时期都能发挥作用。在非高峰期使用尤其能产生显著的效果。

（二）缺点

（1）仅追求短期利益。销售促进通常只能在短期内有效，而不能导致长期的销售增长。一旦销售促进活动结束，销售量就会恢复原状，甚至更低。如果酒店经常采用这种方式，会导致顾客对酒店的产品或服务产生负面的认知。因此，销售促进不适合长期单独使用，应与其他方式相结合使用。

（2）难以建立顾客忠诚度。销售促进能吸引来自竞争对手的顾客，但他们并非会对酒店保持较高的忠诚度。一旦竞争对手也采用同样的方法，他们又会转向竞争对手。销售促进在建立品牌忠诚度方面的效果并不明显。

相关链接　搜索

“敞开式厨房”——招徕顾客的新营销方法

“敞开式厨房”的出现恰恰迎合了对美食需求越来越强烈的消费群体的需求。按传统的习惯，厨师通常在厨房操作，客人点了菜后一般不知道他所点的菜是如何从原料变成美味佳肴的。精明的经营者捕捉到了客人心态，在经营过程中不断改进经营方式，探索新的营销方法招徕顾客，“敞开式厨房”就是一些成功食肆所采用的独特形象推广方法之一。

1. 增强菜品推销的信任度

“敞开式厨房”使厨师直接面对客人，厨师参与推销，因为厨师在烹调方面的权威性，可以直接回答菜色的味道、做法、功效、价格等方面的问题，更能吸引客人。例如，在广东南海的一家渔村，大厨站在敞开的销售档前，对不同需求的客人进行菜式讲解，收到非常好的效果。

2. 直观式的菜品促销

“敞开式厨房”使客人看到了菜品制作的全过程或部分过程，使客人在用餐上更为放心。尤其是当大厨或者名厨在现场操作时，更能增加客人的食欲，刺激客人的消费。

3. 享受用餐的乐趣

当今人们的生活水平不断提高，大家在餐厅消费已不再是单纯地为填饱肚子而去消费，而更希望能从“吃”的消费中享受到一些乐趣。通过敞开式厨房，客人可以陶醉于厨师的烹调过程，同时欣赏带有艺术特色的烹调文化。优秀厨师的举手投足都能给人以美感，让客人感受到烹饪行业中的艺术性，比较常见的火焰菜式、桑拿菜式及西餐烈酒烧菜等，都能起到取悦客人、渲染气氛、创造乐趣的作用，并使客人对食肆留下深刻印象。

4. 满足客人的好奇心

厨师在客人面前烹调时，其操作程序都带有表演性的动作，在动作快捷、利落的前提下有适度的夸张，使其烹调过程更具刺激性。

在场地许可的前提下，顾客可以亲自选料，选厨师，甚至可以亲自烹制，或者在厨师的指导下烹制，制作出自己的“作品”，这样就更能使其既品尝食品又有很高的满足感。

5. 便于客人对餐饮质量的监督

厨师的工作暴露在客人面前，厨师必须认真做好每个动作，从而使烹调过程完善。这样也可以避免出现一些不规范的动作和不良的工作习惯，而且可以促进厨师提高自身业务素质，有利于保障和提高餐饮出品质量，起到无形的监督作用。

敞开式厨房的格局是一种透明开敞式的菜品制作工场，使宾客可以最大限度地融入这种餐饮氛围中去；同时，使客人和厨师之间“隔阂”的范畴性氛围减到最低，达到心理上的快慰和满足。敞开式厨房形式多姿多彩，又各具特色，下面介绍几种经常采用的方式与同业分享。

透明厨房。采用纯通透的玻璃墙幕，将用餐区域与烹调区域分开，让客人在自己的座位上能观赏到厨房的整个烹调过程。

纯展示式厨房。厨房好似展览厅一样，将一部分或整个过程都置于客人视线下，使顾客在就餐过程中看到厨房及厨师的直接操作情况。

多媒体厨房。当今社会科技发达，通过摄像、投影一体化的功能，将操作的过程通过网络与餐厅或 VIP 房连为一体，客人可在 VIP 房内通过电视屏幕观赏到所点菜品的烹调过程。

——资料来源：http：//www.cy186.cn/ypnew_view.asp？ id=6440.

第五节　灵活运用公共关系策略

公共关系是指企业、组织、个人与公众发展良好关系所使用的方法和所进行的各种活动，良好的公共关系可以加强酒店与外界的联系，提高本企业的知名度，树立良好的市场形象，并通过社会舆论影响旅游者的购买行为。

一、公共关系对酒店的作用

（1）良好的公共关系有助于酒店及时了解影响酒店形象的舆论和信息。在经营活动中，经常会发生酒店与公众之间的矛盾。这些矛盾如认识上的差异、利益上的冲突、信息沟通上的障碍等，对酒店的经营管理会产生不利影响。酒店公共关系工作就是要认识矛盾，分析矛盾，找出解决矛盾的方法。

（2）良好的公共关系有助于传播酒店品牌的良好形象。通过公关、宣传，让公众了解酒店，对酒店的产品、服务、经营理念、价值观等认同，对酒店产生深刻印象，为酒店发展奠定扎实的基础。公共关系还是提高酒店品牌知名度的重要手段。

（3）良好的公共关系能使酒店产生巨大的竞争力和吸引力，从而更有资本塑造酒店形象。酒店竞争取胜的手段之一就是通过公共关系，增加酒店的吸引力，获得更多的经济收入，树立更好的形象，由此形成一个良性循环。

（4）良好的公共关系有助于化解酒店危机，维护酒店和酒店品牌的社会声誉和良好形象，在这种情况下采取的公共关系措施称为危机公关。

二、酒店公关的对象

酒店公共关系的主要对象是“公众”，它包括内部公众和外部公众两方面。因此，内部关系和外部关系构成了酒店公共关系的主要内容。内部关系主要是指内部成员关系，它是酒店搞好一切工作的基础；外部关系包括宾客关系、媒介关系、政府关系、社区关系、名流关系等。这些关系的处理直接影响到酒店的发展。因此，现代酒店的管理者必须通过扎实有效的公关工作，为酒店发展营造积极和谐的内外部环境。

（一）酒店的内部公关活动

一个酒店的存在价值和整体形象在取得社会的认可之前，首先需要得到自己成员的认可；酒店的经营目标和发展理念在获得社会公众的认可之前，必须首先赢得自己所有内部成员的配合与支持。因此，良好的员工关系是酒店公关工作的起点。酒店内部的公关工作首先要增强内聚力，将全体成员组合成为一个有机的整体。要达到这一目的，就需要将本酒店的成员视作传播沟通的首要对象。尊重酒店成员分享信息的权利，争取他们的理解与支持，形成信任与和谐的内部气氛。如果内部传播有障碍，沟通不顺畅，成员对本酒店的信息没有了解的优先权，甚至于外部社会早已纷纷扬扬，自己的成员还蒙在鼓里，就会在酒店内部产生麻木、忧虑不安、焦急烦恼、猜疑传言等消极情绪和现象，从而形成隔阂冷漠、离心离德的状况。要避免这种情况的发生，就需要健全酒店内部的传播渠道，完善酒店内部的沟通机制，使全体成员在信息分享和感情沟通中与酒店融为一体。

酒店的对外影响力有赖于全体成员的努力与配合。因为酒店的每个成员都是酒店与外部公众接触的触角，都处在对外公共关系的第一线。在对外交往中，酒店每个成员的一言一行，都代表着酒店的形象。在对外交往中，每一位组织成员都是非常重要的公共关系行为主体。酒店如果希望其成员能够时时处处自觉地维护酒店的形象，就应该时时处处善待和尊重自己的成员，将他们作为重要的公共关系对象，努力培养他们对酒店的认同感、归属感，增强他们对酒店的向心力、凝聚力。

酒店内部公关，即对酒店全体员工进行公关管理，即“全员公关”，是对酒店的每个员工在意识上进行公关培养的一种方法和艺术。它要求酒店全体员工一举一动都有代表酒店形象的观念。“饭店从上到下树立正确的公共关系思想，是饭店取得经营成功的基础。”酒店公关的成功，不但依靠专职的公关部门和公关人员的不懈努力，而且有赖于酒店的各个部门和全体员工的整体配合，需要对酒店上至最高领导，下至每个员工实施全员公关管理。

所谓“全员公关”，即通过全员的公关教育与培训，增强全员的公关意识，提高全员公关行为的自觉性，加强整体的公关配合与协调，全面发动全员的公关努力，形成浓厚的组织公关氛围与公关文化。可以在酒店内部普及公关教育，使上至企业高管，下至一线员工都能认识到，酒店的形象、信誉等无形资产比有形资金、设备更为珍贵。良好的酒店形象能使酒店所拥有的实物资产增值；恶劣的酒店形象会使酒店的有形资产贬值。而创造和维护良好的酒店形象和声誉人人有责。

（二）酒店的外部公关活动

1. 面向顾客公众的公关活动

一个酒店的存在价值，很大程度上在于其提供的服务能够得到顾客的接受和认可。酒店要获得发展，必须在目标市场上实现相应的经济效益，能够拥有一定的顾客消费群体。虽然酒店与顾客的沟通并不等同于企业经营中的销售关系，或单纯的买卖关系，但良好的顾客关系却是企业实现经营目标、达到更好的销售成果的重要保障。因此，顾客公众是酒店外部公共关系对象中利益关系最直接、联系最密切的外部公众群体。在酒店与顾客的关系维系中，必须通过有效的信息交流和情感沟通来实现，这样才能使酒店与顾客之间的关系更为持久、稳固。现代酒店业的市场竞争中，公共关系日益成为酒店企业所青睐的市场传播手段。它运用多元化的传播沟通方式去疏通渠道，理顺关系，联络感情，吸引公众，赢取人心，为产品销售营造一个良好的氛围与和谐的环境。

酒店在面对顾客公众时，应始终将顾客的利益和需求摆在首位，通过满足其需求来达到酒店盈利的目的。从酒店的长远发展而言，获得顾客的认同和赞赏是企业获得持续发展的基础。只有赢得顾客的信任与好感，酒店才能获得源源不断的利润。因此，酒店的一切政策和行为都必须以顾客的需求为导向，只有这样才能构建良好的顾客关系，并在顾客心目中树立良好的声誉与形象。

2. 针对媒介公众的公关活动

媒介公众也是酒店外部公众群体中的重要组成部分。媒介又称为新闻界，指新闻传播机构及其工作人员，如报纸、电视、广播、杂志等媒介机构及其编辑、记者等媒体人员。媒介公众是酒店公关工作对象中最敏感、最重要的公众关系。

媒介公众对于酒店而言具有双重意义：一方面，新闻媒介是酒店与公众实现最广泛、最有效沟通的必然渠道，具有工具性的特点；另一方面，新闻媒介也是酒店需要特别重视的特殊公众对象，具有对象性的特点。这种媒介与公众合二为一的双重角色，体现了媒介关系是酒店外部公关工作中传播性最强、最敏感、公关操作意义最大的一类公众关系。

媒介公众决定着各种社会信息的取舍、流量和流向，决定着公众舆论的中心议题，能够赋予被传播者特殊的、重要的社会地位。若与酒店相关的事件或报道能成为媒体关注的热点，那么必然也会引起社会公众的广泛关注，成为舆论的中心。同时来自媒介的报道与评价也会引导公众的评价与态度，对于酒店知名度与美誉度的塑造都有着非常积极的现实意义。因此，酒店务必要与媒介公众建立良好的关系，以此构建与公众进行沟通的传播平台，进而形成良好的公众舆论环境。

酒店要处理好与媒体公众的关系，可以从以下几方面着手：

（1）熟悉新闻媒体。酒店公关人员应了解并熟悉媒体组织的特点。不同的媒体组织有不同的业务性质和影响范围，对于这些酒店公关人员都应非常清楚。即使对于媒体组织内部的结构、各部门的职责和负责人，也应该掌握得越清楚越好。这样，当酒店需要通过新闻媒体进行公关传播时，就能有的放矢，更有针对性。

（2）保持媒体渠道的畅通。酒店应该与媒体建立经常性的联络渠道，由专人负责随时可以沟通联络。酒店的公关部门应建立与媒体之间经常性的联系渠道，并可安排专人负责此项工作。

（3）要正视新闻媒体的批评报道。新闻媒体对于企业的报道会有正面的赞扬，也不可避免会有负面的批评，在面对这种状况时，酒店应首先承认错误并表示感谢，然后要马上查清真相及原因，并立即采取补救措施，最后再请媒体作正面的宣传报道，以及时挽回不良影响。对于内容失实的批评报道，酒店也应保持冷静，要诚恳地向媒体提供真实的情况，以澄清事实真相，再请媒体做出相应的纠正。

（4）掌握正确的交往原则。酒店与媒体公众进行交往时要以诚相待，提供真实的新闻信息，不文过饰非。同时了解新闻媒体的职业行为准则，切忌以经济手段来影响新闻媒体的独立性和客观性，更不能将自己的观点强加于对方进行不合理的报道，这会背离公共关系真实性的活动原则，最终会破坏双方真诚、持久的合作关系。

3. 面向政府公众的公关活动

政府掌握着制定政策、执行法律、管理社会的权力职能，具有强大的宏观调控力量，代表公众的意志来协调各种社会关系。酒店的政策、行为和服务如果能够得到政府官方的认可和支持，无疑将对社会各个方面产生重大影响，甚至使组织的各种渠道畅通无阻。为此，应该把握一切有利时机，扩大酒店在政府部门中的信誉和影响，使政府了解酒店对社会的贡献和成就。酒店可以利用周年庆等机会，邀请、安排政府主管部门领导及党政要人出席酒店的重要活动，通过种种现场活动，提高政府部门对酒店的好感和重视程度。

政策、法律、管理条例是一个组织决策与活动的依据和基本规范，酒店的一切行为都必须保持在政策法令许可的范围之内。通过良好的政府关系，酒店能够及时了解到有关政策的变动，能够较方便地争取到政策性的优惠或支持。为此，应该主动建立和加强酒店与政府有关部门之间的双向沟通。一方面，酒店的公关部门应该详尽地分析并研究政府的方针、政策、法令，提供给本酒店领导及各部门参考，使组织的一切活动都保持在政策法令许可的范围内，并随时按照政策法令的变动来修正本组织的政策和活动。另一方面，酒店的公关部门应随时将实际工作部门的具体情况上传至政府有关部门，并根据本地区、本行业、本部门的特殊情况，主动地提出新的政策设想和方案，并通过适当的渠道进行说服性的工作，协助发现及纠正政策执行中出现的偏差或失误。

此外，处理政府关系，还需要熟悉政府机构的内部层次、工作范围和办事程序，并与各主管部门的具体工作人员保持良好关系，以免因办事未循正规的程序或越出固定的工作范围而走了弯路，减少人为原因造成的“公文旅行”或“踢皮球”的现象，提高行政沟通的效率。

4. 面向社区公众的公关活动

社区是酒店扎根的土壤，没有良好的社区关系，酒店就会失去立足之地。社区公众是由特定的活动空间所确定的，区域性、空间性很强。酒店的活动直接受到社区公众的制约，社区关系直接影响着酒店其他各方面的关系，如员工家属关系、本地宾客关系、地方的政府关系和媒介关系等。因此，酒店需要将社区作为自身发展的一个组成部分，将社区公众视作“准自家人”。

社区公众涉及当地社会政治、经济、文化、教育等各个方面和阶层，类型繁多，涉及面广，对酒店客观上存在着各种不同的感受、要求和评价；由于处在同一社区，对酒店的某一种评价和看法又极容易相互传播，形成区域性的影响，从而形成组织的某一种公众形象。很显然，酒店社区关系的好坏，直接影响着组织的社会公众形象。酒店要提高自身在社区中的地位，就要树立一个“合格公民”的形象，主动承担必要的社会责任和义务，像爱护自己的家业一样爱护社区，在社区的物质文明和精神文明建设方面发挥中坚作用，为社区造福，为社区公众多做贡献。

5. 面向名流公众的公关活动

与社会名流建立良好关系，能充分利用他们的见识、专长为酒店的经营管理提供有益的意见咨询。社会名流往往见多识广，或是某一方面的权威，酒店的管理人员能够在与他们交往的过程中获得广泛的社会信息或宝贵的专业信息，无形中为企业增添了一笔知识财富、信息财富。

与社会名流建立良好关系，能通过他们良好的社会关系网络为酒店广结善缘。有些社会名流虽然不可能为酒店直接提供所需的专业信息或管理咨询，但由于他们与社会各界有广泛的联系，或对某一方面的关系有特别重大影响，酒店能通过他们与有关公众对象疏通关系，扩大社会交往范围。

与社会名流建立良好关系，一方面能借助他们较高的社会地位，或具有某方面的权威性，或由于他们对社会的特殊贡献、突出成就等，而具有较高的知名度；另一方面，一般公众往往存在“崇尚英雄”、“崇拜明星”的社会心理，酒店与社会名流建立良好关系，就能将酒店的名字与社会名流的名望联系在一起，利用公众崇拜名流的心理，提高了酒店在公众心目中的位置。

三、酒店公共关系活动的技巧

（一）巧借媒体造势艺术

借助媒体进行造势，是酒店企业开展公关工作的绝好艺术。酒店一定要充分利用媒体的资源优势，为企业打造良好的品牌和声誉。例如，2008 年北京奥运赛事期间，对于这项举世关注的国际赛事，各国媒体蜂拥而至，媒体的力量不可忽视。在这一背景下，酒店企业可以巧妙地借助媒体对奥运赛事报道的契机来宣传酒店，是酒店公关的一种巧妙的手法。

相关链接 搜索

七星级酒店的公关艺术

全世界最豪华的酒店之一为帆船（Burj Al-Arab）酒店，翻译成汉语又称“阿拉伯塔”，又叫作“阿拉伯之星”，被誉为世界上第一家七星级酒店。它位于中东地区阿拉伯联合酋长国迪拜酋长国的迪拜市。迪拜为了这个代表城市和旅游形象的标志进行了一系列轰动全球的宣传策划，这样的结果其实也是实至名归。

帆船酒店是世界上建筑高度最高的七星级酒店，共有高级客房 202 间，建立在离海岸线 280 米处的人工岛 Jumeirah Beach Resort 上。酒店的工程花了 5 年的时间，2 年半时间在阿拉伯海填出人造岛，2 年半时间用在建筑本身，使用了 9000 吨钢铁，并把 250 根基建桩柱打在 40 米的深海下。酒店由英国设计师 W.S.Atkins 设计，外观如同一张鼓满了风的帆，一共有 56 层、321 米高，是全球最高的饭店。

1999 年 12 月帆船酒店开业时，迪拜国王举行帆船酒店落成剪彩，邀请世界名流及各大媒体免费参观入住。它的豪华程度令人叹为观止，英国一名女记者回国后，发稿称其为世界上最豪华的酒店，现有标准无法评价，盛赞为“七星级”酒店，含义为“超乎想象，独一无二”。

2004 年，为了推动迪拜的旅游业，迪拜人请来“老虎”伍兹在帆船酒店的顶层挥杆，将高尔夫球击入阿拉伯海湾。为了请“老虎”伍兹参加这个活动，迪拜人花费了500万美元。而据估计，“老虎”伍兹此次活动拍摄的照片所制造的轰动价值为1800万美元。

2005年，帆船酒店的直升机停机坪被临时改造成了一个网球场，网球名将费德勒与阿加西在这里进行的表演赛通过电视传播到全世界。这件事让世界上超过半数国家的人们认识了迪拜，也知道了帆船酒店。

——资料来源：http：//blog.sina.com.cn/s/blog_8a239c990100w7cx.html.

（二）发挥名人效应的宣传艺术

利用名人影响公众，是酒店公关工作的一大创新技巧。利用名人进行公关，要注意以下工作必须做到位：一是收集名人（尤其是已经预订住宿的名人）信息资料并加以整理；二是对名人进行超常服务以获得他（或她）对酒店的最佳印象；三是通过名人住店吸引新闻媒体大力渲染传播，以影响公众。

相关链接　搜索

明星效应凸显　海棠湾成三亚游新宠

2010年，在三亚拍摄的电影《非诚勿扰2》一度带火了亚龙湾热带天堂森林公园，使鸟巢度假村成为各地游客梦寐以求的旅游度假休闲胜地。随后，台湾明星大S（徐熙媛）的婚礼在三亚海棠湾康莱德酒店和希尔顿酒店前的沙滩上举行。海棠湾一时之间成为全国各地媒体的关注焦点，从而再次炒热海南旅游，而海棠湾俨然已成为三亚游新宠儿。

途牛旅游网度假产品部总监魏斌表示，2011年春节期间，海棠湾的酒店和旅游线路一经推出，就出现了人气火热的局面，特别是大S的婚礼举行后，咨询及预订旅游线路的电话一度激增。游客选择去三亚旅游度假主要还是以休闲游为主，而海棠湾相对亚龙湾而言远离市区，更加安静，更适合休闲度假。游客可以避开喧哗的城市，充分体验这片原生态海湾和新的顶级度假酒店，包括希尔顿全球旗下奢华酒店品牌康莱德酒店。海棠湾奢华酒店逐渐云集，有望成为三亚新的高端滨海旅游度假区。

——资料来源：途牛旅游网.

（三）利用普通顾客的口碑宣传艺术

酒店通过对普通顾客实施贴心加超常的服务，获得顾客的良好口碑，也能全面地提升酒店的美誉度和知名度。对顾客的贴心加超常服务，能迅速获得顾客对酒店的忠诚，同时通过他的经历、他的好评，也获得他的社交圈朋友对酒店的认可与赞誉。北京长城饭店的一个案例很具有典型性。一次，有位服务员在打扫房间时，发现客人床头摊放着一本书，服务员没有挪动书的位置，也未信手将书合上，而是细心地在书摊开处夹进了一张小字条，以起到书签的作用。事后，客人对服务员细微的服务大加称赞，并将此事告诉了同来的几十名同事以及她所认识的所有朋友。注重细节艺术，让长城饭店受益匪浅。

对普通顾客的服务切实做到"满意 + 惊喜"，从细微处做起，力求无可挑剔，利用顾客的口碑，巧妙地将酒店品牌深入人心。

总之，讲究公关艺术的酒店，其良好的品牌形象定能通过酒店员工自上而下的团结协作、媒体的报道、名人的效应以及普通客人的口碑等多角度、多层次地得到广大公众的认可，从而在竞争中立于不败之地。

四、酒店员工应该具备的公关意识

（一）信誉至上的形象意识

公关是一门塑造形象的艺术，组织形象是公关的核心概念。"形象是个宝，企业少不了"，良好的形象可以提升酒店的社会地位，同时也是酒店无形的资本。20世纪80年代末博雅公关公司副总裁斯坦·索尔哈福特的著作《形象战》一出版就成了畅销书，其形象随即成为人们议论的焦点，当今生产力、销售力、形象力成为企业竞争力的核心。

英国航空公司008号班机准备从伦敦飞往日本东京时，因故障推迟起飞20小时。为了不耽误旅客行程，英国航空公司及时帮助乘客换乘其他公司的飞机。共190名乘客欣然接受了英国航空公司的妥当安排。但一位叫大竹秀子的日本老太太说什么也不肯换乘其他班机，坚持要乘008号班机。一个罕见的情景出现在人们的面前：伦敦至东京的航程达1.3万公里，可是英国航空公司的008号班机上就大竹秀子独享该机的353个飞机座席以及6位机组人员和15位服务人员的周到服务。从表面上看，这的确是个不小的损失。可是，从深一层来理解，它却是一个无法估价的收获。正是由于英国航空公司一切为顾客服务的行为，在世界各国来去匆匆的顾客心目中换取了一个用金钱也难以买到的良好公司形象。从事酒店公关工作，讲求信誉应时刻铭记心中。

（二）“投公众所好”的公众意识

一切公共关系都是围绕着公众展开，不懂得公众的意义和作用，就不懂得什么是公共关系。因此公关人员应该具有公众至上的意识。例如，凯悦饭店的服务宗旨“时刻关心您”以及凯宾斯基酒店的服务宗旨“充分满足客人”，都体现了酒店对于公众的重视。处处时时事事考虑自己的行为对于公众利益的影响，自觉地保持酒店利益与公众利益一起发展。林肯有一句名言：“没有公众的信赖，一事无成；有了公众的信赖，无事不成。”这句话就体现了强烈的公众意识。我国《公共关系职业道德准则》的第二条规定：在任何情况下，首先应该考虑社会公众的利益，同时也应考虑到自己所在组织的利益。英国《公共关系协会准则》的第一条就明确规定：在进行专业公关活动时应尊重公众利益和个人尊严。美国一家生意兴隆的酒店，每逢召开董事会或其他重要会议时，在椭圆形会议桌旁边总会放着一张空椅子，椅子的背后写上两个大字“顾客”。这是在提醒酒店的决策者们在思考问题、制定决策时务必要注意照顾到顾客的利益。

（三）真诚互惠的合作意识

在国外的公关界流传着这样一句话：我们要发展，但是更重要的是我们要与我们的公众一起发展。用时下流行的话说就是要实现双赢，甚至是共赢。“诚招天下客”，这句在中国流行很广的话就是要求企业员工队伍以真诚的态度来对待公众，努力赢得公众的好感，得到公众的支持和信赖，只有这样才有助于美好形象的塑造。中国有句俗语：“投之以桃，报之以李”，比喻友好往来。这句话也从一个侧面反映了古代人的互惠意识，只有互相尊重，互相关照，共同得益，才能加强往来，促进合作，共谋发展。

1984年美国总统里根访问中国，访问很成功。在访问的最后，里根总统按照惯例要举办答谢晚宴。当得知这个消息后，刚开业没有多久还没有什么名气的北京长城饭店主动向中美两国礼宾司的首脑及有关执行部门争取接待工作。功夫不负有心人，经过一番努力，长城饭店终于争取到了这一绝佳的机会。获得承办权之后，饭店公关部立即与各大中外新闻机构联系，邀请他们到饭店租用场地，实况转播美国总统的答谢宴会，收费可以优惠，但条件是：在转播时要提到长城饭店。答谢宴会举行的那天，中美首脑、外国驻华使节、中外记者云集长城饭店。电视上在出现长城饭店宴会厅豪华的场面时，各国电视台记者和美国三大电视广播公司的节目主持人异口同声地说："现在我们是在中国北京的长城饭店转播里根总统访华的最后一项活动——答谢宴会……"在频频举杯中，长城饭店的名字一次又一次地通过电波飞向世界各地，长城饭店的风姿一次又一次地跃入各国公众的眼帘。通过这次互惠互利的公关合作活动，北京长城饭店的名声大振。随后，各国访问者、旅游者、经商者慕名而来。

（四）广结人源的交际意识

著名成功学者卡耐基说过：一个人的成功，25% 靠的是专业知识，75% 靠的是人际关系和处世技巧。中国有句俗话："在家靠父母，出门靠朋友"，这也是一种朴素的广结人缘的交际意识。公关人员应努力建立纵横交错、四通八达、畅通无阻的社会关系网，争取结识尽量多的朋友，互相帮助，互相促进。酒店公关工作就是内求团结、外求发展的一项工作，为酒店创造"人和"的环境。这就要求酒店要与同行、顾客、客源输送机构、媒体、政府、社区等公众保持良好的关系。例如，惠州市巽寮湾喜来登度假村开业前夕，组织全体员工到酒店附近和海滩街道清除垃圾，并明确表示以后会定期组织此类活动。此类活动有利于搞好酒店和社区的关系，同时也彰显了企业的社会责任感和注重环保的理念，可谓一举多得。

（五）传播信息的宣传意识

国外公关专家认为：良好的公共关系 90% 是靠自己做好，10% 是靠宣传。这就是说要建立良好的公共关系，最重要的是"做好"，即通过自身的努力保证产品优质、服务优良、物美价廉，但同时又不能忽视传播信息的宣传工作，尤其是要敢于进行自我宣传，努力提高组织的知名度和美誉度。例如，惠州市金华悦商务酒店，餐厅服务员某天早上发现喝早茶的客人遗忘了一个装有 1.68 万元现金的手提包，及时报告上级主管，酒店打了 5 个电话后终于联系到了包的主人上海客商。酒店公关部主动向媒体爆料酒店出现的这件好人好事，经过媒体的宣传，市民和顾客对酒店的好风气大为赞赏。树立宣传意识，善于进行传播沟通，是开展公共关系活动、塑造企业形象的头等大事。在中国有传统的小农经济意识，长期存在“酒香不怕巷子深”的观念，认为“王婆卖瓜，自卖自夸”不是什么好事。对于公关人员来讲，要坚决摒弃这种观念，树立“酒香也怕巷子深”的宣传意识。

（六）转危为机的危机意识

俗话说：生于忧患，死于安乐。酒店公关工作的开展应有未雨绸缪的防范意识，有了这种意识才能在危机产生的初始阶段迅速采取有效得力的措施来化解危机，帮助酒店渡过难关，甚至给企业创造机会；反之，则可能招致意料不到的损失。曾被美国公关协会推举为世界性的公关范例“35次紧急电话”，就是得力于强烈的公关意识和及时的公关举措，最终使企业转危机为机会。

相关链接　搜索

35次紧急电话

一次，一位名叫基泰丝的美国记者，来到日本东京的奥达克余百货公司。她买了一台索尼牌唱机，准备作为见面礼，送给住在东京的婆家。售货员彬彬有礼，特地为她挑了一台未启封包装的唱机。

回到住所，基泰丝开机试用时，却发现该机没有装内件，因而根本无法使用。她不由得火冒三丈，准备第二天一早就去奥达克余百货公司交涉，并迅速写好了一篇新闻稿，题目是《笑脸背后的真面目》。

第二天一早，基泰丝在动身之前，忽然收到奥达克余百货公司打来的道歉电话。50分钟以后，一辆汽车赶到她的住处。从车上跳下奥达克余百货公司的副经理和提着大皮箱的职员。两人一进客厅便俯首鞠躬，表示特来请罪。除了送来一台新的合格的唱机外，又加送蛋糕一盒、毛巾一套和著名唱片一张。接着，副经理又打开记事簿，宣读了一份备忘录。上面记载着公司通宵达旦地纠正这一失误的全部经过。

原来，昨天下午4点30分售货员清点商品时，发现错将一个空心货样卖给了顾客。她立即报告公司警卫迅速寻找，但为时已晚。此事非同小可。经理接到报告后，马上召集有关人员商议。当时只有两条线索可循，即顾客的名字和她留下的一张“美国快递公司”的名片。据此，奥达克余百货公司连夜开始了一连串无异于大海捞针的行动：打了 32 次紧急电话，向东京各大宾馆查询，没有结果。再打电话问纽约“美国快递公司”总部，深夜接到回电，得知顾客在美国父母的电话号码。接着又打电话去美国，得知顾客在东京婆家的电话号码。终于弄清了这位顾客在东京期间的住址和电话，这期间的紧急电话，合计 35 次！

这一切使基泰丝深受感动。她立即重写了新闻稿，题目叫作《35 次紧急电话》。

——资料来源：http：//www.labournet.com.cn/funman/scyx44.asp.

课堂思考

酒店的危机处理应如何体现及时性？

复习与思考

一、名词解释

酒店促销　人员推销　酒店广告　销售促进　公共关系

二、填空题

1. 酒店常用的促销策略有__________、__________。

2. 常见的促销手段有四种，分别是____________、____________、____________、__________。

3. 销售促进又称为__________。

4. 根据目标不同，广告可以分为__________、__________、__________。

5. 酒店公共关系的主要对象是__________，它包括__________公众和________

公众两方面。

三、简答题

1. 简述销售促进的概念及作用。
2. 简述酒店广告的概念及作用。
3. 试比较人员推销及销售促进的优缺点。
4. 公共关系对于酒店发展的重要性有哪些?
5. 酒店公共关系人员应具备哪些公关意识?

四、案例分析

品牌营销：亚朵酒店为什么那么红?

近两年来，亚朵酒店的种种“不按常理出牌”之举频频引起大家的注意，IP 酒店的概念玩得越来越开阔，从网易严选到和网易云音乐的跨界轻居、再到知乎合作的有问题酒店，亚朵的借力实在做得漂亮。

亚朵是云南一个村庄的名字。

创始人兼 CEO 耶律胤，本名叫王海军，耶律胤是他的花名。他是一个蒙古汉子，但是他有着非常细腻的触角，是一个非常爱读书的人。在创建亚朵之前是如家和华住的创始团队成员。

在 2012 年前后有一个行业背景，就是经济连锁酒店已经发展到一个巅峰时期，实际上这个时候按照今天李善友在混沌大学讲的“第二曲线”理论来讲，已经需要有一个第二曲线来维持这个行业的增长了。所以当时耶律和他的伙伴就在想，我们能不能做一个不是那么标准化的中端酒店品牌，能够有情怀、有更多的人文气息。

为了这个梦想，他们就走了很多地方。在 2012 年 6 月份走到了云南的亚朵村，它是在中缅边境，怒江边上的一个村子。亚朵村的人们都非常善良和热情。大家知道在这么偏远的地方，经济状况不会特别好。但是呢，他们是一种常怀幸福的状态，对人友善、温暖，性格朴实，这给耶律非常大的触动。他就想，我们希望要做的这个事情、这个品牌，就希望能把这样的温暖感传递给大家，所以就把亚朵作为品牌名字。2013 年 7 月 31 号，亚朵第一家酒店在西安南门开业。

属地摄影。

亚朵的目标定位人群是新中产，其中很大一部分，实际上是商旅人群。这些人往往都行色匆匆，当来到一个新城市的时候，来不及去走这个城市的一些大街小巷，去了解很多东西。通过属地摄影的方式，能够让旅行者对这个城市有一些概略的和直观的了解，那么就会对这个城市留下一些印象。而这些摄影作品呢，是主要从会员群体征集来的。酒店购买了版权，大概有差不多五万个会员为酒店提供这样的摄影作品。

到今天，亚朵在全国开业超过 200 家酒店。当然这个数字可能每天都在更新。2017 年年底的用户评分综合网评是 4.93 分，在行业里排名第一，在规模化的情况下努力做到服务水平的稳步提升。在满意度方面，酒店的投资者回报率和投资者的满意度也是第一。

营销酒店的本质是营销空间、营销人群。

酒店实际上是始于酒店，不止于酒店的。经营酒店也不仅仅是经营房间，应该是从经营房间到经营空间。亚朵的公共区域设计有图书馆、属地摄影的配置以及自助洗衣，因为商旅人群出差有时候需要换洗衣服，但是酒店的换洗服务往往要等一两天，而且是收费的。此外也有健身房，一个小规模的健身房，跟健身品牌合作，提供一些课程，既能提高使用率，同时能给合作方创造价值。

酒店实际上是在经营人群。每个客人在酒店里面，停留至少十个小时以上的时间。那这个时间里面，酒店要提供一些有价值的体验，基于这样一个生态化的思维，把线上和线下打通，对时间和空间进行突破。当然这里也会去思考新中产的一些特性，哪些特性是值得我们去关注的。

服务产品化。

亚朵酒店的一个服务叫作“百分百奉茶”，只要你是我们的客人来到酒店，不管你是在 check in 还是在看书，或者是在逛商店，我们的服务员都会奉上一杯茶。冬天是一杯热茶，夏天可能会是酸梅汤，或者是冷饮，这叫百分百奉茶。

一次，一位客人在办 check out 的时候，看见有一个衣衫褴褛的老人走进了我们酒店的大堂（因为天气非常热，他想进来纳凉）。他穿的不算整齐，同时形象上可能也不是那么精神，手里拿着一个塑料饭盒。他进来以后，眼神儿很担心地看着酒店前台。 结果前台服务人员果然向这个人走过去了，但不是为了要驱离他，而是给他奉上了一杯茶。酒店在做一些服务的时候，做一些产品规划的时候，不是用营销的思维在思考，而是真的希望能够把一些温暖的感觉，把人和人之间相互关怀的感觉传递给大家。

酒店还有一个服务叫作“吕蒙路早”。

一个一线员工有一天在帮客人办入住的时候，那个客人就跟自己的朋友说第二天很早就要出去赶路，来不及吃早餐。因为七点前自助早餐还没有开，这位员工听到以后，第二天早上就守在那里，用饭盒给客人打包了一份早餐，让客人带在路上吃。客人是很感动的。所以我们就以这个员工的名字给这个服务命名叫作“吕蒙路早”，这个产品到现在也一直在使用。只要客人告诉酒店他有这样的需求，酒店就会有一份打包的早餐给他带走。

当客人到酒店，他会左看右看，就因为有一些人工的造景么？比如看到酒店的图书馆，他觉得这里有书可以看，走过去拿起来一翻还都是蛮有品质的书，那客人就会觉得这本书跟自己气质是相投的，而且也可以把书带到房间，或者是带在身边去阅读。

同时酒店的亚朵生活馆是一个小的新零售平台。对于旅客来说，出差在外，最重要的事情就是甭管别的体验怎么样，其实最最重要的是能睡个好觉，所以客房在这上面下了很多功夫。房间的床垫以及枕头、羽绒枕、乳胶枕、床单、被罩，还有很多枕头可以选择，被子使用的是裸棉，颜色会有一点儿微黄，而且还有棉籽壳在里面，可能会有些黑点，这个裸棉可以达到裸睡的品质。还有洗浴用品，客人使用的都是非常优质的洗浴用品，比如和阿芙、阿原的合作，酒店的洗浴用品的品质都很高。

同时酒店也是一个电商平台，客人在房间里面可以接触到的这些，“所用即所购”。就是体验过后可以再去购买。当然有这样一些触点以后，也就有了更多合作跟跨界的一些空间，那么就进入到了 IP 合作的部分。

——资料来源：www.lanlanwork.com/blog/?post=5391

根据以上案例，分析如下问题：

对亚朵酒店的营销创意进行分析，并对所在地区的亚朵酒店进行实地考察。

推荐阅读

1. 酒店在线销售的十“不”原则；http：//www.canyin168.com/glyy/yxch/ppyx/201208/44580.html.
2. 饭店外部促销方法；http：//www.canyin168.com/glyy/yxch/ppyx/201208/44525.html.
3. 酒店如何通过服务提升媒体关注度；http：//www.canyin168.com/glyy/yxch/ppyx/201207/44206.html.
4. 浅析网络经济下的广告理念；http：//www.chinaacc.com/new/287_294_201104/01wa210672880.shtml.
5. 雷人“神剧”的娱乐营销之道；http：//info.ceo.hc360.com/2012/08/140834209149.shtml.

综合实训练习

1. 由教师划分实践小组，选择当地一家知名酒店，实地了解该酒店的促销策略，并对该酒店的人员推销策略进行分析，写出分析报告。

2. 选择当地的知名酒店，根据酒店的实际情况为其设计策划一次主题鲜明的酒店公关活动，并形成书面总结报告。

3. 请各小组分别找出抖音、快手上面的酒店服务或促销案例，并进行分析。

第八章 酒店客户关系管理

客户关系是酒店重要的外部关系，良好的客户关系是酒店成功的关键。俗话说“终端制胜”，客户关系管理是酒店对外经营的一项重要工作，是酒店树立品牌、提升知名度和美誉度的关键环节。重视客户关系管理是酒店在市场竞争中取得优势的先决条件。

本章重点阐述了客户关系管理的内涵及作用，并详细阐述了客户关系管理对酒店营销工作的重要性。同时，详细介绍了现代酒店客户关系管理的各种技巧，并就酒店服务营销的概念内涵、服务营销策略等内容对服务营销理念进行了深入探讨。

学习目标

知识目标

1. 理解酒店客户关系管理的含义及发展历程。
2. 掌握酒店客户关系管理的特征、意义。
3. 掌握现代酒店客户关系管理手段。

能力目标

1. 能构建科学的客户关系管理理念。
2. 掌握一定的客户关系管理技巧。
3. 能运用客户关系管理的技巧分析和解决酒店运营中的实际问题。

案例

白天鹅宾馆的“三位”理念

白天鹅宾馆是中国第一家中外合资的五星级酒店，也是我国第一家由中国人自行设计、施工、管理的大型现代化酒店。白天鹅宾馆在1985年被世界一流酒店组织接纳为在中国的首家成员；1990年被国家旅游局评为我国首批五星级酒店之一；1996年荣列国家旅游局举办首次全国百优五十佳饭店评选榜首，并连续多年被国际旅游指南和国际著名杂志报纸评为国际商务人士到广州的首选酒店。自开业以来，白天鹅宾馆创造了良好的经济效益，共接待了40多个国家的元首和政府首脑。我国改革开放的总设计师邓小平曾三次莅临“白天鹅”，并亲笔题词，这在国内中外合作的高星级酒店中是绝无仅有的。

白天鹅宾馆的经营理念依托品牌形象，提出了“三位”理念：一是换位，站在客人的角度换位思考，提供服务时先知先觉，让客人产生意想不到的惊喜。二是到位，在服务传送时流程精准化、内容定制化和过程恰到好处。通过服务展示酒店的良好形象，给客人留下深刻而美好的印象，最终提高客人的满意度。三是在客人心中有位，要让预约体验与品牌形象直入顾客心扉，在顾客心中占据重要位置，培养更多的忠诚顾客。

有一次宾馆的一名住客要接待他的访客，打电话要求房务中心送个茶杯过来，一分钟后服务员很有礼貌地把茶杯送进房间，并面带微笑地说：“先生，我为您带来了茶叶，因为不知道您的朋友喜欢饮用哪种茶，所以我准备了3种供您选择。”客人一愣，接着服务员又说：“我给您准备了一壶开水，这样马上就可以泡茶饮用了，如果您还有什么需要请随时拨打房务中心电话，祝您谈话愉快！”客人满意得连忙道谢。

服务营销不仅是酒店的经营之本，更给员工提供了一种鲜明的经营哲学和价值观念，通过日常的培训和宣传逐步让员工接受和信奉这样的经营理念，从而形成企业所需的员工行为准则和审美观念。员工在日常工作中将这种理念转化为服务传递给客人，客人感知和认同了这种设身处地为客人着想、使客人有如回家般舒适的服务，在客人心目中留下一个鲜活的印象，占据一个独特的位置，久而久之，白天鹅的品牌形成了。

——资料来源：http：//yjjpkc.sdts.net.cn/07/al.asp.

案例分析

“三位”理念对酒店客户关系管理的意义何在？

第一节 客户关系管理的含义与意义

酒店行业是服务行业，客人就是酒店生存的根本。酒店行业要塑造顾客的忠诚度比任何其他行业都难，因为酒店产品及服务的可模仿性、可复制性太强。但并不是说酒店就对塑造客户忠诚度毫无办法，客户关系管理就是一个很好的手段。

一、客户关系管理的含义

客户关系管理（Customer Relationship Management，CRM）是一个不断加强与顾客交流，不断了解顾客需求，并不断对产品及服务进行改进和提高以满足顾客的需求的连续的过程。其内涵是企业利用信息技术和互联网技术实现对客户的整合营销，是以客户为核心的企业营销的技术实现和管理实现。

客户关系管理注重的是与客户的交流，企业的经营是以客户为中心，真诚对待每一位客户，留住老客户，开发新客户。加强与客户的沟通，为客户提供多种交流的渠道。

客户关系管理目前还没有十分统一的定义。顾名思义，客户关系管理指的是企业与其客户的交流方式，它实施于企业的市场营销、销售、服务与技术支持等与客户有关的领域。

客户关系管理首先是一种管理理念，起源于西方的市场营销理论，产生和发展于美国。其核心思想是将企业的客户（包括最终客户、分销商和合作伙伴）作为最重要的企业资源，通过完善的客户服务和深入的客户分析来满足客户的需求，以求与客户建立长久的合作关系。

客户关系管理又是一种旨在改善企业与客户之间关系的新型管理机制，要求企业从“以产品为中心”的模式向“以客户为中心”的模式转移。也就是说，企业关注的焦点应从内部运作转移到客户关系上来。

客户关系管理也是一种管理软件和技术，它能够提供客户资源及相关数据分析，为企业的销售、客户服务和决策支持等领域提供一个业务自动化的解决方案。它使企业有一个基于电子商务的面对客户的前沿，从而顺利实现由传统企业模式到以电子商务为基础的现代企业模式的转化。

客户关系管理的目标是：一方面通过提供更快速和周到的优质服务吸引和保持更多的客户；另一方面通过对业务流程的全面管理降低企业的成本。设计完善的客户关系管理解决方案可以帮助企业在拓展新收入来源的同时，改进与现有客户的交流方式。据国际客户关系管理论坛统计，国际上成功的客户关系管理系统的实施，能给相应的企业每年带来 6% 的市场份额增长，提高 9% ~ 10% 的基本服务收费。

相关链接 搜索

客户关系管理的发展历程

客户关系管理是伴随着因特网和电子商务的大潮进入中国的。

最早发展客户关系管理的国家是美国，在 1980 年年初便有所谓的接触管理（Contact Management），专门收集客户与公司联系的所有信息。到 1990 年演变为包括电话服务中心支持资料分析的客户关怀（Customercare）。

从管理科学的角度来考察，客户关系管理源于市场营销理论；从解决方案的角度考察，客户关系管理是将市场营销的科学管理理念通过信息技术手段集成在软件上面，得以在全球大规模地普及和应用。

二、客户关系管理对酒店的意义

适应市场竞争环境的需要。当今的酒店业市场竞争越来越激烈，谁能最终留住客户，谁就能在激烈的竞争中站稳脚跟。当今的酒店市场竞争是围绕留住和吸引更多的客户展开的，客户关系管理是抓住客户需求、留住客户的必要和有效的手段。酒店客户关系的处理，直接影响到酒店在行业内的竞争力及经济效益。面对激烈的市场竞争，酒店企业不得不展开强势的客户关系管理来留住客户。

实现客户忠诚度最大化的需要。酒店的客户忠诚度很难塑造及保持，这是由酒店产品及服务的可模仿性及可复制性造成的。酒店为了塑造和实现客户忠诚度的最大化就必须从建立良好的客户关系以及对客户关系进行有效管理着手，积极与客户进行沟通，与客户建立良好的关系，想客户之所想，以客户需求为中心开展经营，为客户提供真诚的服务，只有这样才能塑造和保持客户的忠诚度。

实现客户价值最大化的需要。酒店要实现客户价值的最大化就是要让客户得到他所想得到的最大利益，并且争取与客户的长期合作，让客户在消费中获得最大利益，建立和稳定客户关系。同时，运用其他手段与客户建立良好的关系，争取与每一位客户长期合作，实际上就是把每一位客户都培养成酒店的忠诚客户、大客户和常客，从而实现客户、酒店与社会利益的多赢。

实现酒店利益的最大化。酒店所有经营活动的最终目的都是为了顾客满意、酒店获利。而顾客满意是酒店获利的前提和基础。为了使顾客满意就要与顾客建立良好的客户关系，注重细节，攻心为上。运用服务这个有力的手段建立和稳固客户关系，用细节感动顾客，用心服务于每一位顾客，争取使每一位到酒店消费的客人都能成为回头客，那么酒店利益的最大化也就随之实现了。

三、客户关系管理的作用

降低成本，增加收入。客户关系管理可以降低销售费用和营销费用，并且客户关系管理使酒店与客户产生高度互动，可以帮助酒店实现更准确的客户定位，使酒店留住老客户、获得新客户的成本显著下降。在增加收入方面，由于在客户关系管理过程中掌握了大量的客户信息，可以通过数据挖掘技术，发现客户的潜在需求，增加酒店销售收入。并且，由于采用了客户关系管理，可以更加密切与客户的关系，增加客户的消费量和消费的频率，减少客户的流失。

提高业务运作效率。由于信息技术的应用，实现了企业内部的信息共享，使业务流程处理的自动化程度大大提高，从而使业务处理的时间大大缩短，员工的工作也将得到简化，使企业内外的各项业务得到有效的运转，保证以最短的时间、最快的速度使客户得到满意的服务。

保留客户，提高客户忠诚度。客户可以通过多种形式与酒店进行交流。酒店的客户数据库可以记录和分析客户的各种个性化需求，向每一位客户提供“一对一”

的个性化服务，而且酒店可以根据客户的不同消费水平及层次的优惠措施，鼓励客户长期与企业开展业务。

有助于拓展市场。客户关系管理系统具有对市场活动、销售活动的预测和分析能力，能够从不同角度提供有关产品和服务成本、利润数据，并对客户分布、市场需求趋势的变化做出科学的预测，以便更好地把握市场机会。

挖掘客户的潜在需求。每一家酒店都有一定数量的客户群，如果能对客户不同层次的需求进行研究，则可以带来更多的商业机会。客户关系管理过程中产生了大量有用的客户数据，只要加以深入利用就可发现很多客户的潜在需求。抓住客户的潜在需求不但为酒店创造了更多的利润，还有利于为客户提供个性化服务，维护客户关系。

因此，做好客户关系管理是酒店营销部员工的重要职责。它决定了酒店能否与顾客建立良好的客户关系，从而实现顾客、社会、酒店利益的最大化。

课堂思考

结合实例说说客户关系管理对酒店发展的作用。

第二节　现代酒店客户关系管理技巧

客户关系管理对酒店的发展至关重要，酒店销售部门的工作人员应该运用良好的客户关系管理技巧，帮助酒店做好客户关系管理工作，以实现客户、酒店、社会的多赢。

一、建立完善的客户服务管理体系的基础

实施客户关系管理，最根本的是要建立“以客户为中心”的企业运行和管理模

式，而其基础则是要建立规范化和制度化的客户服务管理体系。在客户服务管理体系中，要明确酒店各部门在客户管理中的职责，规范各种业务流程与规章制度，从而使客户管理工作做到有章可循、有据可查。

建立客户服务管理体系的主要环节包括两个方面：第一，明确部门职责。酒店销售部门负责识别顾客的需求与期望，组织有关部门对产品及服务要求进行评审，并负责与顾客沟通。一线部门在做好服务的同时要帮助销售部门征集顾客需求，为顾客提供优质服务，并根据顾客需求的变化及时调整服务内容和形式。第二，识别顾客要求。酒店营销部员工负责发现和满足顾客的需求。可以通过市场调研、顾客满意度测评（含对酒店产品及服务的改进建议、顾客投诉及处理等过程中产生的数据、竞争对手分析）等方式和渠道来获取相应的信息。

明确酒店各部门在客户关系管理中的职责，让各部门都参与到客户关系管理工作中，有利于酒店客户关系管理工作的开展。酒店销售部员工要明确自己的职责，发现及抓住顾客的需求，并将顾客需求的变化及时与其他部门沟通，确保提供给客人最优质的产品及服务，赢得顾客的满意，积极塑造酒店客户的忠诚度。

二、建立完善的客户关系管理软件系统

为了更好地进行客户关系管理，酒店要积极运用现代信息技术及互联网技术，酒店销售人员要很好地跟上这个潮流，做好客户关系管理工作。

酒店一般会安装方便客户关系管理的软件系统，来实现酒店客户资料及信息的共享，以方便各部门协作展开客户关系管理。这样的软件系统操作起来比较简单，信息存储量大，数据齐全，可以为营销策划、制定酒店营销策略提供有力的支持，方便酒店及时调整营销策略，帮助营销部门及时掌握团队的销售力。

（一）酒店客户关系管理软件系统的一般功能

（1）查询客户往来信息，对客户信息进行全面的管理。例如查询客户的相关详细信息、客户购买酒店产品及服务的信息、客户的反馈信息等。

（2）客户管理。包括客户资料管理、客户交互管理、客户跟进管理、客户提醒管理、客户回款管理、流失客户管理、合同文档管理等。

（3）统计分析。包括客户分析、产品及服务销售分析、利润贡献分析、酒店

销售部销售员业绩分析等。反映出客户、产品销售、利润与销售部销售员之间的关系。

酒店营销部员工要及时对客户信息进行更新，与酒店其他部门协同合作，利用管理软件的统计分析功能，及时做出产品及服务销售分析、酒店销售部销售员业绩分析及相关的各种分析，将分析数据所体现的问题或结论及时向上级及酒店其他部门沟通，以便为酒店营销决策提供强有力的依据。

（二）酒店客户关系管理软件系统的作用

（1）系统内可添加一些常用的客户知识及酒店产品知识，方便全员了解客户和产品知识，为客户关系管理奠定良好的基础。

（2）知识和信息可以全员共享，有利于及时建立和维护客户关系，提高酒店员工建立和维护客户关系的能力，并进一步提高员工素养和工作能力。

（3）有利于营造“以顾客为中心”的经营理念。客户关系管理软件系统可以有效地将“以顾客为中心”的经营理念时刻传递给各员工，形成一种良好的企业文化氛围。

（4）有利于酒店的各项经营决策。软件操作系统的数据分析功能，可以为酒店的各项经营决策提供强有力的依据。

三、酒店营销部员工客户关系管理技巧

（一）树立正确的客户关系理念

酒店营销部人员必须树立正确的客户关系理念，充分认识到客户对于营销部及酒店的重要性，明确在营销工作中建立良好的客户关系对于酒店来说至关重要。酒店销售人员要用真诚去建立和维护客户关系，积极塑造客户的忠诚消费。

（二）开发和建立客户关系的技巧

1. 开发客户的技巧

酒店销售人员开发和建立客户关系的首要任务是如何开发客户，也就是要找到

能到酒店消费的客户，那么如何辨认出能到酒店消费的准客户呢？一般情况下，准客户应具备以下三个条件：

（1）客户的需求。要看客户有没有到酒店消费的需求，如客户并没有到酒店消费的需求，那么无论酒店销售人员如何宣传、销售，客户都不会踏进酒店一步。

（2）消费能力。酒店销售人员要根据酒店所提供的产品和服务的档次来开发符合酒店消费能力的客户。如果客户不具备与酒店相符的消费能力，那么再怎么开发也是徒劳的、毫无意义的。

（3）有没有到酒店消费的决定权。刚开始做酒店销售工作的销售人员最容易忽视这一点。销售人员开发企业客户，需要找到负责企业接待事务的管理人员进行宣传，因为这个负责人对是否到销售人员所在酒店进行消费有决定权。

2. 拜访客户的技巧

（1）在拜访客户之前要准备好名片、宣传资料、协议。宣传资料一定要简洁明了、重点突出、能吸引人，提前准备对产品和服务的口头介绍，介绍一定要做到专业又吸引人，重点突出，通俗易懂，时间不要过长。所带协议要便于当场签订。

（2）根据客户的具体情况决定拜访是不是需要电话预约。如果销售人员要拜访的客户是政府公务员、公司的经理或者是单位的主要负责人，最好提前电话预约拜访时间。因为这类客户时间安排比较紧凑，如不提前预约很有可能扑空，造成时间及其他成本的浪费。电话预约也是对此类客户的尊重。如果是大范围随机性的宣传则不需要进行电话预约。

（3）如果拜访的时间确定了，销售人员一定要准时，绝不能迟到。酒店销售人员一定要准时到达拜访客户的地点，最好能提前几分钟到达。准时是销售人员职业素养和人品的良好体现，迟到是对客户的一种不尊重，也是对自己的不尊重。在拜访客户之前如果还有时间，可以再熟悉一下宣传资料及拜访的程序。如果是没有预约的客户，在确定时间时，一定要选择客户方便会面的时间。切记不要选择客户即将结束工作的时间前去拜访，因为此时客户已没有心思与销售人员交谈，此时去拜访是对客户的不尊重。

（4）在到达与客户会面的地点后，要坐在方便和客户交谈的位置上。销售人员与客户会面时要尽量坐在靠近客户的位置上，如有可能，尽量坐在与客户水平高度相当的位置上，方便与客户进行沟通。如与客户会面的地点已安排了销售人员的座位，那就按照客户的安排入座。

（5）与客户沟通的过程中要简明扼要地直入主题，介绍清楚后确认客户是否愿意签订协议。销售人员在与客户沟通时要直奔主题，不要过多寒暄以免浪费与客户沟通的宝贵时间。在介绍酒店的产品和服务时要简明扼要、主次分明、详略得当。介绍完成后，确认客户是否已经完全了解了酒店要宣传的产品或服务。如已经完全明白，销售人员可以主动询问客户是否愿意签订协议。如果被拒绝，可以请求客户再做考虑，以便为下次拜访埋下伏笔。

（6）第一次拜访客户一定要掌握好时间，不要太长。销售人员第一次拜访客户一定要把握好时间。无论拜访是否成功，销售人员的拜访时间要控制在 1 小时以内，如拜访时间过长，容易引起客户的反感，难以给客户留下一个良好的第一印象。要本着真诚守信的心态介绍酒店的产品和服务，不夸大其词，不说空话，给客户留下一个诚信的好印象。

（7）第一次拜访客户前要设计拜访的流程及话题。见到客户要主动打招呼，在客户未开口之前，以亲切的语调向客户打招呼问候，如“王经理，早上好！”

打完招呼后要进行自我介绍，报上酒店名称、自己姓名及所在部门，并将名片双手递出。直奔拜访主题之前可做适量沟通，可稍微聊一点可以活跃气氛的轻松话题，拉近与客户的心理距离，使接下来的沟通更加轻松顺畅。

（三）维护客户关系的技巧

（1）细致入微，攻心为上。销售人员应当熟记客史档案，在客人生日当天为他送上礼物及诚挚的问候。客人到酒店消费时能够熟记客人的口味特点，为客人精心搭配一桌满意的菜品。时刻以细致优质的服务来感动顾客，必要时可以根据客史档案为客人提供个性化的服务，留住客人，把客人塑造成为酒店的忠诚消费者。

（2）替客户着想，多换位思考。酒店与客户合作一定要追求双赢，客户满意，是酒店获利的基础。因此，销售人员要多站在客户的角度去思考问题，多为客户着想，不要把客户不需要的产品或服务介绍给他，也不要让客户花多余的钱，要尽量减少客户在酒店消费时不必要的开支。这样才能赢得客户的信任和尊重，才能有效地维护与客户的关系。

（3）真正地尊重客户。每个人都需要尊重，都需要获得别人的认同。对于客户给予的合作，销售人员一定要心怀感激，并对客户表达出诚挚的谢意。而对于客户的失误甚至过错，不应责备埋怨，而要表示出宽容大度，并立即与其共同研究探讨，找出补救和解决问题的方案。这样，客户才会从心底感激销售人员，感激酒店。

（4）信守原则和职业道德，对所有的客户要一视同仁。一个信守原则和职业道德的销售人员最能赢得客户的尊重和信任。不管客户的消费档次和社会地位，只要是酒店的客人销售人员都应一视同仁，不能厚此薄彼，戴有色眼镜看人。销售人员要用原则和职业道德赢得顾客的信任及尊重，维护建立好客户关系，塑造客人的忠诚消费。

（5）为客户提供优质服务。要想维护好客户关系，高质量的产品及服务是不可或缺的。客人到酒店消费，最想得到的就是优质的产品及服务。酒店各部门都要担负起维护客户关系的职责，酒店的员工都要对全员营销及服务营销有透彻的认识，并能很好地将全员营销及服务营销的理念贯彻到现实工作中去。只有酒店各部门加强协作，才能真正地维护好客户关系。

（6）当工作出现失误时，不要替自己找借口。销售人员在对客服务或沟通过程中如果出现了工作失误，一定不要忙着替自己找借口，这样会给客人留下推卸责任、不顾客人利益的印象。销售人员应坦诚地承认自己的过失，然后尽力弥补过失，把过失给客人造成的不满感降到最低。当销售人员能承担责任并改正过失时，反而会赢得顾客的信任。

（7）销售人员要多学习专业知识及心理学知识。销售人员要多学习相关专业知识，这样可以帮助销售人员更好地维护客户关系，赢得客人的喜爱和信任。除了真诚细致的服务和关怀外，相应的心理学知识也可以帮助销售人员更好地把握客户的心理，从而更好地开发和维护客户关系。

客户关系的开发和维护是酒店销售人员的重要工作职责，客人是酒店的生存之本，没有客人就失去了一切。面对行业内越来越激烈的市场竞争，酒店销售人员要把客户关系管理工作当作重点工作用心去做，争取到更多的客人、维护好客户关系，酒店才能得到长远的发展。

课堂思考

你认为还有哪些技巧可以更好地维护客户关系？

四、服务营销

纵观现代经济的发展过程，一个显著特征是服务业的迅猛发展，其在国民经济中的地位愈来愈重要。具体表现在：一方面，一半以上的国民生产总值来自于服务部门；另一方面，服务部门又为社会创造了大量的就业机会，尤其是在经济衰退时期，这一作用更为明显。因此，有人把后工业化社会称为服务经济社会。旅游业作为世界第一产业，其产品主要是旅游服务，被称为无烟产业，为国民经济做出了重要的贡献，安置了大量的闲置劳动力。

服务营销是企业在充分认识、满足消费者需求的前提下，为充分满足消费者的需要在营销过程中所采取的一系列活动。服务作为一种营销组合要素，真正引起人们重视是在20世纪80年代后期。这个时期，由于科学技术的进步和社会生产力的显著提高，产业升级和生产的专业化发展日益加速，一方面使产品的服务含量即产品的服务密集度日益增大；另一方面，随着劳动生产率的提高，市场转向买方市场，随着消费者收入水平提高，他们的消费需求也逐渐发生变化，需求层次也相应提高，并向多样化方向发展。

旅游服务营销作为一种旅游行业普遍适用的观念的提出在营销理论界尚未见有专著问世，但不少旅游界学者和企业家都认识到旅游服务对旅游企业长期发展和形成竞争优势至关重要，也提出了很多新的旅游服务理念，对于旅游服务营销理论的形成有着重要意义。近十几年出现的关系营销、整合营销、客户关系管理等理论其核心也蕴含着服务营销观念。后来，又有人提出了留住顾客、相关销售、顾客推荐3R理论。所有这些理论都对旅游服务营销观念的形成奠定了理论基础。这些理论都强调了服务在营销活动中的核心地位和全员参与的营销特点，突破了原有营销理论以顾客需求和产品为重的局限。

（一）酒店服务营销的概念

所谓酒店服务营销就是酒店为了满足顾客对酒店产品所带来的服务效用的需求，实现预定的目标，通过采取一系列整合营销策略而达到酒店产品交易的营销活动过程。

酒店服务营销的核心在于：

（1）酒店服务营销揭示了全体员工的参与对整个营销活动的重要意义。全体员工是企业的主体，每个员工做的每件事都将是顾客对企业服务感受的一部分，都将对企业的形象产生一定的影响。应让每位员工都积极主动地参与到企业的经营、管理决策中来，真正发挥员工的主人翁地位。

（2）酒店员工应关注在为顾客提供服务的全过程中，通过互动沟通了解客户在此过程中的感受，使顾客成为酒店服务营销过程的参与者，从而及时改进自己的服务来满足顾客的期望。企业营销也应重视内部各部门之间分工与合作过程的管理，因为营销是一个由各部门协作、全体员工共同参与的活动，而部门之间的有效分工与合作是营销活动实现的根本保证。希尔顿饭店是全球著名的跨国大公司，希尔顿本人也被誉为美国“旅馆大王”。有人询问希尔顿的经营诀窍，希尔顿的回答是：“请你在离开我的希尔顿饭店时留下改进意见，当你再次光临我的饭店时就不会再有相同的意见——这就是我的经营诀窍。”成功的因素是多方面的，但好的服务意识是企业获得成功必不可少的条件。

（二）酒店服务营销观念与传统营销观念的区别

酒店服务营销观念与传统营销观念有着本质的不同。传统营销观念以市场为导向，企业的营销活动是围绕市场需求来做的；虽然它也重视产品的售后服务，但认为售后服务是解决产品的售后维修，售后服务部门是成本中心而不是利润中心，做好售后服务是为了推销出更多的产品。酒店服务营销观念以服务为导向，酒店营销的是服务，服务是企业产品设计、生产、广告宣传、销售、售后服务等各个部门的事，甚至是每一位员工的事；售后服务也不是成本消耗部门，企业的产品经过每一个部门都被赋予了新的增值。在服务营销观念下，酒店关心的不仅仅是产品是否成功售出，更注重的是用户在享受酒店服务的全过程中的感受。

相关链接　搜索

服务营销

服务营销就是针对服务市场的营销活动，其有独有的研究内容及侧重点。营销学界对服务概念的研究是从 20 世纪 50 ～ 60 年代开始的。区别于经济学界的研究，营销学以服务作为一种产品为基础进行研究。1960 年，AMA 最先给服务下的定义为“用于出售或者是同产品连在一起进行出售的活动、利益或满足感”。在这里，服务为一种产品不可分割的一部分。

在市场营销学中，有很多可奉行的营销观念，每一种观念又有其不同的特点和适用条件。在服务市场营销中，服务营销应成为营销人员应有的理念。服务营销是一种全新的营销观念，不同于其他的营销观念。服务营销的核心理念是顾客满意和忠诚，通过取得顾客的满意和忠诚来促进相互有利的交换，最终获得适当的利润和公司长远的发展。与传统的营销相比，服务营销在以下七个方面取得了突破：

- 服务营销侧重于保留与维持现有的顾客，而传统营销侧重于销售产品。
- 服务营销注重长远利益，而传统营销注重短期利益。
- 服务营销将服务的作用凸现出来，而传统营销不注重服务的作用。
- 服务营销向顾客提供足够的承诺，而传统营销只向顾客提供有限的承诺。
- 服务营销强调与顾客的沟通和交流，甚至形成伙伴关系，而传统营销不强调与顾客的接触。
- 服务营销认为质量与产品和服务都有关联，而传统营销认为质量只与生产部门有关。
- 服务营销是产品所提供的利益导向，而传统营销是产品的功能导向。

（三）酒店营销服务策略

经过多年的探索和经验积累，多数酒店自觉地实现了其营销模式由产品导向向服务导向的战略转移，并且部分成功的酒店企业进一步完善和归纳了服务营销过程管理的核心——四大策略，现总结如下：

1. 服务模式策略：服务差异化

“站在顾客的立场上提供服务产品”无疑是酒店业服务营销的核心，但基于以下原因，服务产品与顾客需求之间的关系并不是静止的。第一，在同一时间、地点，不同的客人有不同的服务需求。例如，同一餐厅中客人对背景音乐的选择，国内客人喜欢通俗流行音乐，而欧美客人偏向舒缓的古典音乐。第二，在不同的时间、地点，同一客人的服务需求侧重点不同。例如，旅游者白天需要新奇刺激的活动项目，夜间则需要舒适安静的环境。

随着经济技术的发展和时代的演进，服务产品在质和量两个方面都在不断产生升级换代。旅游服务仅仅靠严格管理、规范操作并不能获得顾客的普遍满意，唯有针对性的服务才能打动顾客的心。然而这种针对性的定制服务要花费较大的服务成本，因此需要在顾客满意与企业效益之间寻求一种最佳结合的服务模式：规范与非规范结合的服务差异化，即以规范服务为主，满足多数顾客的共性需求，确保基本的稳定服务质量，而以非规范服务为辅，满足顾客的个性化需求，从而显示企业具有有吸引力的服务特色。例如，在宏观的地区服务差异上，1990 年国际假日酒店集团在全球不同地区分别推出了旅馆型、快捷型、艺苑皇冠型、度假地型、庭院型等不同档次、风格的酒店系列，满足了不同地区消费群体的差异化需求。而在微观的个人服务差异化方面，如酒店客房部特地为某位过胖客人用两个标准床拼装一个大床的超常服务使客人大为感动。所有这些服务差异化的事例都体现了发自内心的灵活针对不同对象的服务艺术的创造性。

2. 服务传播策略：服务的实体化显示

服务产品所具有的不可感知性特征，虽然在一定程度上妨碍了旅游企业有效地推广服务产品，但顾客仍可通过对服务环境中有形实物的感知，建立对旅游服务企业的印象及服务产品质量的认知评价。例如，初次光临某餐厅的顾客在进入之前，通过餐厅外观、招牌标识等先获得一个初步印象，若感觉尚好则进入，而餐厅内部的装潢、餐具干净程度及服务员的礼仪态度则直接影响其消费信心。因此，旅游服务企业若善于借助服务过程中可以直接传达服务特色及内涵的有形展示手段，将大大有利于服务产品的营销推广。服务过程中的实体化显示要素和相应的措施主要有：

（1）服务的环境与气氛要素。它们通常在顾客的最低期望之内并被顾客默认为构成服务产品内涵的必要组成部分，其存在不会使顾客感到特殊的兴奋与惊喜，但若缺少则会挫伤顾客对服务的兴趣和消费信心，例如餐厅的清洁卫生、结账的快速无误等。一般酒店可以通过严格的规范管理确保顾客对此的基本需求，但若在一定程度上适当超越顾客的期望，将提高顾客对服务的满意感。

（2）服务的设计要素。它们通常是用于改善服务的包装，使产品的功能更突出，增加服务的附加值，以建立可感知的赏心悦目的服务形象，例如酒店建筑外观的独特造型，以及企业统一的服务形象标识系统等。企业应力求确定与自身服务内涵对应一致的醒目品牌形象。肯德基快餐在此方面是一个成功的典范，门前醒目的红色“KFC”标志和和蔼可亲的“上校”人物标识，引人注目，餐厅内部柔和简洁的色调都体现出其快捷卫生、欢快亲切的服务文化特色。

（3）服务的社交要素。它指服务场所内一切参与及影响服务生产的人，包括服务人员、顾客及其他人士。总的来讲，社交要素对顾客的影响远较其他两类要素显著，因为顾客可由此直接判断服务人员的反应性、处理顾客要求的诚意，以及该企业是否值得依赖。并且由于从众心理，服务场所内其他顾客的评价也会影响顾客的消费期望和干扰对服务质量的判断。值得注意的是在以上三类实体显示中，改进服务社交要素所需的投资相对较低，它只需提供基本的实物如工作制服，并通过相应的服务培训，便可取得明显满意的效果。

3. 服务协调策略：内、外部营销一致化

旅游企业的传统营销实质是针对企业外部顾客的外部营销，内容包括营销调研、产品设计与开发、产品定价、广告促销与人员推销等。其重要功能之一就是通过促销方式向顾客承诺，使其消除对服务产品的风险感并激发其消费期望，然而更深入的研究表明：顾客对服务的最终评价不仅取决于实际的服务水平，关键还在于对承诺的服务与实际提供的服务进行对照；只有当两者一致或后者超过前者水平时，才会使顾客获得服务的满意感。若对外营销人员仅从眼前推销业绩出发，以超越企业实际服务能力的过高承诺迎合顾客，将会误导顾客过高的服务期望水平，引发顾客的抱怨与不满，最终损害企业声誉。

因此，全面意义上的旅游企业服务营销应涵盖外部顾客与内部员工两大方面。员工是服务的核心，在服务接触的过程中员工与顾客的互动直接影响着顾客对服务的评价。针对企业内部员工进行的内部营销正是基于“员工是企业的第一顾客，赢得员工才能真正赢得顾客”的营销理念，通过内部工作的设计去真正满足员工的需求，再通过员工发自内心的真诚服务表现去感染顾客。由此可见，协调的内部营销是外部营销成功的前提。酒店业的内部营销主体是以营销人员为辅助的企业管理层，客体是员工，内容包括：员工的招募、培训、服务设计（员工参与的）、员工激励及内外部营销沟通与协调制度。

4. 服务延伸策略：顾客管理制度

对于强烈依赖顾客消费的酒店业而言，稳定而忠诚的顾客群无疑是企业的宝贵财富。忠诚的顾客给予企业的利益表现在：第一，重复购买次数多，为企业积累了

可观的利润；第二，对服务价格的变动承受力强，能接受和认同企业的价格调整；第三，对服务中的失误和事故持宽容态度。

因此，为了培育企业外围固定的消费群，建设良性经营的社会环境，一些旅游企业开始在传统的面对面服务、一次性成交的基础上，对服务的内涵加以开发和延伸，为顾客提供更完备、周到的售后服务和追踪联系，将原本分散独立的顾客加以整体管理。这种顾客管理的服务营销体系近年来在酒店业中得到了广泛的应用，如对顾客期望的引导、顾客消费行为管理（以便更好地在消费中与服务人员配合）、顾客档案管理（以便针对性地提供个性化服务）、顾客意见追踪、顾客间社会关系的管理等。通过这些系统化的顾客管理措施，将分散的顾客结合成与企业保持紧密联系的社会网络，并且不断强化其品牌忠诚度，这将大大有利于旅游服务产品的营销传播，最终使企业赢得市场中宝贵的顾客资源。

（四）酒店服务营销要点

1. 基本出发点是根据顾客的需求，提供顾客满意的产品和服务

随着社会的进步，人们的物质需求和精神需求都在向着更高层次的方向发展，具体到酒店消费上也充分体现出这种多元化特点。不同层次、不同消费心理和消费习惯的客人，他们的消费标准及对酒店提供的服务的需求是有区别的。这就要求服务人员既要按照规定的服务方式和服务规范来进行服务，又要为客人提供更加有针对性的服务，这样才能够满足客人极具个性化的心理需求。当然，这要求管理人员要加大力度对员工进行相关的知识培训，强化服务意识，提高服务的技巧性。例如，在一家餐馆就餐，服务人员会针对客人的爱好和就餐人数来帮助客人点菜；同时根据客人菜品消费的档次高低来推荐酒水；席间非常讲究上菜的时机和火候，注意服务细节；结账时快速准确。让客人既体会到酒店的热情服务，又深刻感受到酒店的良苦用心和默默关怀，这样的酒店怎么会不让客人感动呢？现代营销学有一句非常通俗的话："营销不仅是让客人满意，更重要的是让客人感动。"只有这样，客人才会由"头回客"变为"回头客"。

2. 首要表现是"微笑服务"，即营销态度，是对客人最直接的问候与友善

微笑服务是酒店员工最基础的服务礼节和服务规范。微笑是一种待客态度，是酒店产品，更是酒店有效的营销手段。在酒店业中流传着这样一句话：

"菜品不足服务补，服务不足态度补。"这里的态度就是微笑服务。从服务学来看，"微笑服务"在本质上有两层含义：微笑服务既代表了酒店对客人热情欢迎的态度，又代表了服务人员对自身职业的高度的荣誉感和责任心。只有酒店管理者为员工创造一个温暖、和谐、向上的环境，员工才会有发自内心的微笑。所谓"只有满意的员工，才有满意的客人"正是由此而来。同时，酒店应注意培养员工"敬业乐业"的精神。一位资深的酒店员工曾经深有体会地说："对酒店工作的爱，对客人的爱，是员工热情、真诚的源泉。"因为有了爱，便有了热情，便有了真诚的微笑。当然，管理制度和服务环境的优化也是"微笑服务"的保证。

3. 核心内容是优质服务，它能最直接地影响酒店的经济效益

优质服务能使顾客有"宾至如归"之感和"宾去思归"之念，使客人高兴而来，满意而去，对酒店留下良好的印象。优质服务应贯穿于酒店服务的每个细节，贯穿于从顾客进店直至客人离开的全过程。客人对酒店服务质量的评价是通过每个部门、每个环节的工作，通过每一件事，甚至极细微的小事，得出结论的，从而据此来确定自己的消费行为和消费标准。优质服务包含几个要点：一是待客公平、公道；二是注重工作效率；三是细微服务，也称为"个性化服务"，即针对客人不同的需求，提供各种细节性的服务，来满足客人的独特需求，体现酒店对客人的人性化关怀。例如，客人在就餐时会对就餐座位、菜品口感、服务细节或对客房朝向、房间布局、布草配置等有各自不同的要求，餐厅或客房服务人员应随时关注到这些并及时更改原有的工作标准，来顺应客户的需求。因此，优质服务是一个全方位的过程，任何一个环节的偏差都会影响客人对酒店的整体评价。国外一位酒店专家说得好："酒店销售的其实是客人对酒店的感受，是经历，是回忆。"这也正是"服务营销"的关键所在。

4. 重点是建立优质的、高效的客源网络

大量的、细致的一线服务工作，提高了酒店的经济效益，往往受到许多管理者的高度重视。殊不知，通过这种长期的服务营销工作，更为重要的是酒店可以据此建立自己的营销网络。大量的回头客不仅带来了效益，而且为酒店带来了信誉，即客人对酒店的信任。酒店可以据此建立顾客信息档案，不仅专业的销售人员要与之保持联系，而且要通过一线服务人员来加强与客人的沟通，使之在情感上对酒店产

生认同和依赖感，进而达到“顾客零距离”的理想销售境界。在竞争激烈的酒店市场，这是一笔无形的财富。这是服务营销的最终目的。

5. 重要补充手段是及时、妥善处理好顾客投诉

当然，由于酒店工作是人与人直接接触，是面对面的相处，所以具有较强的随意性和突然性；再加上服务人员从整体上来看素质不尽相同，管理也存在不尽合理和疏漏之处，所以存在问题是在所难免的。对于问题的存在，要求服务人员要端正对投诉的态度。按照科学的管理理论，“只有投诉的客人才是酒店最忠诚的客人，才是好客人”。酒店最怕那些有意见不投诉，悄悄离开，以后再也不来酒店的客人。因为只有客人投诉的问题，酒店最重视，解决得最快，客人不提的毛病却容易被忽视。所以，国外有些企业会花重金来购买客人的意见，这正是出于对市场的全面考虑。

处理投诉应把握三条原则：一是客人永远是对的，即真心实意帮助客人解决问题，这是基本原则；二是绝不与客人争论，给足客人面子，把“对”让给客人，这是基本技巧；三是善于引导客人，平衡客人和酒店的利益，这是工作标准。俗话说“不打不相识”。投诉是酒店和客人之间的恩怨，是纠纷，更是缘分。化解投诉是双方进一步加深认识的桥梁，也是良好的工作契机。酒店可以借此来完善服务和管理工作，重新获得客人的信赖。这是服务营销的有效补充手段。

以上是服务营销在酒店的实际应用。上至总经理，下至普通员工，都可以通过为客人提供服务来达到营销的目的。酒店管理者要强化对员工的营销意识培训，使员工意识到在服务过程中的营销才是最直接的销售，每位员工都是销售人员；酒店管理者要建立对员工的激励制度，营造“全员营销”的企业文化氛围，在服务中营销，提高酒店的市场竞争力。

（五）服务营销的注意事项

1. 没有满意的员工就没有满意的客人

酒店服务营销要注意以人为本。对于酒店来说，拥有优秀的员工是赢得和保有优秀顾客的关键。“没有忠实的员工做基础，是不可能拥有忠实顾客的。”酒店应该将员工视为内部顾客，为员工的自我实现服务。管理者要告诉员工企业要努力实现的市场目标，并引导他们以企业所选择的细分市场的顾客需求为导向。要为服务

人员提供他们所需要的培训、自主权和支持，以此来保证他们同顾客之间重要的但常常又很短暂的接触能产生令人满意的结果。“管理是一种服务。”只有对内的服务上去了，对外的服务质量才能提高。以满意的员工提供给酒店客人满意的产品和服务，最终赢得客人的满意。

同时，要重视全员营销。以前不在销售岗位上工作的高度接触顾客的员工如今也被要求掌握一些销售技能。这样，酒店的前厅接待员或者收银员都可能被要求向顾客推销新的服务项目，或推荐客人找销售经理。全员营销是指把营销工作涵盖于酒店的每个部门，贯穿于每道工作程序，落实到每个人，所有的工作都紧紧围绕着“营销”二字进行，以全面、优质管理做基本保证，使酒店中每位直接接触顾客的员工都具备强烈的营销意识，在酒店内形成一种人人关心、处处支持营销的工作氛围。通过员工的努力树立企业形象，扩大企业知名度，使更多的顾客前来消费，大幅度提高酒店的经济效益。

2. 注意处理好“产品支持服务”与“酒店形象服务”的关系

前者指围绕产品而开展的服务，后者指围绕企业形象的塑造而开展的服务；前者表现为个别产品的直接附加利益，后者则表现为酒店的附加利益；前者直接促销，后者间接促销，两者有机结合，销售效果才会更好。

3. 掌握不同阶段服务的重点

售前服务的关键是树立良好的第一印象，基础是宣传、公关、启发、引导、咨询。售时服务的关键是交际谈判、说服购买，基础是礼貌与热情。售后服务的关键是坚持、守信、实在，基础是方便、周到、经济及感情。

4. 建立跟踪体系，提供附加服务

（1）重视服务跟踪体系。对于无数不同的服务人员来传递多元素产品的酒店服务来说，其跟踪体系根据市场划分的各个部分最好由专人负责，对口接待，以解决顾客的实际问题并把握每次合作的商机。

（2）提供附加服务。附加服务一般包括：熟客管理体系、“金钥匙”服务、客户主题联谊会、消费积分奖励体系、富有文化内涵的品牌战略及区域性促销服务等。

?复习与思考

一、名词解释

客户关系管理　服务营销　顾客管理　全员营销

二、填空题

1. 客户关系管理使酒店与________产生高度互动，帮助酒店实现更准确的________定位。

2. 服务营销是企业在充分认识、满足消费者的________前提下，在营销过程中所采取的一系列活动。

3. 建立客户服务管理体系的主要环节包括两个方面：________、________。

4. 酒店客户关系管理软件系统一般含有________、________、________等几种信息。

5. 酒店应关注在为________提供服务时的全过程，通过________了解客户在此过程中的感受。

三、选择题

1. 酒店营销中准客户应具备以下（　）条件。

A. 消费需求　　B. 消费能力

C. 消费决定权　　D. 社会地位

2. 酒店营销人员第一次拜访客户的时间不宜过长，应控制在（　）小时以内。

A.0.5　　B.1　　C.1.5　　D.2

3. 忠诚顾客带给酒店的利益主要体现在（　）。

A. 重复购买　　B. 对价格变动不敏感

C. 服务宽容度高　　D. 单次消费金额高

4. 酒店服务营销的核心内容是（　），它能最直接地影响酒店的经济效益。

A. 硬件产品　　B. 管理制度

C. 员工素养　　D. 优质服务

5. 全员营销是指把营销工作涵盖酒店的（　　）部门。

A. 一线部门　　B. 二线部门

C. 职能部门　　D. 所有部门

四、简答题

1. 客户关系管理的含义是什么？

2. 酒店销售人员应该注意的客户关系管理的技巧有哪些？

3. 您对全员营销及服务营销有何认识？

4. 酒店服务营销的要点有哪些？

五、案例分析

万豪集团的客户关系管理

“如果想详细了解万豪国际集团旗下风格各异、形形色色的酒店类型，大概需要让我滔滔不绝地讲上几天几夜！”当 Edwin Fuller 在越南战争中端着机枪忍受战争煎熬的时候，他绝不会想到在退役之后，将竭尽余生为创造最奢侈舒适的生活而奋斗。作为万豪国际集团国际酒店部总裁兼董事总经理，Edwin Fuller 举止优雅、气定神闲，你很难想象他居然全权掌握着万豪旗下 7 个酒店品牌以及除美国和加拿大以外的品牌拓展和酒店运营管理权，在中东、欧洲、加勒比海等 67 个国家、350 家酒店，年销售额高达 50 亿美元。作为全球首屈一指的酒店管理公司，万豪曾被《财富》杂志评选为最受敬仰企业和最理想工作的酒店集团，而能够做到这一点，他显然需要有着一双酒店使者谦卑温和的天鹅绒手套和咄咄逼人的铁拳。

万豪的创始人 J.Willard Marriott 先生坚信：“一个人的事业要想成功就必须时刻保持着建设性，并且去做有创造性的事情。他必须融入他所钟爱的事业。他还应该认真对待生命中的每一天。”“虽然做到这些并不容易，但是这正是我一生所追求的。我们必须战战兢兢、全力以赴！”Edwin Fuller 如是总结万豪国际集团和自己职场成功的经验。

1. 细分市场上的多元化和单一性

“在 Ritz-Carlton 酒店，门童服装都非常奢华，他们非常帅，非常优雅；在 Renaissance 酒店，我们更强调职业化的装束，门童更像是你的同事；而在 Fairfield Suite 公寓里面，你会感受到门童的服务是谦虚温和的，他们更像是你的朋友和管家。在几乎每个市场，都有万豪酒店品牌的存在，它们有着不同的价格和细分服务，并且保持着相同的品质感和亲和力，都是细分市场的领导者。”Edwin Fuller 向记者解释道，万豪更像是酒店业的“宝洁”，只要有市场机会，就会孜孜不倦地建设和延伸新的子品牌，这反映了万豪的企业文化——竭尽全力发现目标客户的特定需要，然后尽量去满足他们，一旦没有品牌可以支撑起这些业务，那么万豪将毫不犹豫地建设一个新的出来。20 世纪 80 年代，商务人士的全球旅行越来越多，希望有相对低价但是能够提供高水准的要求即将成为一种趋势。万豪意识到全球数以亿计的商务旅行人士将是一个巨大的市场，于是精心设计并推出中等价格但是服务和酒店设施一流的万怡（Courtyard）酒店。例如，摆设时尚家具、设置独立厨房和提供先进的娱乐配套设施，另外专设商务工作间，“让商务如同在家”。万怡酒店一问世，就成为行业的佼佼者。

“在 20 世纪 70 年代，万豪还只是一个单一品牌，当我们建立 Matton 第一个副品牌的时候，我们经过了非常详尽的市场调研，其中涉及从顾客需要多大的床到他们的浴缸如何摆放等非常琐碎的细节。我们需要保证这个品牌同样能够代表你的产品，而且要和母品牌保持一致性。你要定义品牌内涵和所支持内涵的所有设计细节，在万豪这个主题下面得到满意和愉悦的体验。”Edwin Fuller 认为建立新品牌并不是最复杂的事情，而最难的是保持品牌的连续性，尽管酒店拥有不同的外形和表象，但是品牌精神却代表着一种恒久不变的价值观，那就是为了顾客的需求满足而设计。不同的房型、价格、服务区分带来的成本的剥离，有助于万豪更贴合市场需求，当顾客提出需求的时候，万豪可以用自己的品质满足而不需要顾客承担额外的“多余成本”，那些“附加的服务”只需要向“情愿额外付费”的客户开放。

但是万豪绝不会在一条路上无目的地狂奔。对于那些经常入住万豪旗下各个品牌的旅客来说，万豪总有一些“刻意而为之的惊人相似点”。例如，酒店房间地毯花纹十分相似，甚至当客人进入每个房间的时候，都会发现所有的电源插头都在同一个位置上，“力求在细分市场上让顾客不经意间感受到这些细微之处”。

2. 魔鬼细节服务

“人们对奢华舒适的定义未必相同，但是仅仅是一个小的细节就能体现。我们强大的客户管理系统可以做到记录顾客的每一个细节，这一点我们一直不遗余力地去做。在我们的高端品牌里面，客人的每一天、每一分钟，我们都会进行追踪服务，我们会研究客人如何更好地使用房间，以及如何在客人下一次到来的时候重新定义房间的使用功能。”Edwin Fuller 相信酒店的水平取决于“一个左撇子的客人进入餐厅后，服务员能否通过观察正确地把餐具放到该放的位置上”。

事实上这种“近乎完美的虚幻梦想”并非遥不可及：在抵达酒店以前，客人会提前 5 天收到人性化的信息，内容包括旅行目的地的天气、交通、购物、特色餐饮以及地图服务；客人可以在网上预订 Spa 水疗护理和送餐服务，到店就有可口的菜肴送上，因为万豪了解“一个舒服的胃对旅途的重要性”。

“万豪不断面临一些细节服务的挑战，宝洁的一种产品是一年就会更新一次，而对于酒店业而言，资本投入就需要 5 ～ 7 年才能进行更新和升级。所以，对拥有将近 50 万间客房的万豪来说，实施全球标准一致在外界看来并不是件容易的事情，但是我们说到做到。”Edwin Fuller 透露，万豪每年会更换将近 50 万套床上用品来保证客人能酣然入梦。无论床单被罩，还是枕套，无论织物面料，还是加工精度，万豪都要求不容许“一针一线”的马虎。为了了解顾客对新床单的态度，万豪甚至对新被褥的舒适程度做深入细致的顾客调研。

“每一个品牌的床都不尽相同，我们必须知道客户需要什么，需要什么样的体验，然后我们实施于整个系统，以满足他们的需求。我们现在已经更换了全球 2860 家 90% 的床和 95% 的床垫了，多用的布草几乎可以环绕地球一周，这是一笔不小的投资。”Edwin Fuller 说万豪一直在竭力完善服务细节和内容，客人只要来过万豪旗下的品牌酒店，相关差异细节将会被有效记录，以便下次提供更为完善周到的服务。“我们不会放过顾客服务的任何细节，也从不认为这些事情是小题大做，一丝不苟、严肃认真的服务将会准确无误地传达出去，甚至万豪的供应商都会感觉到这一点。”

在顾客服务方面，万豪创始人 J.Willard Marriott 堪称典范，万豪十分擅长酒店业从餐饮、客房、会议服务以及人员等全方位服务，以至于有些酒店在万豪品牌入驻以后，在硬件没有任何改变的情况下，入住率可以高达 50% 的增长速度猛增。

为了更好地赢得顾客回头率，万豪出台了类似航空折扣奖励的制度，经常入住万豪的顾客可以享受到诸如免费升级豪华房间、礼品赠送和现金或折扣返券等。为了把这项活动进行得更加彻底，保持顾客最大回馈力度，万豪甚至取消了所有的广告推广计划。

——资料来源：http：//yjjpkc.sdts.net.cn/07/al.asp.

根据以上案例，回答如下问题：

万豪有哪些客户关系管理的经验值得我们借鉴?

推荐阅读

1. 针对客户的九大类营销技巧；http：//info.ceo.hc360.com/2012/08/100840208863.shtml.
2. 酒店留住顾客的技巧；http：//www.canyin168.com/glyy/yxch/ppyx/201201/38369.html.
3. 酒店如何培养客户的忠诚；http：//www.canyin168.com/glyy/yxch/ppyx/201204/41452.html.
4. 酒店忠诚营销；http：//www.canyin168.com/glyy/yxch/ppyx/201202/38885.html.
5. 酒店重点宾客／公关接待等级划分操作程序与标准；http：//www.canyin168.com/glyy/yxch/ppyx/201204/40907.html.

综合实训练习

1. 请各小组分别找出一家世界知名饭店的服务营销案例，并分析其服务策略。
2. 请各小组分别找出一个客户服务的案例，并进行现场表演。
3. 请各小组分别找出一家酒店的客户服务机构的设置，从组织结构上分析客户服务的重要性。

第九章 酒店营销实用沟通技巧

酒店作为服务性行业，更是在所有工作中都离不开沟通。一个成功的酒店营销人员，除了要具备完备的营销专业知识以外，还需要依赖一个优秀的营销团队，并掌握一定的对客沟通技巧才能取得成功。

本章重点阐述了酒店营销部工作人员在日常工作中与顾客进行有效沟通的相关技巧、营销部内部团队成员之间进行有效沟通、营销部工作人员与其他部门协作的技巧及团队建设的相关知识。

学习目标

知识目标

1. 理解并掌握酒店营销部人员与顾客进行有效沟通的技巧。
2. 掌握营销部内部团队成员进行有效沟通的技巧。
3. 了解团队建设的相关知识。

能力目标

1. 具备基本的与客沟通的能力。
2. 具备团队协作意识并能有效地与团队内部成员沟通，提高团队绩效。
3. 学会如何打造优秀的团队，树立团队精神。

案　例

忙碌的一天

小王是一家四星级酒店的营销部经理，周一早上开完例会后回到办公室，正巧有一位老客户到营销部来洽谈会议事宜并找到了小王。小王热情地接待了客户；并与客户进行愉快的交谈。其间小王办公桌上的电话响了，小王致歉后接起了电话，是另一位客户打来商谈会议接待事项的。小王热情地和客户洽谈着，大约5分钟后小王想起身旁正在等他的客人，于是便尽量迅速地结束了谈话，马上和在办公室等候的老客户继续沟通。没过几分钟小王的手机响了，也是一位客户，小王就与这位客户寒暄了几句，又交谈了几分钟。刚挂掉手机，销售代表小张进到了小王的办公室，说事情紧急，有一项工作需要小王出面与其他部门协调。这时在小王办公室的老客户起身告辞了，小王赶紧起身相送，并和老客户说好处理完手头上的事马上和老客户联系。奇怪的是当小王办完手头上的事再给刚才这位老客户打电话时却得知会议已经被安排到其他酒店了，而且在今年的会议旺季再没有接到这位老客户所在单位的会议。

小王心想："无所谓了，反正酒店的生意好，不愁没客户。到节日时再去拜访，能拉回来最好，拉不回来就算了。"

案例分析

小王是怎么丢掉了老客户的？小王的想法对吗？小王怎么做可以避免类似情况的发生？

第一节　对客沟通技巧

在人类的生存活动中，“沟通”是一项不可或缺的内容。我们只要留意一下周围的事情就会发现，任何管理活动、商务活动、社交活动甚至家庭活动都离不开人与人的沟通。事实上，人在清醒状态时约 70% 的时间都是在做这样或那样的沟通。酒店作为服务性行业，更是在所有工作中都离不开沟通。酒店的服务与管理人员都需要掌握科学的沟通技巧，以便更好地完成酒店的接待服务工作。

一、沟通概述

对于什么是沟通，众说纷纭，莫衷一是。据统计，有关沟通的定义达 150 多种。从一般意义上讲，沟通就是发送者凭借一定渠道（媒介或通道）将信息发送给既定对象（接受者），并寻求反馈以达到相互理解的过程。它有以下主要内涵：

（一）沟通首先是信息的传递

沟通包含着信息的传递，如果信息没有传递到既定的对象，那么也就没有发生沟通。沟通的信息包罗万象。在沟通中，我们不仅在传递信息，而且在表达着赞美或不快之情，提出自己的意见和观点。信息沟通可以分为两种形式：

语言信息。语言信息是建立在语言文字基础上的，它包括口头语言和书面语言信息。这两者所表达的都是一种事实或个人态度。口语信息沟通是沟通最直接的方式，优点是快速传递和即时反馈。书面语言信息则具有长期保存、有形展示和具有法律依据等优势，在表达上更周密，逻辑性更强，且条理清楚，有利于信息的复制和大面积传播。

非语言信息。非语言信息是指通过某些媒介而非讲话或文字来传递信息，包括副语言信息和身体语言信息等。语言在沟通中只起到了方向性或规定性的作用，而非语言信息才能准确地反映出话语的真正思想和感情。同样一句话，不同的语速、语调，声音的高低，面部表情和体态动作，可反映出不同的思想和感情。

（二）沟通中信息不仅要被传递到，还要被理解

沟通过程中，信息发送者首先要把传送的信息“编码”成符号，接收者则进行相反的“解码”过程。如果信息接收者对信息类型的理解与发送者不一致，则会导致沟通障碍和信息失真。

（三）有效的沟通并不是沟通双方达成一致意见，而是准确地理解信息的含义

在沟通中，你可以明确地理解对方所说的意思，但不一定同意对方的看法。例如客人对酒店的菜品不满意，要求赔偿。但酒店方认为这只是个别现象，无法按照客人的要求给予赔偿。虽然双方没有达成一致，但双方已经理解了对方所要表达的意思，这就是有效的沟通。

（四）沟通是一个双向的、互动的反馈和理解过程

我们每天都在进行沟通，但这并不表明我们是一个成功的沟通者。沟通不是纯粹单向的个体行为，而是双向的、互动的活动。例如，你已经告诉了对方你所要表达的信息，但这并不意味着对方已经与你沟通了。因为沟通的目的不是行为本身，而在于结果。如果对方并未对你发出的信息做出反馈，那么就没有达成沟通。

酒店营销人员与客人的沟通大多数时候是在客户接待的过程中完成的，如何做好客户接待关系着酒店营销工作的成败。酒店营销人员与客人进行有效沟通的前提就是做好客户接待工作，正确的客户接待技巧是留住客户的必备条件。

二、客户接待过程中的倾听技巧

对一位酒店销售人员来说首先应该掌握的是客户接待过程中的倾听技巧，这是进行有效沟通的前提。

（1）客户开始讲话时，销售人员要停止讲话。这个技巧要求销售人员首先要仔细聆听客户的谈话，从客户的话语中发现并了解客户的需求。只要客户开始讲话，销售人员应立即停止自己的发言，让客户先表达。

（2）不要随意打断客户的讲话。随意打断对方的讲话是一种非常不礼貌的行为。如果没有听明白客户的意图，可以在客户表述完一项需求后进行适当的提问，而不要过多打断对方，以免影响客户表达的思路，无法从客户的表述中发现其需求。

（3）与客户交谈的过程要集中精神。销售人员与客户交谈的过程中要集中精神，仔细聆听，表现出对客户尊重的同时可以抓住客户的需求。尽量不要在客户面前看公文、打电话。如果有非常重要的电话一定要接，要先向正在交谈的客户致歉，并与电话交谈的客户协调一个该客户方便的时间，再回复电话。不要让之前正在交谈的客户久等。销售人员应该有这样的职业素养：应该尽量做到在与客户交谈过程中手机永远不响。

（4）创造让客户轻松的交谈氛围。酒店的经营理念是要让客人感到宾至如归，让客人有一种回到家中的轻松和惬意。酒店销售人员在与客户进行交谈时同样要创造出一种轻松愉快的氛围。例如，在洽谈场所为客人准备舒适的沙发、客人平时喜爱的饮品，接待房间的装修风格要明亮惬意等。酒店销售人员的微笑是创造轻松交谈氛围的法宝，酒店销售人员在与客户交谈的过程中应时刻保持让客户心情放松的微笑，轻松愉快的氛围有利于业务洽谈的成功。

（5）销售人员在与客户交谈的过程中要以听为主，辅之以视。眼睛是心灵的窗口。销售人员在与客户的交流中要恰当运用目光交流的技巧。与客户进行自然的目光交流很重要。不要斜视和扫视客户。要正视客户，不要不视，也不要注视的时间过长，眼神交流以客户喜好和自然为准，让眼神传达出友善与尊重，让眼睛也会微笑。在充分表示出对客人尊重的同时营造和谐轻松的交流氛围。

（6）在聆听过程中注意抓住客户的主要需求，学会听客户话语中的关键词。客户所说的话不一定都与他的需求有关，这就要求销售人员在与客户交谈的过程中学会抓住客户的主要需求，能够抓住客户话语中的关键词，这些关键词就代表了客户的主要需求。销售人员可以适当记录反映客户主要需求的关键词。

（7）站在客户的立场上考虑问题，学会换位思考。酒店销售人员在聆听完客户的需求后要迅速提供产品及服务来满足客户的需求。在提供产品和服务时要学会换位思考，站在客户的角度考虑客户的需求，为客户提供他们真正需要的产品和服务。销售人员在接待客户的过程中也要站在客户的角度思考问题，关注接待过程中的每一个细节，做到真正尊重客户。

三、客户接待过程中的表达技巧

在客户接待过程中不仅要学会倾听从而抓住客户的需求，还要学会向客户传达信息，从而满足客户的需求。

（1）用客户听得懂的语言向客户传达信息。酒店的销售人员在向客人推销产品时一定要使用客人听得懂的语言，少用专业术语或专有名词，把专有名词和专业术语用最简单直白的语言进行表述，确保客人能真正了解产品的优点及特点。

（2）通过倾听抓住客户的主要需求的同时，提供多种选择给客户，并帮助其作比较。并能根据客户对酒店产品的认知度的不同及性格类型的不同，采用不同的方式接待及推介产品。

（3）酒店销售人员向顾客传递信息时语言要清晰有逻辑，层次分明。酒店销售人员与顾客交流时话语要突出要点、重点，不啰唆、不夸大其词、不讽刺挖苦。还要注意尽量不使用方言，以免造成沟通障碍。

（4）酒店销售人员可利用产品展示的技巧说服客人购买酒店产品及服务。酒店销售人员在面对新客户或推介新产品时，为了让客户对酒店的产品及服务有感性的认识，可引领客人参观，将酒店的新产品或服务直接展示给客人，以增强客人对酒店产品及服务的认知度，从而可以帮助客人尽快做出决定，有效地说服客人购买酒店的产品。

（5）面对客人的投诉要及时、迅速解决，及时给客人答复。用温和的态度缓解客人的焦躁情绪。做到诚恳耐心地倾听，倾听完投诉后立即表明态度，并向客人表示感谢。在倾听的过程中要善于过滤信息，找出客人投诉的事因和具体要求解决的问题。如投诉合理，立即与有关部门联系处理投诉。如不能马上解决，不要轻易许诺，待解决投诉后马上与客人联系，通报处理结果及相关事宜。

（6）摆正心态，真诚、热情、周到地为客人提供服务，接待客人的过程中要做到不卑不亢。

相关链接 搜索

客户类型介绍

- 新顾客：接待新顾客要礼貌、热情，争取给新顾客留下美好的第一印象。推介产品时要热情主动，尽量详细介绍。
- 常客或大客户：接待常客或大客户要凸显热情，营造轻松愉快的氛围。由于常客或大客户对已有酒店产品都比较熟悉，所以酒店销售人员在推介产品时要着重介绍酒店新推出的产品和服务。
- 性急或有急事的顾客：接待性急或有急事的顾客要快节奏，推介产品时要注意介绍速度与质量相结合。
- 精明的顾客：接待精明型的顾客要做到积极热情。介绍产品时要耐心细致，实事求是，为顾客提供多种选择，可帮助客人多做比较，但不要帮客人做决定。
- 老年顾客：接待老年顾客要热情主动，学会换位思考，多关心、多帮助。要着重推荐既方便老年客人消费又经济实惠的产品和服务。
- 无主见型顾客：接待无主见型顾客要积极热情，推介多种产品和服务，帮助客人做比较的同时成为顾客的参谋，适当的时候可以帮助顾客做决定。
- 主见型顾客：接待主见型顾客要热情和气，向此类型客人推介产品时话语要简洁明了、突出重点，避免介绍过于细致冗长，为客人提供多种满足需求的产品及服务，让客人自己做决定。

四、研究对客沟通技巧的目的——留住顾客

酒店销售人员在接待客户的过程中要运用一定的技巧，要树立一种良好的沟通心态，多换位思考。这样才能站在顾客的立场上去想问题，才能真正理解客户的需求。理解客户的需求才能抓住客人的需求，把符合客户需求的产品及服务推介给客人，并帮助客人作比较，尽可能说服客人购买酒店的产品及服务。

用一颗真诚的心与客人沟通，才能感动客人，达到良好的沟通效果，从而把新客户变成老客户，把老客户变成大客户，把大客户变成常客。真正留住客人，让客人满意的同时积极塑造客人对酒店的忠诚消费。

课堂思考

你认为在对客沟通中还有哪些技巧要研究和运用？你从本节的内容中得到了什么启示？

第二节　营销部内部沟通技巧

团队协作对酒店任何一个部门以及酒店的整体运营都十分重要，因此研究团队协作的技巧不但可以提高酒店营销部内部的工作绩效，还可以增强营销部与酒店其他部门的协作与配合，从而提高酒店整体的工作绩效，创造更多的经济效益和社会效益。

一、团队的概念

团队（Team）是由员工和管理层组成的一个共同体，它是指合理利用每一位成员的知识和技能协同工作，解决问题，达到共同的目标。

如果我们要更感性地理解团队的概念，那么古典名著《西游记》中唐僧和他的三个徒弟组成的“西天取经项目公司”就是一支非常优秀的团队。之所以能称唐僧师徒为团队，因为这个组织由管理层和基层员工组成。每一位成员的知识和技能各不相同，但都是完成组织目标所必需的，更重要的是组织里的各成员协作得很好，分工明确。“到西天求得真经”这个共同的组织目标把所有成员紧密联系在了一起。团队成员通过良好的协作最终完成了组织目标。

成功的团队不仅使我们可以接触到许多不同的人，获取各种观点，并且也能拿自己的观点、见解和其他成员探讨。这样既可以拓展个人视野，又可以得到更多人的了解，建立良好的人际关系网，也满足了个人的归属感和荣誉感，更容易取得事业上的成功。

二、酒店营销部内部的团队协作技巧

团队协作并不如想象中的那么容易，酒店营销部的管理人员应该首先研究部门内部的沟通与协作技巧，并通过培训等方式带动整个部门的团结协作及配合，提高营销部的工作绩效。

（1）酒店营销部要有明确的工作流程、岗位职责及奖惩制度。酒店营销部要针对各工种制定明确的岗位职责、工作流程及明晰的奖惩制度。对违反规定的团队成员要严格按规章制度进行惩罚，对工作突出的员工按规章制度进行奖励。管理人员要执法严明，不能根据个人喜恶而有偏私。

（2）管理人员要以身作则。营销部管理人员必须以身作则，自觉维护和遵守部门内部及酒店的规章制度。如管理人员违反了规定，必须按规章制度严格进行惩罚，并自觉将惩罚过程及结果公开。对于新出台的制度，管理人员要带头执行，自觉维护及倡导。在部门内部建立一种良好的工作秩序，形成严格务实的工作风气。

（3）培养团队成员的工作责任心及良好的工作习惯。酒店营销部的管理人员要通过身先士卒及培训的方式培养团队成员的工作责任心，帮助团队成员调整心态，正确认识工作的意义，培养团队成员的主人翁意识，促进团队成员融入企业，信仰企业的文化。培养员工积极的工作态度及宽容、感恩的工作心态，让员工养成严格按规章制度工作，不推诿、不拖沓、高效率地完成工作的良好工作习惯。真正做到“领导在或不在一个样”。

（4）建立定期的团队沟通制度。酒店营销部的管理人员要定期与团队成员进行沟通，可以采取轻松的、团队成员比较喜爱的非正式形式，例如聚餐、一起去休闲场所等。创造轻松愉悦的氛围，让团队成员在此氛围下拉近距离，多进行沟通交流，缓解工作压力，缓和关系，有利于团队成员加深了解、加强团结，从而促进团队成员的团队协作。另外，营销部管理人员还要注意平时加强培养团队成员良好的团队协作意识、良好的团队成员沟通心态，多包容，多换位思考，以保证团队协作的有效进行。

课堂思考

你认为还有哪些技巧可以有效地促进团队协作？

三、酒店营销部与其他部门的团队协作技巧

酒店营销部与酒店其他部门之间的沟通是水平沟通研究的内容，而水平沟通中部门之间的沟通和协作比部门内部的团队协作难度更大，更能反映一个酒店的整体团队意识和团队精神。

（一）何为水平沟通

水平沟通主要是指酒店职业经理之间的沟通，或者是没有上下级关系的部门之间的沟通。大部分管理人员会有这样的感受：与下属沟通比与上司沟通容易，而与上司沟通却比水平沟通要容易。也就是说，在与上司沟通、下属沟通和水平沟通活动中，水平沟通是最为困难的。水平沟通的效果直接影响着组织整体目标的实现和组织效率，因此管理人员有必要在水平沟通技巧的学习上下功夫。

（二）水平沟通的技巧

由于酒店营销部门的主要任务是将酒店各部门的产品通过有机组合来进行销售，所以营销部处于酒店各业务部门之间，与各部门既保持着紧密的联系，又相对独立。只有在协调好各部门的利益关系时，才能获得相应的客户满意。营销部在与各部门进行沟通时，应注意以下几点：

1. 主动寻求帮助与协作

很多管理者面对水平沟通总是唉声叹气，因为大家都是职业经理人，并不存在领导或被领导的关系，所以协调一件事情总是不太容易，寻求协调和帮助时得小心，不能说错话，更不好意思催促对方，不小心得罪了对方事情就更难办了。实际上这种出发点是错误的。工作尽快完成考虑的是组织的整体利益，任何部门

或人员都应该积极配合，只是在沟通时注意掌握些许技巧，就可以摆脱这种尴尬的境地了。

营销部在寻求其他部门配合和协作时要积极主动，主动说明需协作的工作内容，并紧盯过程，积极协调。在协调时要注意采用温和的沟通方式，并能站在对方立场上思考问题，协调的过程中注意人文关怀，要人性化地去沟通。

2. 学会换位思考

换位思考要求营销部在水平沟通中要多从其他部门的角度来思考问题。理解对方的难处与苦衷，这样才不至于满腹牢骚，总觉得别人是错的，自己是对的。不要总是埋怨其他部门没有考虑自己的立场，要想获得别的部门的理解，首先要去理解对方，体谅了别人的同时也方便了自己。

3. 沟通的过程中要礼貌谦让

谦虚是中华民族的美德，也是沟通中的美德。在水平沟通中任何一位管理者都要注意自己的言谈举止和谦虚谨慎的态度。不能因为资历老而盛气凌人，毕竟沟通的对象与自己在一条水平线上。面对比自己年长的沟通对象，更要以谦虚的态度来对待。只有尊重了他人才能赢得他人的尊重。没有一个人愿意与不懂得尊重他人的人协作、配合。

4. 在别人寻求协作时一定要积极配合

如果想在日后的工作中顺利地与其他部门协作，首先要主动、快速地配合其他部门完成工作，形成一种良性的协作关系。如果在其他部门向你寻求协作时你没有积极配合，那么就不要指望你需要协作时其他部门会积极配合你。

沟通在我们日常的生活和工作中无处不在，我们研究沟通技巧是为了让我们的沟通更加顺畅、更加有效。没有沟通是万万不能的，没有有效的沟通更是万万不能的。我们应该在日常生活和工作中多观察、多体会，把学习到的沟通技巧应用到实践中去，让我们的生活因沟通而美丽，因沟通而精彩。

案　例

天堂与地狱——从寓言故事中看团队协作

有一个人被带去参观天堂和地狱，以便比较之后能聪明地选择好归宿。他先去看了魔鬼掌管的地狱，看到所有的人都坐在酒桌旁，桌上摆满了各种水果、美味佳肴。然而，当他仔细看下去的时候，却十分吃惊，他发现每个人双臂上面都捆着一把一米多长的叉子和一把刀。由于刀和叉子都有一米多长，他们自己用它来吃东西时什么都吃不到。所以，即使每一样食物都在他们的身边，结果他们还是在挨饿。另外，他还发现这里的人都比较沉闷、无精打采的，而且瘦得皮包骨似的，没有一张笑脸。然后，他又去了上帝掌管的天堂，同样的食物、同样的叉子和刀捆在每个人的双臂上，可天堂里的居民却在唱歌、欢笑、用餐，个个满面春风、喜气洋洋！这位参观者迷惑了，他疑惑为什么情况相同的两个地方，结果却如此不同呢？在地狱里的人都挨饿而且可怜，可在天堂的人却吃得很好，而且非常欢乐呢？最后，他终于看到了答案。在地狱里的每个人都是自己想吃而吃不到；在天堂里的每个人都在喂对面的另一个人，而对面的人再反过来喂他对面的伙伴。

——资料来源：http：//www.chinahrd.net/career-manage/career-anecdotes/2005/0628/45452.html.

案例分析

从这个寓言故事中你能感受到团队协作有什么意义和作用吗？

第三节　团队精神

作为酒店重要的经营性部门，酒店营销部承担着企业相当一部分经营指标，这就需要建立一支团结高效的队伍来完成经营任务。那么如何建立一个高效的团队，并在团队中发挥自己的才能呢？团队精神就成为打造一支优秀队伍重要的法宝之一。

一、团队精神概述

团队精神，是团队成员在共同的活动中形成的共同的、稳定的、人格化的心理特征。例如，共同的奋斗目标、价值观、理念、信念、意志，共同的行为规范，团队的舆论、气氛、团队文化等。

团队精神集中体现为团队的凝聚力。团队凝聚力强，成员之间相互依存、相互协调、相互团结的程度就高，就能够用向心力、忠诚、责任感、团队荣誉等精神力量，使团队成员众志成城、齐心协力，实现共同的理想和目标。

有较强团队精神的团体，具有高度的凝聚力，其主要特征有：第一，良好的团队氛围。成员间沟通快，信息交换频繁，相互了解，关系和谐、民主。第二，较强的吸引力。成员间有较强的归属感、向心力，愿意参加团体活动，出席率高。第三，较强的集体主义精神与责任意识。其成员愿意承担重要的团体任务，主动分担责任，不计较个人得失，关心集体，自觉维护集体荣誉和利益。第四，较强的自豪感。其成员为成为这个团队的一员而感到自豪和光荣。

在运动场上需要团队精神才能取得成功。今天人们越来越清楚地认识到不只是运动场，在学习、生活、工作中的许多地方都需要团队精神，尤其是现代企业，在日趋激烈的竞争中团队精神是求得生存与发展的关键。

二、如何树立团队精神

团队精神是在长期的团队活动实践中形成和发展起来的一种人格化的力量。如何培养团队精神呢？

（1）要配备坚强有力、团结一致的领导班子。民主型的领导核心能使成员有充分表达意见的机会，容易形成较强的参与意识，成员之间也和谐互依，因而有较强的凝聚力，容易形成团队精神。

（2）要制定共同的奋斗目标。成员的共同性越多，团队的凝聚力就越强。因此，团队成员要有共同的追求、理想、信念，一致的价值观和人生观，大体一致的需要、兴趣、动机，相似的团队个性及心理特征。

（3）培养齐心协力、共同对付外部压力的精神。研究表明，当团队受到外部的侵犯、攻击、竞争、威胁，每位团队成员都面临着“生死存亡”的压力和考验，任何人都没有单独逃避的可能时，只有团队成员更加紧密地结合在一起，才能抵御外来的压力。让团队参与竞争，能增强团队的凝聚力，产生团队精神。

（4）在团队内部实行奖励制度。奖励会影响团队成员的情感和期望。研究表明，个人奖励与团队奖励相结合的方式，有利于增强团队的凝聚力，形成团队精神。

（5）开展团队文化娱乐活动。丰富多彩的文化娱乐活动可以使团队成员的精神生活更加充实，增强团队的吸引力和归属感，同时也给团队成员提供了施展才华的机会，增强其成就感。

（6）提高经济效益，努力搞好福利。团队工作成效差，工资及福利待遇低，必然降低团队的凝聚力，因此要创造条件提高效益，改善福利。

（7）控制团队规模。团队规模过大，容易造成意见分歧，降低凝聚力，规模太小又会失去平衡的力量。因此，团队规模适度，才可以增强凝聚力。

（8）控制团队舆论。健康的团队舆论和信息传递、沟通可以形成良好的舆论气氛，净化社会风气，提高团队的凝聚力，对形成团队精神意义重大。因此，要用健康、正确的舆论去感染人、鼓励人、影响人、教育人。

课堂思考

结合自己所在的班组来讨论树立团队精神还有哪些手段。

三、团队合作

（一）合作的概念

合作是人们为了实现共同目标而从事的共同活动，是社会化劳动和活动的一种协作形式；也是个体和团队为了达到某种目的，齐心协力、相互配合，相互促进，奔向共同目标的心理状态和行为能力。因此，合作是人类合群性特征的具体表现。

一般情况下，合作可产生分工和互助两种行为方式。分工，指团队内多人合做一件事，每个人承担其中的一部分工作；互助，指团队成员相互补充，相互影响，相互支持、帮助。研究表明，真诚的合作必须具备一定的条件，即共同目标、共同利益需要，并能以互相补偿的方式促使个体或团体的需要、利益、兴趣等得到满足。此外，合作者必须具有一定的知识和技能以确保合作项目的配合及任务的完成。成功的合作者常常是缺一不可、相互依存的。

（二）团队合作的技巧

由于在合作中人们的认识水平及能力存在差异，过分强调合作可能使有的团体与个体产生依赖心理，造成“吃大锅饭”和“绝对平均主义”的弊端，不利于个体及团体创造精神的发展。因此，需要在合作中引入竞争机制，但是这样团队中就必然出现力求胜过对方的对抗性行为，容易导致冲突、敌对、攻击或本位主义和小团体意识等行为偏差和障碍。有效解决冲突，调解矛盾，协调好人际关系并实现有效的意见沟通，达到合作者之间的心理相容、相通，形成谅解、支持、宽容、友好、融洽的合作气氛，就是合作能力的体现。

在与他人合作的过程中要处理好人际关系，必须做到以下两点：

1. 克制自我，学会驾驭自己的情绪

在日常工作中，我们要让特定的、客观良好的自我状态处于支配地位，对情绪进行自我控制，在任何时候都要表现出沉着稳定、洒脱大方的风度。喜悦而不得意忘形，悲痛而能镇定自若，愤怒而不暴跳如雷，吃惊而不露声色。这不是说一个人不能表现真实的自我，而是要学会驾驭自己的情绪，保持良好的状态，会使我们冷静而客观地看待一个人或一件事，更好地与别人交流，沟通心灵，让我们始终在一种轻松的氛围中工作。

2. 容忍别人，学会双赢

所谓容忍，就是在人际关系中，尊重人与人之间的差异，接受别人的个性，在

一般问题，而不是重大问题上宽容大度，谅解别人的过错。

（1）要尊重差异，容忍他人的个性。人与人相处，大家都希望自己被别人接受，希望别人能让自己轻松自在、无拘无束，可以袒露自己的一切。所以我们要尊重差异，容纳别人的个性，给对方保持自我的权利。既接受别人的优点和长处，也要容忍对方的缺点和毛病。正因为人与人不同，我们才需要交流、沟通。

（2）容忍他人的缺点，谅解他人的过错。评论一个人可以有所侧重，但是接纳一个人需要整个儿地接纳，绝无可能把他劈成两半。所以在工作中我们可以指出别人的缺点和过错，帮助其改正，但是不可能强迫或代替别人做出选择，哪怕是完全正确的选择。尊重、容纳别人，并不需要压抑、损害自己。容纳别人的个性，就意味着容纳别人的缺点。

（3）学会赞美，让我们彼此喝彩。大千世界，芸芸众生，每个人都需要在别人的肯定和赞美中发现自己存在的价值，吸取前进的力量。只有当我们为他人的优点和成就热情地喝彩，为他人的美好与幸福真诚地祝福，为他人的不俗表现和难得之处献出赏识的时候，才会从中获得快乐和满足，同时也可以得到他人的认可和赞美，从而可以最大限度地发挥自己的聪明才智。我们给予他人的每一声赞美、祝贺、好评和掌声都展现着我们的胸襟和爱心，也是我们奉献给他人的最好礼物。

？复习与思考

一、名词解释

沟通　团队　水平沟通　团队精神

二、填空题

1. 沟通是一个________、________、________的过程。

2. 酒店营销人员面对客人投诉要________为客人解决，及时给予客人答复。

3. 一般情况下，合作可产生________和________两种行为方式。

4. 酒店营销人员在顾客的接待中要注意掌握________技巧和________技巧。

三、选择题

1. 营销人员要与其他同事处理好人际，必须要做到（　）。

A. 克制自我　　B. 学会宽容

C. 学会赞美　　D. 一味顺从

2. 良好的团队精神的表现有（　）。

A. 良好的团队氛围　　B. 归属感强

C. 集体主义精神　　D. 责任意识

3. 水平沟通的技巧有（　）。

A. 主动寻求协作　　B. 学会换位思考

C. 礼貌谦让　　D. 积极提供协作

4. 酒店营销部内部的团队协作技巧有（　）。

A. 明确岗位职责　　B. 管理人员以身作则

C. 培养工作责任心　　D. 定期团队沟通

四、简答题

1. 酒店销售部员工在对客沟通中应掌握哪些技巧？

2. 酒店营销部的团队协作包含哪几个方面？

3. 团队精神对于酒店意义何在？

4. 如何建立有凝聚力的团队精神？

五、案例分析

海景花园大酒店的“团队制胜”

21 世纪的今天，随着市场竞争的激烈，现代企业更加强调构建优势团队，发挥团队精神。独具魅力的团队精神能给企业的快速发展提供核心竞争力。酒店的工作和服务是一个有机的整体，任何一个环节的工作质量都直接关系到顾客对酒店的满意度。青岛海景花园大酒店虽然期望服务明星，但是他们更相信要成功必须要有一个优秀的服务团队。在培养本店员工团队精神方面，海景的做法是：

首先，用信仰增强团队凝聚力，用目标激发团队战斗力。这是海景的“制胜法宝”。海景很早就提出要用七八年的时间打造一个和谐的、战无不胜的团队，注重培养员工讲学习、讲诚信、讲责任、讲服从、讲实效、讲团队的意识，注重培养员工不服输的精神、团队精神和创新精神。主张用信仰增强团队凝聚力，用目标激发团队战斗力。海景花园大酒店先后编写、出版了《文化手册》《优质服务手册》《管理理念》以及《酒店新文化》等系列企业文化丛书，并以团队学习的方式常年坚持学习，360天从不间断。海景当前的目标是“十年达到国际一流服务水平”。现在，这一目标已成为员工的共同追求。

其次，在共同目标、共同信仰、共同责任的旗帜下，酒店建立了“十字交叉型无障碍沟通”机制，达成相互和谐、相互信任。总经理与分管经理、部门经理与分管主管、主管与属下员工，都要进行单独沟通，保证每月每人一次；同时，职能部门与相关服务部门、科室与相关服务部门、二线和一线，每月设置一次“接待日”活动，面向个人与部门，答疑解惑，听取意见，消除隔阂，增强团队相互理解、相互协作的凝聚力。

最后，在日常工作中，海景花园大酒店始终倡导“上级为下级服务、二线为一线服务，上工序为下工序服务、全员为客人服务”的理念，树立“大顾客、大服务”的理念，强调相互协作。可以说，海景花园大酒店有今天，靠的就是优秀团队的合力——相互认可、相互信任、相互依赖，达成共识，积极共事。

青岛海景花园大酒店以独特鲜明的企业文化、独具个性的企业精神、优质超常的服务赢得了顾客的口碑、同行的认可和良好的经营业绩。酒店的平均房价连续多年位居青岛第一，2007年被美国《福布斯》评为中国最优商务酒店，是中国酒店业学习的标杆企业，成为清华、北大、南开等著名大学的MBA案例。

——资料来源：http：//yjjpkc.sdts.net.cn/07/al.asp.

根据以上案例，回答如下问题：

建立优秀的团队对企业有何重要意义？

推荐阅读

1. 如何作酒店销售访问；http：//www.canyin168.com/glyy/yxch/ppyx/201202/38741.html.
2. 酒店客户挂账操作程序与标准；http：//www.canyin168.com/glyy/yxch/ppyx/201204/40906.html.
3. 有效实施服务营销；http：//www.chinaacc.com/new/287_294_201011/24yi2665737745.shtml.
4. 如何提高前厅部员工的推销意识；http：//www.canyin168.com/glyy/yxch/ppyx/201203/40668.html.
5. 酒店营销团队建设之我见；http：//www.canyin168.com/glyy/yxch/ppyx/201203/40000.html.

综合实训练习

1. 请同学们一对一演示餐饮、客房的对客服务程序，内容不限。
2. 请各小组分别归纳总结营销部与前厅部、客房部、餐饮部和工程部等部门进行沟通的要点和要求。
3. 请各班同学进行一次团建活动，谈谈体会。

第十章 酒店营销部的运营与管理

酒店营销管理就是综合运用营销学和管理学的相关理论对酒店营销的各个环节进行有效的组织管理，对整个营销组织内部部门协调理顺，从而达到营销活动效益最大化。通过本章的学习，可以使读者掌握酒店营销部门的工作体系，熟悉营销管理的主要内容和营销绩效考核的知识，培养酒店营销人员的职业素养，为今后步入职业生涯打下坚实的基础。

本章重点阐述了酒店营销管理的主要内容和营销绩效考核的知识，并详细介绍了营销部的具体职责及基本岗位设置、酒店营销部基本岗位的岗位职责及管理制度。同时对营销部的基本工作流程、营销部培训的相关技巧进行了诠释。

学习目标

知识目标

1. 了解酒店营销管理的主要内容和营销绩效考核的知识。
2. 熟悉营销部的具体职责及基本岗位设置。
3. 熟知酒店营销部基本岗位的岗位职责及管理制度。
4. 了解营销部的基本工作流程。
5. 掌握营销部培训的相关知识。

能力目标

1. 掌握营销运营、管理系统的构建。
2. 明确营销部各岗位的岗位职责，熟知营销部管理制度。
3. 具备酒店营销部工作人员的职业素养。
4. 具备营销部基层管理人员对岗位职责及工作流程的认知能力。
5. 具备相应的内部培训能力，能够开展以培训为管理手段辅助日常团队的管理。

案 例

遵守制度是天职

小杨是一名刚毕业不久的大学生，在一家四星级酒店做销售代表，这家酒店的营销部管理十分严格。某天，小杨早早地起来准备去拜访客户，临出门前他突然觉得肠胃不适，自己吃药缓解了一下。稍微好些后，小杨准备去酒店签到，可一看表，已经快到与客户约定的见面时间了，于是小杨抓紧时间赶往目的地对客户进行拜访。小杨的这次客户拜访很成功，与客户签了协议。小杨十分高兴地回到酒店。

刚进营销部忽然想起自己还没有补签外勤单，他马上找到主管说明情况："主管，我今天拜访了一位客户，很成功，客户签约了。不过我早上由于肠胃不舒服没来得及到酒店签到。您看，您能不能让我补签一下啊。"主管笑着说道："小杨，我正好想和你谈一下，来，请坐。按照咱们部门的规定，销售人员拜访客户前一定要先填外勤单，如果有特殊情况要先向主管报告。你当时应该先给我打个电话说明情况，而不是现在才说明情况。不过我相信你不是有意违反规定，而是不小心犯了错。可还是要接受相应处罚，这绝不是针对你。小杨，你换位思考一下，如果你是主管，遇到这样的情况，你会怎么做？""我也会按规定处罚下属的，我明白，制度严明，按制度办事才能做好管理工作。"小杨答道。"谢谢你的理解，小杨，不愧是酒店管理专业的高才生，对管理的高度、深度的认识都很到位，职业素养很好。祝贺你这次成功签到客户，希望你再接再厉，多注意工作中的细节问题，多积累经验，争取超额完成工作任务。""谢谢主管，我一定会努力工作的。"小杨激动地回答道。

案例分析

你能理解该酒店营销部的管理制度吗？

第一节　酒店营销管理与控制

酒店管理是酒店经营管理的简称，包括经营和管理两个方面。经营的侧重点在于市场营销，而管理则涵盖了酒店内部各项具体业务的运转效率和成本控制，运用各种管理方法，对酒店所拥有的人力、物力、财力、时间、信息等资源进行计划、组织、指挥、协调、控制等一系列活动来实现酒店的经济效益、社会效益和环境效益。所以，酒店营销管理是实施酒店营销计划的具体保证，也是营销职能部门的日常性工作。

一、酒店营销运营管理

酒店营销是一种持续不断、有步骤地进行的一种管理过程。为了实现“顾客满意，酒店获益”的目标，需要对酒店营销的整个业务运营过程及环节进行有效的监督、控制。酒店营销业务牵涉酒店的各个部门及对客服务环节，范围广泛。营销运营管理的本质就是最大限度地配置多种资源，并实现最大收益。酒店营销运营管理系统主要包括以下三方面的内容：

（一）行政管理系统

酒店营销部门的行政管理系统主要是对酒店营销部门的日常工作秩序进行管理，以保障营销部门提高工作效率而建立的相关制度和要求。

营销部办公室管理。营销部是酒店形象的窗口，既是营销部员工工作的场所，同时也是营销人员接待客户、洽谈业务的重要场所。一间井然有序、整洁明亮的办公室，不仅能使营销人员成功地履行各种职责，而且也会在宾客心中留下良好的印象。一般来说，营销部办公室主要分为三大区域：一是部门总监或经理办公室；二是营销经理办公室，可以用隔断将其按工作任务间隔成若干工作区域；三是客户接待室。这三个区域都要建立相应的管理制度，并有专人负责卫生清理工作。

营销部工作时间管理。由于营销工作的性质不同，营销人员的工作时间相应较为灵活，但是作为部门管理者，一定要规范营销人员作息制度，并实行严格管理。很多酒店都规定营销人员必须每天参加部门例会，午餐一律在酒店员工餐厅就餐，如有客户拜访等活动必须提前填写计划单，并由经理签字后方可外出。

营销人员日常行为规范。营销人员作为酒店重要的接待部门，对仪容仪表、着装、出勤、礼节礼貌等日常行为都有着严格的规定。酒店营销部门根据自身工作性质，通常要制定相应的规章制度，作为营销人员一定要严格遵守。

（二）营销业务系统

营销部门是酒店与客户联系的重要部门，为了加强营销部门的管理力度，提升营销效率，酒店营销业务系统是营销管理的主要内容，按照营销工作的规律，通常把营销业务分为三种主要类型：

营销档案。营销档案是酒店进行营销工作的重要凭证和工具，建立营销档案并进行管理是营销部门的重要工作。酒店营销档案包括宾客的全部历史资料、所有签订的合同、营销协议、重要函件等，还包括与宾客达成的特殊价格和优惠措施的文件和记录、酒店所有的营销计划、营销活动档案和经营分析报告、工作总结等。

营销业务报表。营销业务报表是酒店营销部进行日常沟通和管理的重要手段。这些报表有些可用于营销部门与前厅、客房、餐饮、财务等的业务联系，例如团队预订单、散客预订单、宴会预订单等；有些可作为营销部工作考核和业绩评估的依据，例如客户拜访表、每月/季度个人（或部门）营销报表、营销人员考核量表等。

内部联络表。在完成酒店接待工作时，营销部还要根据接待任务的需要和酒店其他部门进行大量的业务联络工作。例如，酒店大型活动的联络单、会议接待指令单等，或是相关接待使用的音响设备、礼仪鲜花、欢迎横幅、席间酒水、接送车队等，都需要和相关职能部门进行联络，并建立相应的成本核算机制。所以，这些表格虽然是在酒店内部使用，但它们同时也具有相应的公文效力。

（三）营销沟通系统

为了提高营销部门的工作效率，营销部门要在部门内部或与其他部门之间建立科学的沟通机制，良好的沟通不仅可以保证部门内部全体成员统一思想、增强凝聚力，而且还可以加强酒店各部门之间的横向联络，减少分歧和降低内耗，全面提高服务质量。

营销部内部沟通。主要包括各种营销例会、大型活动协调会、经营分析会、客户答谢会、专题营销会、季度或年度营销大会等。定期地、有计划地召开各种营销会议是成功营销的基础之一，所有营销人员必须高度重视。

营销部与其他部门的沟通。酒店营销部虽然不直接负责接待客人的工作，然而作为宾客与酒店接待部门之间的桥梁，必须协调好各部门的对客接待工作，保证提供客人所需要的服务，并保证良好的服务质量。除了采用书面文字、表格等形式以外，营销部与其他部门的沟通还可以采取很多形式，但是一定要注意方式、方法。例如，可以通过营销部经理直接、非正式地同有关部门经理私下沟通，以解决某些紧急问题；或是由营销部经理向酒店总经理汇报，再反馈到部门来解决；当然最通行的方式就是在酒店每日举行的部门经理例会上直接提出问题，以引起所有管理层的重视和关注，从而解决问题。无论采取哪种形式，营销部都应注意态度和方式，以圆满地解决问题为最终目标。

二、酒店营销绩效管理

在酒店中，营销人员是比较特殊的一类员工。他们人数不多，却承担着酒店协调内外关系、沟通经营信息、销售酒店各类产品、招徕客源、参与决策的重要作用，对酒店近期和远期的业务发展有着决定性的影响。优秀的营销人员熟悉市场情况，掌握竞争信息，拥有客户资源，其流动对酒店的影响巨大。所以，对营销人员进行考核时，除了要采取有效的激励措施来增强营销人员的工作积极性外，酒店管理者还要运用科学的方法和手段对其工作态度、工作状况、工作表现和工作业绩等进行系统的考察和分析，从而评价其工作绩效。

相关链接　搜索

绩效考核

绩效考核（Performance Assessment）通常也称为业绩考评或“考绩”，是针对企业中每位职工所承担的工作，运用各种科学的定性和定量的方法，对职工行为的实际效果及其对企业的贡献或价值进行考核和评价。它是企业人事管理的重要内容，更是企业管理强有力的手段之一。业绩考核的目的是通过考核提高每个个体的效率，最终实现企业的目标。在企业中进行业绩考评工作，需要做大量的相关工作。

绩效考核是现代组织不可或缺的管理工具。它是一种周期性检讨与评估员工工作表现的管理系统，是指主管或相关人员对员工的工作作系统的评价。有效的绩效考核不仅能确定每位员工对组织的贡献或不足，而且可以在整体上对人力资源的管理提供决定性的评估资料，从而可以改善组织的反馈机能，提高员工的工作绩效，更可激励士气，也可作为公平合理地酬赏员工的依据。

（一）有效激励

由于营销人员工作性质的特殊，他们不仅承担着繁重的工作压力，而且竞争激烈，工作没有规律，所以酒店要时时处处关心他们，使他们感受到工作和个人的价值。要培养营销人员的归属感和荣誉感，为他们提供更多的晋升机会，关心他们的家庭生活和福利待遇，采用合理的工作与休假制度等。其中，主要的激励手段包括：

权限激励。营销部应有处理客户提出有关要求的权力，例如特殊客户的房价优惠权、一定的招待费用使用权、与客户洽谈业务的价格浮动权、个别服务项目的应允权等。当然，这些权力激励是与其责任紧密相连的。

营销定额。酒店可以根据营业收入或利润要求对营销人员制定相应的销售定额。在完成定额的基础上给予高于一般员工的奖励，并把这种“优惠权”向全体员工说清楚。在规定定额时，要考虑营销人员的个人能力和工作资历，还要考虑到不同地区、不同客户群体的差异性等，并根据以往的营业数据来制定个人的销售定额。

荣誉激励。对绩效显著的营销人员要在店内和社会上进行表彰，例如颁发奖状、大会表扬、奖励活动、慰问亲属等。有一家知名酒店曾在酒店年终表彰大会上对酒店营销部的优秀员工每人奖励一部价值 10 万元的汽车，这极大地鼓舞了全体营销人员的工作积极性。

关心激励。营销人员日常工作繁忙，没有正常的休息和假期，很难照顾到家人。酒店管理层要关心其家庭生活，嘘寒问暖，主动帮助其解决家庭生活困难。还要考虑到营销人员的职业生涯发展，给予他们更多的提拔和晋升机会。

（二）绩效考核的标准

反映营销人员绩效的主要指标有：每位营销人员平均每天营销访问的次数；平均每次营销访问的时间；每天营销访问所产生的营业额；每次营销访问的平均费用；每次营销访问的招待费用；每次营销访问得到的客户或合同的百分比；每一时间段新客户的增加数；每一时间段失去的老客户数；营销人员费用占总成本的百分比；销售定额完成率。此外，酒店还可以通过客户反映等途径来考核营销人员。由于营销人员的任务不是单一的，因此，应当用综合指标来考核营销人员，促使他们顺利完成各项任务。

（三）绩效考核的方式

考核营销人员的基本方式有工作报告和业绩比较两种形式。通过工作报告，管理人员可以了解销售额、访问次数、新增客户等业务情况，随时掌握工作进度，了解营销人员的开支情况，完善费用管理，控制成本，并且能够搜集宾客信息、竞争状况等相关信息。业绩比较则是将营销成果进行量化，通过数字化的形式来掌握营销人员的业务进展情况，进而确定营销人员的合理报酬。

三、酒店营销控制

所谓营销控制，是指企业营销管理部门依据营销计划的要求，对计划的执行过程进行监控与评估，纠正可能出现的偏差，以保证企业营销目标的实现。因此，营销控制对营销管理有着十分重要的意义。首先，营销控制是使营销计划和实施过程保持一致的手段；其次，营销控制有助于及早发现问题，避免可能出现的失误与损失；最后，营销控制可以起到监督、激励的作用。

当酒店的营销活动开展到一定程度时，因各项条件发生变化，需要对原整体方案进行调整，特别是对市场和产品进行再调研和再定位，目的是检查原定计划的合理性和进展情况，并据此提出改进方案和措施，尽量避免在实施过程中出现失误。如图 10–1 所示，营销控制的主要内容包括：

销售分析。销售分析数据来自三个方面：一是将实际销售额与计划销售额进行对比分析，以确认销售计划的完成情况；二是销售差异分析，即各个因素对销售额影响程度的分析，例如价格、销售量等因素对销售额的影响程度；三是个别产品或区域销售额分析，即将总销售计划指标分解为各产品或区域具体指标，可弄清各产品、区域销售的差异，并找出原因所在。

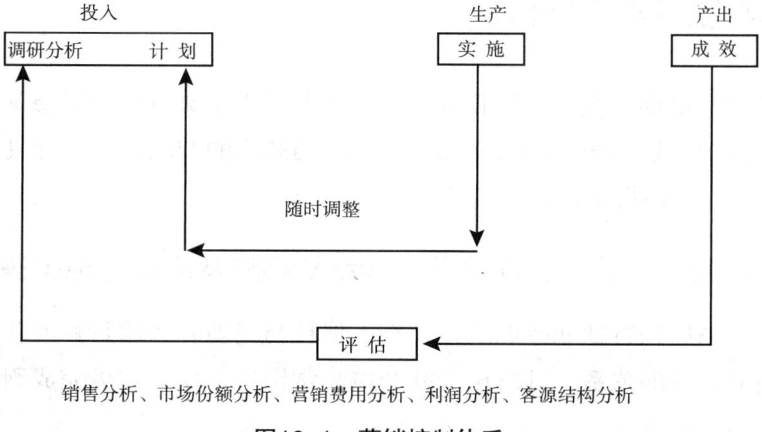

图10–1　营销控制体系

市场份额分析。市场份额分析主要是分析企业在竞争中的地位变化，从而找出原因，采取措施，克服不利因素。

营销费用分析。营销费用分析主要是用来确定营销费用的各项开支是否合理，以克服企业不合理支出的问题。营销费用分析可以按不同地区或不同产品达到的销售额与相应的费用支出进行比较，以确定各地区或产品营销费用支出的差异。

利润分析。利润分析主要是对各个目标市场的获利性进行衡量，对各产品的获利性进行评估，以便对相关目标市场进行取舍、增删或调整。

客源结构分析。客源结构指客人对酒店的了解程度、忠诚度、客人的消费行为和消费能力等。客源质量控制应当与营销目标的要求相一致，考察市场的规模，进行利益细分，从而评估营销成效。

第二节　酒店营销部的具体职责与岗位设置

酒店营销组织是制定和实施酒店市场营销策略和行动的主要负责部门。它与酒店的规模密切相关，也和市场需求和竞争形势有着内在的必然联系。

一、酒店营销部的具体职责

酒店营销部也称“市场与销售部”，负责协调和计划酒店的市场营销活动，搜集酒店市场营销信息，开发酒店客源市场，制定酒店的产品价格，并具体负责酒店客房和其他产品的销售工作。其具体职责有：

（一）抓住客户需求，积极开发和维护客户从而更好地销售酒店产品

（1）制订酒店旅行社业务的工作计划，保持与当地各大旅行社的联系，并与各大旅行社建立良好的关系。针对旅行社开展日常销售工作，积极完成酒店下达的旅行社业务的销售任务。

（2）制订酒店商务业务的工作计划，拓展、开发、维护企事业单位、行会、协会等商务客户，与客户保持良好的关系。针对商务客户开展日常销售工作，积极完成酒店下达的商务业务的销售任务。

（3）制订酒店会议业务的工作计划，积极开发各企事业单位、政府机关等客户，使之成为酒店的会议客户，维护好与会议客户的关系。针对会议客户开展日常销售工作，积极完成酒店下达的会议业务的销售任务。

（4）制订酒店宴会业务的工作计划，通过各种途径宣传推广酒店宴会业务的产品与服务，积极开发酒店宴会客户，并维护好酒店与宴会客户的关系。针对宴会客户开展日常销售工作，积极完成酒店下达的宴会业务的销售任务。

（5）在日常销售工作中，分析各类客户的实际需求，将市场合理细分，积极为酒店开发各类客户，并努力维护酒店与各类客户的关系，力争将酒店的客户培养成为忠诚客户。在日常销售工作中要多看、多听、多观察、多分析，密切关注顾客需求的变化，为酒店制定或调整营销策略、推出新产品及服务项目。建立、完善客史档案，对客史档案进行及时修改或补充。

（二）处理客户的预订信息并接待好每一位客户

（1）营销部工作人员要热情地处理客户的预订信息，包括客户的预订、改订、取消预订等要求。做好协调工作，及时把客户的预订信息传达到有关部门，以保证对客服务质量。

（2）整理、统计各类销售、预订信息并及时归档。

（三）开展日常销售、促销工作，负责酒店产品的广告宣传，做好酒店公共关系工作

（1）制订各大促销活动的方案，运用宣传手段强化促销效果。

（2）对酒店的产品和服务进行广告宣传，负责酒店新产品的宣传、销售及推广。

（3）建立并维护酒店的销售渠道。

（4）组织和开展各类公共关系活动，取得公众的信任和支持，扩大酒店知名度和美誉度，树立酒店良好的形象。

（5）帮助酒店进行品牌建设，积极树立酒店品牌形象。

（四）及时关注竞争对手的表现，根据竞争对手的变化及时调整营销策略

（1）梳理主要竞争酒店的营业状况，汇总相关数据等资料。

（2）将竞争酒店与自身企业进行分析对比，提取有效的竞争利弊信息，并与相关部门深入研究对策。

（3）根据需要，及时调整经营管理策略和任务方法，灵活地开展营销活动，保障企业实现利益最大化。

课堂思考

你能用 SWOT 分析法对竞争对手进行分析吗？

二、酒店营销部的岗位设置与职责

图 10–2 所示的是较为常见的酒店营销部的岗位设置情况，也许与有些酒店的

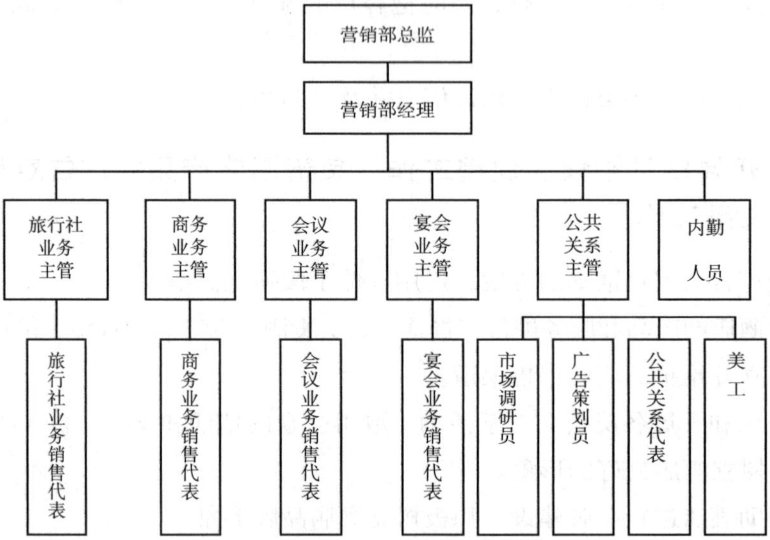

图10–2　酒店营销部的岗位设置

营销部岗位设置有不同之处，但是工作内容大体都是相同的。

（一）营销部总监的岗位职责

（1）制定营销部的管理制度、工作程序，并负责监督营销部工作人员贯彻落实。

（2）营销部总监要以身作则，严格遵守营销部的管理制度和工作程序，按酒店规定进行奖惩。

（3）严格按照酒店规定的标准控制营销部经费开支，控制和监督营销部工作人员的工作经费使用情况，做到公平、公正、公开。

（4）根据酒店总体经营战略及目标，制定酒店市场开发及维护战略与销售策略，并报请上级主管领导审批。

（5）根据酒店市场战略与销售的需要，指导公共关系主管编制公共关系工作计划及活动方案，并监督执行。

（6）根据酒店营销策略与计划，督促营销部经理及各岗位主管编制工作计划，并监督执行。

（7）督促各类公共关系活动按计划开展，维护酒店公共关系形象及品牌形象。

（8）积极督促广告主管推进酒店产品及服务宣传，并按酒店规定的标准审核、控制广告费用。

（9）根据酒店工作的需要，参与营销部经理及主管的招聘与考核工作。

（10）建设酒店营销队伍，加强部门的团队协作与团队精神，促进团队内部的沟通与和谐。有权力核准部门各岗位主管的任免。

（11）监督营销经理定期组织和开展营销部的培训工作，丰富培训内容，提升部门工作人员的工作技能和职业素养，力争为客户提供一流的服务。

（12）指导并监督销售部的客户关系管理工作。定期对酒店的客户关系进行分析。

（13）督促部门销售人员按时、保质、保量完成酒店下达的销售任务。

（14）督促部门销售人员做好客户信息保密工作。

（二）营销部经理岗位职责

（1）服从营销部总监的管理，向营销部总监提交工作计划，进行工作汇报，对营销部总监负责。

（2）向部门各岗位主管下达营销任务，并监督、指导执行。

（3）协同其他部门，根据市场和酒店的经营情况，制定符合市场需求、适合酒店经营发展的产品价格策略和产品组合策略。

（4）按照公共关系计划开展各项公共关系活动，确保达到预期目标。

（5）监督并指导酒店广告计划的执行，保证酒店广告的质量，确保达到预期目标。

（6）指导并监督下属按时完成客户走访与客户关系维护工作，及时处理客户意见。

（7）组织建立客户档案，督促相关工作人员及时整理客户档案，并做好归档、查阅与保管工作。

（8）监督部门员工做好客户信息保密工作。

（9）组织开展部门主管及员工的培训工作，丰富培训内容，不断提高部门员工的销售技能、管理能力与职业素养，并将培训情况及时向营销总监汇报。

（10）监督、指导各岗位主管的日常工作，对他们的工作绩效进行考核。

（11）指导下属按计划、保质、保量完成日常工作，确保销售部完成销售任务。

（三）旅行社业务主管岗位职责

（1）制订旅行社销售策略和旅行社走访计划，并落实执行。

（2）组织销售代表定期走访旅行社，与有意向的客户洽谈合作事宜。

（3）做好旅行社的客户关系维护工作，发现客户意见及时处理。若有重大客户关系问题需上报销售部经理协调处理。

（4）保持与旅行社的联系，及时发现客户需求。

（5）协调好来店消费客户的接待工作，全程跟踪服务，保证服务质量。

（6）记录、整理客户消费信息，形成销售工作笔记，并及时更新客史档案。

（7）关注旅游市场动态，组织做好市场情报的收集和整理工作。及时统计分析各类市场信息，定期向营销部经理提交分析报告。

（8）组织下属定期参加部门培训，对下属工作绩效进行考评。

（9）根据任务需要，协助其他部门开展工作。

（四）旅行社业务销售代表岗位职责

（1）按计划定期走访旅行社客户，与旅行社建立良好的合作关系，做好日常客户关系维护工作。

（2）与有合作意向的旅行社谈判，签署协议或合同，建立合作关系。

（3）保持与旅行社的交流，及时沟通信息。

（4）协调酒店相关部门，做好来店旅行社团队客人的接待工作，并保证服务质量。

（5）对客人住店期间的消费进行跟进，及时向相关部门传达客人的需求、意见或投诉。

（6）时刻关注市场动态，搜集合作旅行社及竞争对手的相关信息，并进行整理。

（7）按时统计、分析收集的资料，定期提交工作报告。

（8）完成酒店下达给个人的销售任务。

（五）商务业务主管岗位职责

（1）制订商务客户的销售目标及走访计划，并监督下属执行。

（2）制订长包房的销售策略和销售计划。

（3）组织下属开展客户走访工作，指导下属做好客户关系维护工作，加强与客户的联系与沟通。

（4）不断开拓酒店的商务客户市场，扩大销售网络。

（5）搜集客户反馈信息，及时发现客户需求的变化，及时解决客户反映的问题。

（6）协调好来店消费客户的接待工作，全程跟踪服务，保证服务质量。

（7）记录、整理客户消费信息，形成销售工作笔记，并及时更新客史档案。

（8）关注旅游市场动态，组织做好市场情报的收集和整理工作，及时统计分析各类市场信息，定期向营销部经理提交分析报告。

（9）组织下属定期参加部门培训，对下属工作绩效进行考评，对下属的培训情况进行考核。

（10）根据任务需要，协助其他部门开展工作。

（六）商务业务销售代表岗位职责

（1）搜集酒店附近区域各类单位、组织的信息资料、联系方式，积极发掘潜在客户。

（2）关注行业趋势和市场波动，开展竞争对手价格策略、销售情况等信息的搜集工作。

（3）维护酒店与政府机关、各类企事业单位的关系，定期拜访客户，做好客户关系维护工作。

（4）积极宣传酒店的产品及服务，开发新客户的同时留住老客户，及时更新客史档案。

（5）按照规定，与商务客户洽谈、签订合同或协议，积极完成销售工作。

（6）对客人住店期间的消费进行跟进，及时向相关部门传达客人的需求、意见或投诉。

（7）时刻关注市场动态，搜集竞争对手的相关信息，并进行整理。

（8）按时统计、分析收集的资料，定期提交工作报告。

（9）协助财务部门做好商务客人的资信调查、结账工作。

（10）完成酒店下达给个人的销售任务。

（七）会议业务主管岗位职责

（1）制订酒店会议服务或产品的销售计划，并监督下属执行。

（2）指导下属定期走访会议客户，积极维护与客户的关系。

（3）积极开发新客户，组织做好有意向客户来酒店参观、咨询、洽谈接待工作。

（4）跟踪会议客户的服务，并根据客户的要求监督指导会议前的准备工作。

（5）组织做好客户资料的收集、整理、分析工作，以便全面掌握客户消费需求的变化，及时更新客史档案。

（6）积极听取客户对酒店会议设施及服务的反馈意见，并及时反映给相关部门。

（7）关注旅游市场动态，组织做好市场情报的收集和整理工作。及时统计分析各类市场信息，定期向营销部经理提交分析报告。

（8）组织下属定期参加部门培训，对下属工作绩效进行考评，对下属的培训情况进行考核。

（9）根据任务需要，协助其他部门开展工作。

（八）会议业务销售代表岗位职责

（1）按计划完成客户联系、走访工作。根据实际情况，积极开展会议服务及产品的宣传及推介。

（2）在授权范围内，开展会议预定的洽谈、签约工作。

（3）接待来酒店参观、咨询的会议客户，热情地介绍酒店的会议设施及服务。

（4）积极与客户联系，做好会议接待前的准备工作。落实并定时检查会议接待所需要的各项设施、设备及服务的准备工作。

（5）在会议接待过程中，全程跟进服务，协助酒店各部门完成好会议服务工作。及时处理客户的意见及提出的问题。

（6）及时整理会议销售及会议接待中的各类资料信息、客户反馈意见等，建立客户档案，并及时对客户档案进行更新。

（7）时刻关注市场动态，搜集竞争对手的相关信息，并进行整理。

（8）按时统计、分析收集的资料，定期提交工作报告。

（9）协助财务部门及时催收会议客户所欠账款。

（10）完成酒店下达给个人的销售任务。

（九）宴会业务主管岗位职责

（1）制订酒店宴会业务的销售计划，并组织销售人员按时完成。

（2）指导并监督销售代表定期走访目标客户，维护客户关系。

（3）指导并监督下属做好客户来酒店咨询参观的接待工作。

（4）检查宴会前准备工作的落实情况，及时与餐饮部同事沟通、联系，确保宴会服务事项的落实。

（5）及时解决宴会进行过程中出现的问题，及时处理客户意见及投诉，并及时与相关部门联系，确保为客户提供优质服务。

（6）积极监督下属参与培训，并对培训效果进行考评。

（7）参与下属的绩效考核工作。

（8）关注旅游市场动态，组织做好市场情报的收集和整理工作。及时统计分析各类市场信息，定期向营销部经理提交分析报告。

（9）根据任务需要，协助其他部门开展工作。

（十）宴会业务销售代表岗位职责

（1）按销售工作计划积极完成任务。

（2）定期拜访客户，维护客户关系。

（3）负责来访客户参观、咨询的接待工作，向客户详细介绍酒店宴会业务的服务、产品及相关销售政策。

（4）负责与有意向的客户洽谈并签订协议。

（5）接待前实地检查会场布置等前期准备工作，与相关部门沟通、协调相关服务事项，保证为客户提供优质服务。

（6）全程跟进宴会接待，及时解决宴会接待过程中出现的问题，并及时协调相关部门调整产品或服务使客户满意。

（7）宴会结束后，向客户发函致谢，并征求客户对宴会服务的改进意见和建议。并及时整理、更新客史档案。

（8）时刻关注市场动态，搜集竞争对手的相关信息，并进行整理。

（9）完成酒店下达给个人的销售任务。

（十一）公共关系主管岗位职责

（1）制订公共关系工作的工作计划，并指导和监督下属按计划完成工作。

（2）完善公共关系岗位的管理制度，监督下属执行。

（3）根据市场调研的情况，制定详细的调研实施方案。

（4）根据酒店市场拓展的需要，组织开展市场信息、客户资料的调查、收集工作。

（5）对收集到的信息资料及时加以整理分析，做好市场分析、市场预测工作，为公共关系工作和销售工作的开展提供依据。

（6）根据公共关系工作计划，组织开展各类公关活动，确保活动顺利开展并达到预期效果。

（7）参与各类媒体的接待工作，参与处理各类危机事件，并向营销经理和总监及时汇报工作进度。

（8）监督广告实施的质量，对广告投放效果进行检测评估。

（9）关注旅游市场动态，组织做好市场情报的收集和整理工作。及时统计分析各类市场信息，定期向营销部经理提交分析报告。

（10）积极监督下属参与培训，并对培训效果进行考评。

（11）参与下属的绩效考核工作。

（12）根据任务需要，协助其他部门开展工作。

（十二）市场调研员岗位职责

（1）根据公共关系主管的调研任务安排，按调研方案进行市场调研，负责收集情报和资料。

（2）根据公共关系主管的安排，对酒店公关活动、广告宣传的效果进行调研及效果测评。

（3）整理、分析收集的信息及资料，按时提交市场调研报告。

（4）补充、完善酒店营销信息，为营销决策和其他部门开展业务提供信息支持。

（十三）广告策划员岗位职责

（1）协助公共关系主管完成酒店各类广告创意及策划工作。

（2）根据广告创意，完成广告方案的编写。

（3）与营销部美工人员合作完成广告的平面设计工作。

（4）对于需要外部专业制作单位制作的宣传品，负责及时联系制作单位制作，并将合作单位的收费标准报公共关系主管审批。

（5）联系广告制作公司，完成广告的制作，并监督制作过程。

（6）根据预算，选择合适的广告媒体，与各广告媒体及制作单位维持好关系。

（十四）公共关系代表岗位职责

（1）负责接待来访参观客人，向客人介绍酒店情况，增加公众对酒店的认知度。

（2）具体落实各级别贵宾的接待工作。

（3）协助公共关系主管完成公关活动方案的策划与拟定工作。

（4）与各部门协调，协助公共关系主管完成公共关系活动前的准备工作。

（5）负责跟进酒店的各类公共关系活动，并及时处理发现的问题，维护好客户关系。

（6）负责接收、发送来往的公文及信件，收集客人反馈意见，形成报告及时提交给公共关系主管。

（7）将搜集到的客户信息及时整理归档。

（8）定期对客户资料进行分析，为酒店公共关系活动方案的策划与实施提供依据。

（十五）美工岗位职责

（1）负责酒店横幅、广告牌、指示牌、招贴、工艺美术品的设计工作。

（2）负责酒店服务指南、酒店简介、画册、菜单、明信片、纪念品、广告等的设计，并负责印刷品的印刷质量。

（3）制作可独立完成的广告宣传品，确保质量。

（4）根据公共关系主管的安排，负责完成酒店各大活动、庆典会场的布置美化工作。

（5）负责酒店内举办的所有活动的摄影工作。

（6）保管好工作设备和器具。

（7）妥善安置和保管所有用过或展出过的广告宣传品。

（十六）内勤人员岗位职责

（1）对营销部经理负责，全面处理营销部内勤工作。

（2）整理文字资料，归类装订成册，存档备查。

（3）收集部门资料，负责文件、材料的编写。

（4）了解部门人员工作材料、用品的需求，领发办公用品。

（5）负责部门材料打印、复印、分发工作。

（6）负责部门各类会议纪要的记录、整理、存档工作。

（7）负责部门来电、来函的拆阅、整理及回复、备案工作。

（8）负责部门报纸杂志的分发、归类、整理、保管工作。

（9）完成上级交办的其他任务。

课堂思考

你觉得自己适合酒店营销部哪个岗位的工作？

第三节　酒店营销部管理制度及工作流程

一、营销部常用管理制度

（一）营销部员工工作制度

（1）营销部工作人员要坚持勤勉、团结、坚韧的工作态度，以服务社会、客户、企业为工作宗旨。

（2）在酒店区域工作时必须着工装，外出销售时可着便装。

（3）严格考勤制度，每日上岗、外出工作必须签到。凡由于工作不能及时签到的，必须提前通知部门管理人员。

（4）当离开部门办公室到酒店营业区域内工作时，需将所去目的地告知其他同事。

（5）非工作需要进入酒店大堂时不得走酒店正门，可走员工通道。

（6）非接待客户需要，严禁搭乘客梯。

（7）注意使用礼貌用语，见到客人或同事要主动问候。

（8）无紧急事件严禁在办公区域打私人电话。接听私人电话不得超过 5 分钟。

（9）补休、事假必须提前报部门经理审批，严禁先休后补。病假必须出示医院病历。

（10）按国家及酒店规定处理外事工作，遇事多请示多汇报，不要擅自作决定。

（11）在销售谈判及合作中不得有私下交易行为。

（12）不得接受客人的贵重礼品及回扣。

（13）工作期间不得饮用烈酒。

（14）不得利用工作时间忙私事。

（二）营销部客户拜访管理制度

（1）按照酒店的实际情况制订客户拜访计划，并明确规定销售人员拜访客户的数量和时间。

（2）拜访客户前必须填写外勤单。写明客户的姓名、职务、单位名称及地址、预计抵达时间、拜访时长、拜访目的等。

（3）拜访结束后按规定填写拜访记录，汇报所拜访客户的姓名、职务、单位名称及地址、拜访内容等。

（4）拜访客户时需携带工作证、名片、宣传资料等，注意个人仪容、仪表。

（5）严格遵守与客人约定的时间，如因意外延误，需及时与客户沟通，争取客户的谅解。

（6）不得擅自接受客户宴请、收受客人礼物。特殊情况应向营销部经理及时汇报，征求处理意见。

（7）部门经理必须每日阅读拜访记录，并依据记录内容及每周累计工作量对营销人员进行绩效考核。

二、营销部工作项目的工作流程

在上一节内容中已对酒店营销部各岗位的职责进行了介绍。从各岗位的职责中我们可以了解酒店营销部各岗位工作人员的工作内容。接下来就对营销部基本工作项目的工作流程做简单介绍。

（一）客户拜访工作的流程及关键点

1. 工作流程

第一步：做好拜访前的准备工作，充分了解要走访的客户情况。

第二步：准备拜访客户时所需的各种资料。

第三步：与客户及时联系、沟通，对客户进行拜访。

第四步：拜访时记录各种信息。

第五步：拜访结束后对记录的各种信息进行整理、归档。

第六步：撰写拜访工作的总结报告。

第七步：向上级提交工作报告，并存档。

2. 关键点

（1）掌握客户的详细资料，掌握客户所在单位的运营情况。

（2）准备好酒店的宣传资料、工作记录本、名片、礼品等，出发前仔细检查有无遗漏。

（3）拜访时要向客人详细介绍酒店的产品及服务，积极介绍酒店的最新销售政策，争取或稳定客户与酒店的合作意向。

（4）一定要对拜访记录进行整理，形成报告提交上级。

（5）撰写的报告中一定要有对市场动态、客户需求等的分析。

（二）对客销售工作的程序及关键点

1. 工作程序

第一步：研究分析市场情况，了解顾客需求变化。

第二步：明确销售目标。

第三步：与目标顾客取得联系并开展推销工作。

第四步：推销过程中尽力争取客户的合作意向。

第五步：与有合作意向的客户签订协议或合同。

第六步：接待客人来店消费。

第七步：后续跟进。

2. 关键点

（1）销售人员要定期按时对市场变化进行分析。定期通报客户信息，根据酒店实际情况确定目标顾客。

（2）销售人员一定要对目标顾客进行电话拜访或上门拜访，建立对客日常联系机制。适时推介酒店产品及服务，逐步建立目标顾客群。

（3）有技巧地向客户介绍酒店的特色、产品及服务、各项优惠政策。

（4）销售人员在接待客户来店消费时，尤其是第一次到店消费的客户，一定要提前做好准备，与各部门协调合作，保证服务质量。在接待过程中要全程跟进，及时处理和解决出现的问题，保证客户的满意度。多做总结。

（5）客户消费结束后要征求客户的消费意见，及时加以改进，并保持与客户的后续联系。

课堂思考

你认为怎样才能做好客户接待前的准备工作？

（三）大型活动组织程序与关键点

1. 工作流程

第一步：策划活动内容。

第二步：制定实施方案。

第三步：进行具体的工作分配。

第四步：准备活动的物资。

第五步：拟定邀请嘉宾名单，向嘉宾发送邀请函，并进行确认。

第六步：正式开展活动。

第七步：总结活动经验。

2. 关键点

（1）活动方案的内容主要包括：活动主题、活动形式、活动规模。一定要做好活动费用的预算。明确参加人员的要求、分工，环境布置要注意的问题，环境布置所需物品的供应情况及价格等。

（2）对参加活动的工作人员进行细化分工，并进行相应的培训。

（3）准备活动所需的设备、器材、陈列物、宣传品等，并在规定时间内完成设备、器材等的安装调试工作，在规定时间内完成场地的布置。

（4）成立专门的接待处、签到处。

（5）做好防火防盗、交通疏导及环境保护等工作。

（6）向嘉宾发出邀请函后要及时确认嘉宾到会的情况。

（7）活动中一定要做好跟进服务，发现问题及时解决，保持与相关部门的沟通、联系。

（8）活动后要有总结报告，要对活动的开展情况进行总结，分析问题、总结经验。

课堂思考

如何才能策划出有创意的营销活动？

第四节　酒店营销部培训技巧

培训是现代酒店日常管理中一种有效的管理手段，酒店营销部的管理人员可以运用日常培训帮助部门员工融入企业，更加深刻地理解企业文化，增强部门员工的团队协作意识，增进部门团结，提高部门员工的个人素养及业务能力。所以，营销部管理人员必须要掌握一定的培训技巧，让员工正确认识培训，从培训中得到快乐和提升，以增强部门的管理绩效。

一、培训的概念及其内容

培训就是向新员工或现有员工传授其完成本职工作所必需的相关知识、技能、价值观念、行为规范的过程，是由企业安排的对本企业员工所进行的有计划、有步骤的培养和训练。

员工培训的内容主要有两个方面：职业技能和职业品质。职业技能方面主要包括基本知识技能和专业知识技能。企业应把培训的重点放在专业知识和技能上。职业品质方面主要包括职业态度、责任感、职业道德、职业行为习惯等，这些必须和本企业的文化相符合。在现代企业中，员工的知识水平和技能已不再是影响工作绩效的唯一重要因素，员工的态度、观念对企业生产力及企业效益的影响日益加强。因此，企业不仅应该要求员工有良好的职业知识、技能，还应要求员工有良好的职业品质，这样才能保证员工不仅有能力，而且有动力做好工作。员工培训应注重职业品质方面的教育和引导，通过培训，建立起企业和员工、员工和员工之间的相互合作、相互信任的关系。

二、管理人员要树立正确的培训意识

销售部管理人员在日常培训中要对培训工作有正确的认识。只有这样才能正确掌握和运用培训技巧。

（1）不要奢望每个人都喜欢自己的培训。正所谓众口难调，管理人员不要把让每位员工都满意、都喜欢作为自己的目标，这是不可能实现的。因为每位员工喜欢的受训方式和受训风格都是不同的，只要大部分员工受益了、满意了，就是一次成功的培训。管理人员需要做的是不断调整自己的授课内容和方式以适应部门员工的需求，只要这一次比上一次做得更好即可，无须过度追求完美。

（2）培训员工时不要怕丢脸。没有培训经验的管理者最容易出现的心理障碍是怕自己在下属面前丢脸。如果培训效果不好，怕下属瞧不起自己，领导不赏识自己，有损自己的威严。这种心态容易使管理者在培训时过分自卑或过分自大，束缚思维和表达。管理者必须克服这样的不良心态，正确认识自己和自己的培训。要意识到越是怕丢脸就越会丢脸，而以平常心面对，把培训当作是与员工的一次沟通交流，是一种辅助自己管理的手段，正常发挥自己的水平，保持自己自然、和蔼的风格即可。管理者要总结历次的培训经验，多与员工沟通，虚心听取员工意见，及时调整自己的培训模式，不断提升自己的培训技能。

（3）要从受训员工的角度思考问题。一方面管理者要选取员工需要并且实用的知识或理念作为培训内容，要让员工能够从培训中切实得到自己需要的知识和经验。另一方面，管理者要学会尊重受训员工。管理者在培训中要忘记自己是管理层领导，要从为员工服务的角度去认识自己的培训师身份。切忌在培训中摆官架子、耍官腔。在培训中管理层和受训员工是平等的，不存在领导与被领导的关系。所以，管理者在培训时态度要和蔼，风格要自然，授课语言要文明礼貌，培训时要想员工所想，给员工所需，充分尊重员工的人格。

（4）调动受训员工的积极性很重要。部门的员工大多不太喜欢参加培训，这就需要管理者及时与员工沟通，汇总员工对培训模式的意见和建议，并及时进行改进。否则，将会影响员工参加培训的积极性，使培训失去了应有的效力和功能。

三、充分了解成人培训学习的特点

酒店营销部门的员工都是成年人，成年人在学习过程中会表现出不同的心态，对管理人员的培训会有不同的需求，更重要的是成年人有独特的学习特点。

（1）反感培训师说教式的教学。营销部的员工大部分都具有丰富的经验和感性认识。如用传统的"填鸭"式加说教式的教学必定会引起员工的反感，从而造成培训的无效。管理人员应该运用多种培训手段，引导员工进行学习，同时要注意在培训中营造轻松愉快的氛围，让员工在愉快中学习。

（2）员工渴望通过培训有所收获。营销部的员工在工作中会遇到很多实际问题，例如对客沟通、推销技巧的问题等。员工急切需要这些实用的知识来提高自己的业务能力和水平。管理人员在安排培训内容上要注意实用性。培训内容既可以满足员工的实际需求，又可以激发员工的学习兴趣，并最终提升员工的业务能力与水平。

（3）喜欢既有专业知识又有丰富案例或经验的培训师。营销部员工喜爱有专业知识及丰富经验的培训师。营销部的管理人员有着丰富的实践经验，但有时缺乏相关的专业理论知识。因此，营销部管理人员不但要在自己的日常工作中多总结经验及案例以便于充实培训内容，还要在业余时间多阅读一些相关专业书籍或定期参加相关的培训，成为一位专业知识与实践经验兼具的出色管理者和培训师，只有这样才能满足员工日益增长和不断变化的培训需求，增强酒店在行业中的竞争力。

四、营销部管理人员针对部门员工的培训技巧

（1）充分利用多媒体教学手段。只要条件允许，营销部管理人员可以使用多媒体教学手段来提高部门人员的学习兴趣，管理人员可以制作 PPT，加入视频、音乐等多种信息，丰富培训内容的同时，有利于塑造轻松的培训氛围，有利于部门员工的学习。

（2）加强与员工的沟通并在培训中设置相关互动环节。管理人员可以运用案例教学法、角色扮演法或游戏法让员工参与到培训中。实践证明，此类培训方法可以有效地活跃培训课气氛，激发受训员工的学习兴趣，员工对培训内容的记忆会很深刻。

相关链接 搜索

两种重要的培训方法

1. 案例研究法

案例研究法是针对某个特定的问题，向受训员工展示真实性背景，提供大量背景材料，由受训员工依据背景材料来分析问题，提出解决问题的方法，从而培养受训员工分析、解决实际问题的能力。

2. 角色扮演法

采用角色扮演方法时，受训员工身处模拟的日常工作环境之中，按照他在实际工作中应有的权责来担当与其实际工作类似的角色，模拟性地处理工作事务。通过这种方法，受训员工能较快熟悉自己的工作环境，了解自己的工作业务，掌握必需的工作技能，尽快适应实际工作的要求。角色扮演的关键问题是排除受训员工的心理障碍，让受训员工意识到角色扮演的重要意义，减轻其心理压力。

（3）注意聆听员工的反馈。征求员工对培训的意见，然后在此基础上多做改进，以适应员工的培训需求。

培训对于营销部来说十分重要。管理者必须对培训有正确的认识，研究部门员工对培训的需求，掌握相应的培训技巧，真正把培训工作做好，积极激发部门员工的学习兴趣及热情，营造轻松愉快的学习氛围，让员工在快乐中提升工作能力和职业素养。

课堂思考

你觉得培训营销部员工处理客人投诉时需掌握的技巧这项内容时，可以采取哪种培训方法？

复习与思考

一、名词解释

酒店管理　酒店营销　绩效考核　营销控制　培训

二、填空题

1. 酒店运营管理系统主要包括________系统、________系统、________系统。

2. 对营销人员进行考核时，酒店管理者要运用科学的方法和手段对其__________、__________和__________等进行系统考察和分析，从而评价工作绩效。

3. 有效激励主要包括__________激励、__________激励、__________激励和________激励。

4. 酒店营销控制主要包含的内容有________、________、________、________、________。

5. 营销部管理人员针对部门员工的培训技巧有________、________。

三、简答题

1. 酒店营销经理的岗位职责有哪些？

2. 客户拜访工作的工作流程有哪些？

3. 组织策划酒店营销活动需要注意哪些问题？

4. 管理人员应树立怎样的培训意识？

5. 成人学习的特点有哪些？

四、案例分析

揭秘：星巴克的员工培训与薪酬计划

“和70后、80后的员工相比，90后完全不一样了，自我表现，开放自由，拒绝追随，很有思想，也很聪明。”星巴克中国人力资源副总裁余华在“三亚·财经国际论坛”上如此表示。

星巴克的员工大多是“90后”，这里也是他们进入社会的第一份工作。为了激发这些新生代，星巴克提出了价值、有趣、成长三个雇主主张。

价值，很多人说“90后”得了“空心病”，不知道自己的价值在哪里。星巴克就试图帮他们找到人生价值，怎么做一个好人，一个对社会有用的人、帮助他人成功的人。所以星巴克有成熟的CSR文化，带领员工投入到社区服务中。

有趣，星巴克里非常多有才华的人，在这里，他们总能找到发挥才华的机会。

成长，星巴克给员工准备了各种各样的活动和培训，这里的咖啡文化也让他们感觉到他们变成了咖啡专家。此外，星巴克在全世界有2万多家店，如果想走出去看一看，不用辞职，公司会安排他们到异地甚至异国工作。

慷慨“全员股票奖励”，贴心“伙伴计划”……星巴克是如何成为“全球最佳雇主”的？

来看看这篇星巴克大中华区人力资源副总裁余华女士的「演讲」。

我叫余华，英文名字叫Angel，在星巴克工作了7年。

今天我们研究的题目是“咖啡豆磨出的人文精神”。题目很文艺。但是有些企业文化不能用一句话讲清楚，我们一直在探索怎么提升员工的体验度。

一、星巴克搭建品牌平台

从公司角度来讲，我们如何将体验感落实到实处？星巴克把它们分三类。第一，为年轻人创造机会；第二，引导他们分享成功；第三，激发我们的人文精神。

1. 职业发展很重要

在传统零售行业入职的初期，员工不可能有很高的工资，或者是很强的IT技术。这个对于星巴克的伙伴来讲是一步步做起来的，在这种情况下如何让他们看到未来？让他们在星巴克工作的时间里学到本领，就算员工以后离开星巴克，他的市场价值也是增加的。

星巴克针对职业发展，设立了门店员工的职场发展路径，从咖啡师到主管、店铺经理、区域经理，有一系列的发展路线。

对我们门店伙伴来讲，他们职业发展不仅仅是零售行业内部的发展，星巴克办公管理岗以及后期的支持中心，很多职位都是向他们敞开大门的。因为他们是在基层做过的，他们最清楚公司制定的东西执行到门店是否有效。

大家可能会好奇星巴克如何培训员工？

星巴克有几万的员工需要培训。众所周知，星巴克有星巴克大学，但是星巴克大学所有人加一起才二十几个人，不可能一一培训。我们的伙伴里面有一个培训体系，就是专门培训咖啡师，还有MCM（店经理导师），还有DCM（区经理教练）。

后面这一层级意味着每一个伙伴自己工作的同时，还身兼另外一个职位，将自己的知识分享出去。相当于师傅带徒弟的方式，实际上真正拥有这样大批强悍的团队，才能够让我们新伙伴进来的时候，第一时间学习到咖啡怎么制作，并且熟悉店内流程等事宜。

2. 加速高潜力店经理发展计划

星巴克的发展被誉为零售业的黄埔军校。我们每年要开 400 到 500 家店，更要储备好店经理。店经理相当于一个 GM（管理者）。他不仅仅要招聘员工、培训员工，还要关注生意、客人关系处理维护、库存量多少。

所以，星巴克的文化，是通过店长作为载体来传达的。

店长相当于一个家长，负责培育下面的员工。所以，店经理发展计划是我们非常重要的一部分。我们已经做了好几期。

这已形成了一种品牌效应，入选者已经是一个明星产品了。其他伙伴们会觉得很向往，对他们来讲加入这个计划，是非常大的荣耀。即使今年不能加入，明年、后年还会坚持参加。从来没有人因为选不到就很沮丧，反而都会为之而努力。

3. 有一个机会连接更广阔的世界

星巴克制定所有人力资源政策，涉及各种各样的项目，不是仅靠我觉得好玩就做了。第一步分析他们想要什么？他们在意的是什么？怎么用星巴克情怀留下员工？这点最重要。

在这里分享“伙伴是天下”这个计划。“90 后”有很多伙伴喜欢旅游，因为种种原因，他们也没有出国的机会。我们团队考虑到星巴克有那么多店，全球那么多资源，为什么不做得好玩一点？

我们就跟其他国家的星巴克进行人才交流。让这些伙伴既满足了旅行的需求又可以好好工作，还可以让他们对其他区域的星巴克文化有所了解。

除此之外，因为不是每一个伙伴的英文水平都很好。因此我们在全国 90 多个城市里，让他们选出心目当中最想工作的城市，这样的话就不会产生要辞职去看世界的想法了。

伙伴们不需要辞职，就可以继续在公司里面发展。整个过程中，我们最需要解决的是如何有效沟通，且在后续的过程中解除后顾之忧。

伙伴去新加坡的时候，我们帮助其考虑，保险怎么样、房子怎么样、住得怎么样等细节方面的问题。伙伴的体验怎么样、他的感受怎么样，这是我们为他们创造的连接广阔世界的机会，更是一场说走就走的旅行。

这个计划时间为期 6 个月到一年。他们有一个非常完整的培训流程，专门有人带领他们。第一批，六位主管级别的员工赴新加坡学习。

他们下飞机的时候惊奇地发现中国区域副总裁就在机场迎接他们，加上新加坡的 MD 和人力资源伙伴，让他们感觉虽然离开了家，但又到了另外一个家，还是在星巴克这个大家庭里最温暖。

二、学习成长

星巴克一直通过价值观领导力，对品牌文化进行传承。我们没有印刷很多东西，也没有做很多漂亮的宣传品。

我们是把它变成你自己，或者是人性化的东西。很多时候公司做一个战略，从上往下就开始全方位执行，走过一场大家都忘记了。

我们唯独没有这样做。

首先，星巴克价值观出来以后，所有的领导高层到全世界各地宣传。他们不讲豪言壮语，而是用一个又一个故事，把这个价值观意味着什么表达出来，并结合现实生活中的例子进行连接。

让每一个人看到这个流程的时候，看到这个故事的时候，就会感觉到什么是温暖，什么是归属感，什么是挑战现状。

然而这些全部是由一个个故事连接起来的。只有当我们的第一层领导人把它内化了，理解变成自己的东西，然后才把这个传递给下面的团队。所以，你们可以在适当的时间，把你的故事传递给下面的人。

领导让员工看到自己有在学习，真正用这种方式表达价值观是最强大的印证。对于激励员工，我们员工入职的时候会发很多卡片。这个卡片可以写上你生活中的点点滴滴，在适当的时候，感谢你周围的伙伴。

每一个区域、每一家门店都会选择一个最佳伙伴，通过这种方式传播你的文化，传播你的故事。所以，这就是星巴克的价值观领导力，也是非常重要的。

星巴克中国大学是三年前成立的，现在发展成为四个学院，有咖啡学院、零售学院、领导力学院、职能学院。这四个学院是一个虚拟的院系，通过这样一个大学，把公司所有的资源调动起来。

真正的教授是谁呢？不是请外面人讲课，我们有3万多人才，每一个人都有自己闪光的地方。

我们有任聘的伙伴教授，只要你是这方面的专家，星巴克就提供这个舞台，让你做讲师。星巴克大学实际上是培养中国零售管理精英的地方，不管你是什么层级，你都可以在这里面找到你的位置。

一个员工如果能够除了掌握自己的知识之外，还可以用另外的能力分享传播他的职业发展。这对他自己能力的提升是非常大的。学习生态系统是快速发展的根基。

这就是怎么让我们1800多家店（再过5年可能是5000多家店），让伙伴用方便有趣的方式，游戏的方式学习知识。这就是我们在星巴克大学里面建设的系统。

三、连接彼此

当你到星巴克门店的时候，我们员工会主动跟你聊天。其实这不是一种聊天，这是一种连接。

讲一个真实的门店故事，很多的顾客因为跟门店员工熟悉，会专门兜一个圈子跑到这家店喝咖啡。员工可以一下子就认出这个人，他喜欢喝什么咖啡，什么样的分量。所以，这种连接就是星巴克的咖啡文化。

不是只在柜台后面做咖啡，我们是一个从事与人相关的事业。新近伙伴入职的时候，他们会去门店工作几天，然后跟所有人面对面交流。第二个月了解工作内容，第三个月融入，并对文化这门课程进行培训。所以，星巴克花了很多时间，才形成这样的一种文化。

我有机会、有责任、有热忱，传授、训练、指导与我共事的伙伴。我们实际上是自己伙伴内部的分享，每一次我们在上这个课之前，都有这样的Logo，这是一种精神。

所以，如果伙伴愿意付出、乐施或者是愿意分享的时候，我们是很愿意跟他一起提高的。

四、造星舞台

星巴克店里的伙伴，75%以上是大学生，他们来自不同的地区。有清华大学的，有美国康奈尔大学的，也有家境贫寒的，当然也有富二代。

这里有很多专业人士，比如画家、钢琴家、舞蹈家，等等。他们来自不同的地方，但是在这个店里面，他们都是一样的。伙伴们多才多艺，甚至超乎你的想象。到门店里看到粉笔画很漂亮，这些不是请人来画的，而是我们员工自己画的。

星巴克会不定期发展咖啡大师。实际上在我们的门店里，或者是办公室里，都会有很多咖啡大师，我的同事们也是咖啡大师，这个文化考核在公司里面经常会发生。

星巴克会从整个咖啡调制流程进行培训，有人帮助你做演示，之后考试做展示，最后才认证为咖啡大师。当每一个伙伴穿上黑围裙的时候，都是很自豪的。

这是我们咖啡大师的一个培养计划，入职6个月之后就可以申请，而且是每年认证，今年认证完了，到明年还需要重新认证。熟能生巧，要不断培养学习氛围。

拿铁艺术、手冲咖啡大赛，这些是员工自己做的，怎么把这个做到极致？这是他们最喜欢的事情。“星未来畅想”大赛，孕育未来之星，星巴克每年都会有，每一个伙伴都有机会报名参与。

作为管理人员，我们在办公室里面，很多事情是不知道的，只有真正一线做事情的员工，才知道门店里最需要解决什么问题。

所以，我们非常愿意倾听来自一线的声音。有时候问题就在这边，我们邀请所有的伙伴参与，之后他们会拿一些工作中看到的、听到的事情做改善。

这些流程帮助公司节省了很多营运方面的成本，有一些是我们没有注意到的小细节，但只要做一个小的修改就可以变得很有效。

再看“寻找星未来”计划。全国各地门店小伙伴们会在业余之际参加这个活动，公司高管们每年都做他们的评委，就像参加训练营一样，每年都会有感悟。他们从问题出发，提出解决方法，到最后怎么实践，做得非常简单，而且都可以听得懂。

反馈之后我们将一个个建议都记下来。我们的目的不是谁讲得好，而是通过这个活动，让管理者了解基层的想法。

有一个南区得奖者，最初是在星巴克做兼职，他也参与了这个项目，分享之后感觉他很有想法，当时上海市场部有一个机会，需要做一个项目，就邀请他毕业之后直接参与这个项目。

他在还没有毕业的时候就跟星巴克全球著名总裁一起工作，这就是他展示才华所得到的机会，更是我们“寻找星未来”计划的目的。

要激发并释放伙伴的才能与热情。在星巴克的门店里有一个SK组合，这是一个什么典故呢?

星巴克有一位伙伴，他以前是学习舞蹈的，后来到星巴克工作。一次偶然的机会，发现他有舞蹈天赋，而另外一个小伙伴克里斯丁很喜欢音乐。我们晚上有文艺沙龙，就让他们两位驻唱，效果非常好。

他们平时还有画画的才能，这两个杯子就是他们画的，很有创意。我们把他的画展示在门店里，客人也很喜欢，闲暇时也会参与绘画。

这个互动不是刻意的，而是创造小的机会让他们展示自己的乐趣。他们用心做这个事情，就会觉得很开心。

所以，在星巴克里面，会发掘很多这样的年轻人，并给予他们职业发展通道。只要他们愿意，就可以到上海或者是北京办公室工作，这个大门永远是为他们敞开的。

五、薪酬计划

星巴克提供很多机会给年轻人，充分释放他们的才华，让他们能够在星巴克成长。同时也分享一下我们的薪酬计划，星巴克一直认为最好的成功就是彼此分享。

这里分享两点：

1. 如何让我们的合作伙伴觉得平等

我们的伙伴很喜欢旅游，他们的年假制度跟我们办公室管理人员，或者是高层年假制度是一样的。门店员工最高20天年假，年假增长的速度跟我们也是一样的。

从这个方面来讲，零售行业里很少有公司可以做到这样。我们伙伴一年有12天带薪病假。我们还有豆股票，在我们的直营门店里面，所有的伙伴从高层到基层，每一个人比例都不一样，但是都有股票奖励。

对门店基层伙伴的股票奖励，星巴克更加慷慨。

伙伴们的股票不是期权，工作时间满一年就可以兑现一半，高层管理人兑换期限稍微长一点。

所以，星巴克通过做这些事情告诉我们，这就是伙伴的文化，这就是承诺。除了物质之外，我们还有精神上的共鸣。

每当门店开业，我们不光邀请高层领导到门店里面参与活动，还会邀请伙伴的家人一起。这些小小的举动让他们感觉到我们一直在一起。在 VCR 中我们看到，大家在分享喜悦、成功的时候，都是伙伴们的真心话。

怎么激发我们的人文精神，这是最难的。怎么做出来并让人能感觉到，才是真正的文化。

2. 伙伴回家计划

大家都知道中国很多城市是移民化城市，很多年轻人离开家乡到了广州、深圳等地方打工，寻求他们的职业梦想。

随着时间慢慢推移，家乡也发展了，现在很多年轻人要回到自己的家乡。因为父母亲老了，需要成家立业了。

在这种情况下我们 HR 团队就想，星巴克有很多的员工，他们已经离乡背井好几年。如果他们的家乡开了星巴克，我们要第一时间告诉他们："你的家乡开星巴克，你要不要回去？"

我们把他所有的东西全部安排好，他可以在父母身边继续星巴克的职业生涯。如果不去看，你可能感觉不到，只有当我们细致体会的时候，才发现原来我们可以做很多事情。我们有 200 多个故事一直在延续，这个伙伴回家计划，也一直在发生。

再看星巴克"中国伙伴家属论坛"。

这个家长会级别很高，每年都会做。这个家长会是我们全球 CEO 非常重视的一个活动，每次都要亲自飞过来演讲。他出生在美国纽约一个穷人家庭，父亲是卡车司机，后来脚受伤了，家里便失去了经济来源。

他在这样一个环境里面成长，之所以发展得这么成功，是因为他一直信奉草根文化，一直将伙伴感受放在第一位。

他了解到，在中国很多家长并不理解孩子去零售行业做服务员这个现象。因为大家都觉得零售业很辛苦而且还要倒班，很多中国家长是反对的。

但通过"中国伙伴家属论坛"这个机会，星巴克总裁以亲身体验告诉这些家长："我也是两个孩子的父亲，你们的小孩子跟我的孩子一样，在星巴克企业里，我一定会像父亲一样对待你们的子女，让他们在一个有企业文化、正直的公司发展。请放心。"

这样的家属论坛使文化重新融入，家属论坛成了一种风气。除了每年的大型论坛之外，还有很多店经理从小规模开始做，邀请店里小伙伴父母亲来做客。他们吃住在一起，他们变成好朋友，讲讲星巴克的故事，这是非常温馨的家文化。

星巴克也会举行“咖啡原产地之旅”。我们知道咖啡豆其实是很贵的，星巴克所使用的咖啡豆是全世界最好的。通过这次活动，我们到苏门答腊看咖啡是如何种植的、是如何采摘的、是如何挑选的，最后变成能使用的咖啡豆。

咖啡原产地之旅活动，每年都有。我参加过，感觉非常震撼，现在每次看到咖啡的时候，都倍感珍惜，一个咖啡豆要经过四千多公里才能到达我们的杯子里，所以，这是对咖啡的认知。这不仅仅是咖啡，它还有社会责任在里面。

“让每一天都充满意义地连接彼此。”这是星巴克奉行的一句话，星巴克店里贴墙上有很多伙伴分享的故事，这个是全球服务员都会参加的环节。

为了吸引更多的小伙伴参加，我们还设立了公益奖，特别鼓励中国的年轻人把精神融入他个人的价值观体系里面。

有一个故事，星巴克门店有一个伙伴，他父母亲反对他来星巴克工作。他就和父母分享星巴克是什么公司，分享他参加的社会公益活动。他讲了很多东西，父母很震惊，觉得小孩一下子懂那么多道理，最终得到了家长的支持。

如果伙伴们觉得体验好了，就会进行分享，从而感染到顾客，顾客很开心他们就会再回来。

所以，星巴克整个公司的品牌，是由内而外展现出来的。这是被认定为“最佳雇主”的原因。

总结一下，很多人说星巴克是一家咖啡公司，我们 CEO 说，我们是通过咖啡，从事着与人有关的工作，而不仅仅是一个为人们提供咖啡的公司。

——资料来源：www.sohu.com/a/212456170_409217

根据以上案例，回答如下问题：

1. 实地考察当地一家星巴克咖啡馆，谈谈感受。
2. 分析星巴克咖啡的用人之道，每小组总结三条酒店员工培训的经验。

推荐阅读

1. 销售总监岗位职责；http：//www.canyin168.com/glyy/yxch/ppyx/201203/39874.html.
2. 五星级酒店市场营销部绩效工资方案；http：//www.canyin168.com/glyy/

yxch/ppyx/201202/39228.html.

3. 高星级酒店营销部管理制度；http：//www.canyin168.com/glyy/yxch/ppyx/201206/42751.html.

4. 酒店公关经理职责；http：//www.canyin168.com/glyy/yxch/ppyx/201202/38748.html.

5. 星级酒店营销部管理制度；http：//www.canyin168.com/glyy/yxch/ppyx/201201/38441.html.

综合实训练习

1. 请各小组分别找出一家酒店的营销部机构设置。

2. 请各小组分别了解一家酒店营销部对营销人员的激励措施，并进行分析。

3. 各自谈谈对酒店营销工作的看法。

附录

酒店营销部常用工作表格

表1　客户信息统计表

拜访时间：

客户名称	地　址	电话 / 传真 / 手机	行政接待联系人	主要领导	曾入住酒店及协议价格	主要部门负责人	反馈信息

填表人：

表2　团队预订单

预订日期：

<table>
<tr><td>抵店日期</td><td></td><td>抵店时间</td><td></td><td>离店日期</td><td></td><td>离店时间</td><td></td></tr>
<tr><td>团队名称</td><td colspan="3"></td><td>人数</td><td></td><td>国籍</td><td></td></tr>
<tr><td>旅行社公司名称</td><td colspan="7"></td></tr>
<tr><td>联系人</td><td colspan="3"></td><td>电话</td><td></td><td>传真</td><td></td></tr>
<tr><td>房量</td><td colspan="7">豪华标准间</td></tr>
<tr><td>房价</td><td colspan="3"></td><td>付款方式</td><td colspan="3"></td></tr>
<tr><td>叫醒时间</td><td colspan="3"></td><td>出行的时间</td><td colspan="3"></td></tr>
<tr><td>早餐时间</td><td></td><td>用餐地点 Outlet</td><td colspan="3"></td><td>用餐人数 Pax</td><td></td></tr>
<tr><td>用餐标准</td><td colspan="3"></td><td>付款方式</td><td colspan="3"></td></tr>
<tr><td>晚餐时间</td><td></td><td>用餐地点 Outlet</td><td colspan="3"></td><td>用餐人数 Pax</td><td></td></tr>
<tr><td>用餐标准</td><td colspan="3"></td><td>付款方式</td><td colspan="3"></td></tr>
<tr><td>特殊要求</td><td colspan="7"></td></tr>
<tr><td>备　　注</td><td colspan="7"></td></tr>
</table>

接单人　　　　　　　　　　　　　　　　接单日期

审　批：

表3　散 客 预 订 单

No.

<table>
<tr><td>宾客姓名</td><td colspan="2"></td><td>人 数</td><td colspan="3">男：　人
女：　人</td><td>户籍地
或国籍</td><td colspan="2"></td></tr>
<tr><td>抵店时间</td><td colspan="9">年　月　日　时　　航班 / 车次</td></tr>
<tr><td>离店时间</td><td colspan="9">年　月　日　时　　航班 / 车次</td></tr>
<tr><td>拟住天数</td><td colspan="2">天</td><td colspan="2">接待标准</td><td colspan="5">元 / 间 · 天</td></tr>
<tr><td>房间要求</td><td colspan="4"></td><td>特殊要求</td><td colspan="4"></td></tr>
<tr><td rowspan="2">付款方式</td><td rowspan="2">直接付款</td><td rowspan="2" colspan="3">现付 □　优惠券 □
支票 □　消费券 □
信用卡 □</td><td rowspan="2">间接付款</td><td rowspan="2" colspan="2">金卡 □
托收 □</td><td colspan="2">有效签字人</td></tr>
<tr><td colspan="2"></td></tr>
<tr><td>单 位</td><td colspan="4"></td><td colspan="2">联系方式</td><td colspan="3"></td></tr>
<tr><td colspan="2">房务部</td><td colspan="3">财务部</td><td colspan="3">签　发</td><td colspan="2">接待人</td></tr>
<tr><td colspan="2"></td><td colspan="3"></td><td colspan="3"></td><td colspan="2"></td></tr>
<tr><td>备 注</td><td colspan="9"></td></tr>
</table>

年　　月　　日

表4　会议设备使用通知单

设备名称	出 租 期 限	费　用	设备情况	承租人	经办人	备　注
	月　日—　月　日					
	月　日—　月　日					
	月　日—　月　日					
	月　日—　月　日					
	月　日—　月　日					
	月　日—　月　日					
	月　日—　月　日					
	月　日—　月　日					
	月　日—　月　日					
	月　日—　月　日					
	月　日—　月　日					
	月　日—　月　日					
	月　日—　月　日					
	月　日—　月　日					
	月　日—　月　日					
	月　日—　月　日					
	月　日—　月　日					
	月　日—　月　日					
	月　日—　月　日					
	月　日—　月　日					
	月　日—　月　日					
	月　日—　月　日					
	月　日—　月　日					

表5　会议接待指令单

编号　　　　　　　签发：

一、活动名称：______________________________

二、活动时间：____________会议地点：____________人数：____________

三、主办单位：______________________________

四、有效签字人：________________会务组：________________

五、内部协调第一责任人：____________________ 联系电话：________________________________

内部协调第二责任人：____________________ 联系电话：________________________________

六、接待规格：□ VIP 级　□ 常规

七、会议安排

1. 会议时间：______年___月___日______时至______时

______年___月___日______时至______时

______年___月___日______时至______时

______年___月___日______时至______时

备注：____

2. 参加人数：__________人

3. 会议地点：

□ 5F 多功能厅　□ 5F 第一会议室　□ 5F 第二会议室　□ 5F 西餐厅　□ 3F 华夏厅

□ 3F 维也纳厅　□ 3F 山东厅　□ 2F 芙蓉堂　□ 1F 贵宾厅　□其他会场

备注：____

4. 场租：_____元 / 天，计费天数：_____天，合计场租：_____元

5. 会场形式：□课室式　□剧场式　□ U 形会场　□回形会场　□其他形式

备注：____

八：各部门分工

1. 前厅部

（1）于_______年___月___日___时前预留：

房型：______　间数：______　价格：______元 / 间 · 天（13% 服务费　□加收　□免收）

房型：______　间数：______　价格：______元 / 间 · 天（13% 服务费　□加收　□免收）

房型：______　间数：______　价格：______元 / 间 · 天（13% 服务费　□加收　□免收）

房型：______　间数：______　价格：______元 / 间 · 天（13% 服务费　□加收　□免收）

（2）房卡：□预制　□不预制

（3）宾客入住形式：□散客　□团队　□分配客房　□自理　□代办（附名单及要求）

（4）宾客到店车次（航班）：________　到店时间：________　接站服务：□是　□否

（5）代订车票（机票）：□是　□否　车次（航班）：______　数量：______　目的地：______

（6）行李服务：□是　□否______________________________

（7）总机服务：

a. 长话：□开　□关　市话：□开　□关

b. 叫醒服务：□是　□否　时间：__________　房号：_________________

2. 客房部

（1）提前清扫房间：□是　□否　时间：________　房号：________________

（2）房间小酒吧：□保留　□撤除

（3）房内其他要求：□花插：________　□果盘：________

（4）会场盯厕服务：□是　□否

（5）洗衣服务：____

（6）其他：____

3. 康乐部

（1）会议服务要求：

□茶水：□绿茶 □花茶 □红茶 □乌龙茶 □其他

□果盘：标准：____元/个，数量：____个，共计：____元

□茶歇：标准：____元/位，人数：____人，共计：____元

（2）会议所需物品及设备：

□白板 □白板擦 □水性白板笔____只 □信纸 □铅笔 □圆珠笔

□激光教鞭 □有线麦克____只 □无线麦克____只 □录音____元/小时

（3）绿色植物品种数量及摆放要求：

（4）康乐服务

a. □保龄球：消费时间：________ 价格：______ 服务费 □加收 □免收

b. □游泳池：消费时间：________ 价格：______ 服务费 □加收 □免收

c. □桑拿浴：消费时间：________ 价格：______ 服务费 □加收 □免收

d. □健　身：消费时间：________ 价格：______ 服务费 □加收 □免收

e. □棋牌室：消费时间：________价格：______ 服务费 □加收 □免收

f. □歌舞厅、KTV：消费时间：________ 价格：______ 服务费□加收 □免收

（5）其他：____

4. 餐饮部

（1）会议服务要求：

□茶水：□绿茶 □花茶 □红茶 □乌龙茶 □其他

□果盘：标准：____元/个，数量：____个，共计：______元

□茶歇：标准：____元/位，人数：____人，共计：______元

（2）会议所需物品及设备：

□白板 □白板擦 □水性白板笔____只 □信纸 □铅笔 □圆珠笔 □激光教鞭

（3）用餐要求：

a. 用餐形式：□零点 □宴会 □自助餐 □会议桌餐

b. 用餐地点、标准及人数：____________________________

□ 2F 餐厅 标准：____元/人 用餐人数：____人 桌数：____桌

□ 3F 餐厅 标准：____元/人 用餐人数：____人 桌数：____桌

□ 5F 餐厅 标准：____元/人 用餐人数：____人 桌数：____桌

c. 服务费：□加收 □免收

（4）其他：

5. 工程部

（1）会议所需设备的安装：________________ 会议接待部门确认安装调试结果：________________

□有线麦克____只 □无线麦克____只 □领夹式麦克____只 □电脑投影仪____元/天

□笔记本电脑____元/天 □电视 □ VCD □音响

（2）条幅的安装：位置：____________________ 安装完成时间：________________________

（3）保证设施、设备的正常运转。

6. 财务部

（1）房价：□公开 □保密

（2）杂费：□自理 □会议结算 □免收 □其他形式

（3）押金收取：会议消费总额的□ 15% □ 30% □ 50%

（4）结账方式：□现金 □支票 □金卡 □担保

（5）服务费：□加收 □免收

（6）电脑房：

电脑刻字：

内容：________________________________

规格：_____cm×_____cm　　　　制作完成时间：________________________________

（7）其他：________________________________

7. 安全部

（1）停车位：□预留　　□不预留

（2）制定紧急事件处理方案：□是　　□否

（3）交通协调：会议用车车号（车型）________________________________

5座以上车号（车型）________________________________

抵店时间：______日____时____分

（4）其他：________________________________

8. 营业部

（1）指示牌/路标：数量____个，规格：□大　□小，摆放位置：________________

内容：________________________________　费用：__________元

（2）条幅：内容：________________________________

规格：____m×____m　　　费用：______元

（3）桌签：内容：________________________________

数量：____________　　　费用：______元

（4）□投影屏幕　□胶片投影仪____元/天　□摄影____元/小时　□摄像____元/小时

（5）会议期间负责与会务组协调随时补充未尽事宜，做好服务工作。

（6）其他：________________________________

9. 车队

（1）租用车型：

□依维柯　（车号：鲁A×××××）　　费用：______元

□桑塔纳　（车号：鲁A×××××）　　费用：______元

□丰田佳美（车号：鲁O×××××）　　费用：______元

（2）其他：________________________________

计划拟定：____________　营业部经理：____________

时　　间：____________　时　　　间：____________

会议准备情况完成记录：

	计划发放	会场布置	设备安装	房卡制作	用餐安排	客房准备	路标指示	车辆使用	车辆停放	押金收取
完成时间										
工作人员										
检查人员										

表6　会议接待所需物品及服务清单

（会议时间：　年　月　日至　年　月　日）

一、报到

会　标：□主楼门口　□会堂门口　□贵宾楼门口　□南风阁门口
□拱北楼门口电子屏
内容：
挂撤时间：
签到台：□主楼大厅　□会堂大厅　□贵宾楼大厅　□南风阁大厅
□拱北楼大厅　□会场外
①1桌3椅　②2桌5椅　③3桌8椅　④4桌10椅
摆撤时间：
指示牌：□主楼大厅　□会堂大厅　□贵宾楼大厅　□南风阁大厅
□拱北楼大厅　□重华堂楼梯口　□餐厅门口
内容：
摆撤时间：
背景板：□签到处背景板　□室外背景板
摆撤时间：
拱　门：□主楼门口　□会堂门口　□贵宾楼门口　□南风阁门口
□拱北楼门口　□正门道路　□大舜像前广场　□地球仪南侧
内容：
摆撤时间：
空　飘：□主楼门口　□会堂门口　□贵宾楼门口　□南风阁门口
□拱北楼门口　□大舜像前广场
内容：
摆撤时间：
鲜　花：□桌花　□花篮
其　他：□签到簿　□易拉宝　□网线
□接线板　□抽奖箱　□会务费收取　□验钞机
□礼仪服务　□行李服务　□票务服务

二、客房

□鲜花　□果盘　□客房网线　□客房商品
□上网　□笔记本电脑

三、餐饮

①时间：　地点：　人数：　标准：　形式：
②时间：　地点：　人数：　标准：　形式：
③时间：　地点：　人数：　标准：　形式：
④时间：　地点：　人数：　标准：　形式：
鲜　花：□桌花（　盆）□瀑布花（　个）□花篮（　个）□胸花（　个）
绿　植：□常规绿植　□特需绿植

麦　克：□有线（　个）　□无线（　个）
　　□席签　　□菜单　　□餐券　　□餐间演出
　　□音响　　□投影仪　　□投影幕布　　□激光笔
　　□演讲台　　□地台　　□酒水　　□背景音乐
　　□特殊要求

四、会场

①时间：　　地点：　　人数：　　形式：
②时间：　　地点：　　人数：　　形式：
③时间：　　地点：　　人数：　　形式：
④时间：　　地点：　　人数：　　形式：

会　标：□主会标　　□尾标　　□侧标
　　①内容：
　　②内容：

鲜　花：□桌花（　盆）□瀑布花（　个）□花篮（　个）□胸花（　个）
　　□主题造型花卉

绿　植：□常规绿植　　□特需绿植

麦　克：□有线（　个）　□无线（　个）　□胸麦（　个）
　　□合唱话筒（　个）□会场内背景板　　□主席台（　人）
　　□演讲台　　□地台　　□红旗背景台
　　□音响　　□电影放映机　　□电影幕布
　　□投影仪　　□投影幕布　　□激光笔
　　□会场电子屏　　□白板及白板笔　　□笔记本电脑
　　□液晶电视　　□屏蔽器　　□接线板
　　□抽奖箱　　□录音　　□会场上网
　　□会场外线电话　　□演出　　□颁奖
　　□背景音乐　　□茶水　　□矿泉水
　　□香巾　　□果盘　　□茶歇
　　□席签　　□纸、笔　　□礼仪服务
　　□提前布置会场　　□室外场地租用

五、其他

□合影　　□租车服务　　□旅游服务　　□手机短信服务

六、备注事宜

宾客签字：　　　　销售经理：

年　　月　　日

表7　某酒店会议报价表

一、客房

房型		数量	门市价格（元/间/天）	会议优惠价（元/间/天）	备注
主楼	标准间	用房总数不低于30间			净价
	单人间				净价
	套间				净价
贵宾楼	标准间	用房总数不低于5间			净价
	单人间				净价
	复式间				净价
	套间				净价

二、会议室

名称	**半天/全天门市价格（元）**	**半天/全天优惠价格（元）**	**形式**	**人数**	**备注**

三、就餐

地点	人数	早餐（元/人）		午餐（元/人）	晚餐（元/人）	形式	备注
		门市价	优惠价				

另：正餐需加收消费总额的10%服务费及1%副食调节税；如自带酒水需加收消费总额的20%服务费及1%副食调节税。

联系电话：　　　　传真：　　　　网址：

某酒店营销部

表8　某酒店营销部销售人员拜访客户日报表

SG/BG.YX/18.00-002

销售经理：　　　　　　　　　　　　　　　　　　年　月　日

序号	客户名称	时间	内容	被拜访人	职务	电话	意见（信息）反馈	客户类别					拜访形式			
								企业	市直	省直	公司	其他	电话	登门	店内	其他

注：本表每周一至周五下午5时交营销部文员，填写字迹要工整，内容要翔实。意见（信息）反馈项必须填写，如内容填写不开在“其他”栏中补充，客户类别处打√后，新客户用N表示，老客户用O表示。

表9　营销部合同一览表

编码：SG/BG.YX/005　　　　No.

序　号	合　同　名　称	合同种类			合同编号	下单日期	抵离日期	店内陪同	更改内容	备　注
		重　大	特　殊	普　通						

表10 营销部已确认综合类预订评审记录

日 期	活动名称	人 数	用房数量	会场时间地点	餐厅时间地点	销售经理	评审人	预订时间	备 注

参考文献

[1]菲利普·科特勒等. 旅游市场营销［M］. 谢彦君主译. 大连：东北财经大学出版社，2006.

[2]钱炜. 饭店营销学［M］. 北京：旅游教育出版社，2003.

[3]贺湘辉，何丽芳. 酒店公关实务［M］. 广州：广东经济出版社，2005.

[4]陈祝平. 餐饮营销策划与案例［M］. 沈阳：辽宁科学技术出版社，2003.

[5]陈云川，张洪刚. 饭店市场营销［M］. 北京：机械工业出版社，2009.

[6]李雯. 酒店营销部精细化管理与服务标准［M］. 北京：人民邮电出版社，2009.

[7]叶生红，谢军，胡红飞. 营销策划实务［M］. 北京：经济科学出版社，2009.

[8]杨益新. 旅游市场营销学［M］. 北京：清华大学出版社，北京交通大学出版社，2008.

[9]何志毅. 北大案例经典［M］. 北京：中信出版社，2008.

[10]宿荣江. 酒店营销实务［M］. 北京：中国人民大学出版社，2008.

[11]余世维. 有效沟通［M］. 北京：机械工业出版社，2008.

[12]刘晓琳. 旅游市场营销学［M］. 济南：山东大学出版社，2007.

[13]李晓. 沟通技巧［M］. 北京：航空工业出版社，2006.

项目策划：段向民
责任编辑：张芸艳
责任印制：谢 雨
封面设计：武爱听

图书在版编目（CIP）数据

酒店市场营销 / 刘晓琳，孙赫编著. -- 2版. -- 北京 : 中国旅游出版社，2020.8（2022.1重印）

中国旅游院校五星联盟教材编写出版项目 中国骨干旅游高职院校教材编写出版项目

ISBN 978-7-5032-6449-8

Ⅰ. ①酒… Ⅱ. ①刘… ②孙… Ⅲ. ①饭店－市场营销学－高等职业教育－教材 Ⅳ. ①F719.2

中国版本图书馆CIP数据核字(2020)第026229号

书　　名：酒店市场营销（第二版）

作　　者：刘晓琳　孙赫编著
出版发行：中国旅游出版社
（北京静安东里 6 号　邮编：100028）
http://www.cttp.net.cn　E-mail:cttp@mct.gov.cn
营销中心电话：010-57377108，010-57377109
读者服务部电话：010-57377151
排　　版：北京旅教文化传播有限公司
经　　销：全国各地新华书店
印　　刷：北京明恒达印务有限公司
版　　次：2020 年 8 月第 2 版　2022 年 1 月第 2 次印刷
开　　本：787 毫米 ×1092 毫米　1/16
印　　张：19.75
字　　数：348 千
定　　价：39.80 元
I S B N　978-7-5032-6449-8